JN098320

民事判例 20
2019年後期

現代民事判例研究会編

日本評論社

本号の対象裁判例について　　2

第 1 部　最新民事裁判例の動向

取引裁判例の動向………………………………………………………………………　原田昌和　3

担保裁判例の動向………………………………………………………………………　水津太郎　9

不動産裁判例の動向……………………………………………………………………　武川幸嗣　15

不法行為裁判例の動向…………………………………………………………………　杉山真一　20

家族裁判例の動向………………………………………………………………………　冷水登紀代　27

第 2 部　最新専門領域裁判例の動向

環境裁判例の動向………………………………………… 大塚　直・桑原勇進・越智敏裕　37

医事裁判例の動向………………………………………………………………………　米村滋人　45

知財裁判例の動向………………………………………………………………………　城山康文　48

第 3 部　注目裁判例研究

取引 1 ── 家賃保証業者が委託に基づき賃借人の賃貸人に対する賃料債務等を保証する
　　　　 契約中の諸条項と消費者契約法 8 条 1 項 3 号、10 条、12 条 3 項の適用
　　　　 （大阪高判平 30・10・25）………………………………………………　石田　剛　54

取引 2 ── 土地の譲受人による使用借主に対する建物収去明渡請求の権利濫用該当性と
　　　　 立退料の支払（東京高判平 30・5・2）………………………………　山城一真　58

担保 ── 別個の請負契約から生じた違約金債権と請負報酬債権との相殺の可否
　　　　 （福岡高判平 30・9・21）………………………………………………　田髙寛貴　62

不動産 ── 許可水利権の侵害の成否（最一判令元・7・18）………………………　秋山靖浩　66

不法行為 1 ── いわゆる 23 条照会（弁護士法 23 条の 2 第 2 項）と報告義務確認請求訴訟の
　　　　 適否（（最二判平 30・12・21）…………………………………………　古田啓昌　70

不法行為 2 ── 自動車運転中のてんかん発作による事故と家族の運転制止義務
　　　　 （京都地判平 30・9・14）………………………………………………　宮下修一　74

家族 1 ── 離婚等請求訴訟の係属中に夫婦共有の不動産についてされた共有物分割請求が
　　　　 権利の濫用に当たるとされた事例（東京地判平 29・12・6）………　青竹美佳　78

家族 2 ── 特定の相続人が一定の相続債務を全て承継する旨の遺産分割協議が相続債権者
　　　　 との法的対応を当該相続人に包括的に授権する趣旨であったと解された事例
　　　　 （東京地判平 30・1・24）…………………………………………………　中川忠晃　82

環境 ── 住民団体の不同意等を理由とする土地開発行為不同意処分の適法性
　　　　 （東京高判平 30・10・3）…………………………………………………　島村　健　86

医事 ── 中国で腎移植手術を受けた患者のフォローアップ治療を拒否したことが正当化
　　　　 された事案（静岡地判平 30・12・14、東京高判令元・5・16）………　三谷和歌子　90

労働 ── 労働協約・労使合意による賃金の支払猶予と債権放棄 ──平尾事件
　　　　 （最一判平 31・4・25）……………………………………………………　石井妙子　94

知財 ── 専用実施権者の実施義務（知財高判令元・9・18）………………………　木村耕太郎　98

今期の裁判例索引　102

●本号の対象裁判例について

　『民事判例 20　2019 年後期』のうち、最新裁判例を紹介・検討する第 1 部、第 2 部、第 3 部では、基本的に、2019 年 7 月〜 12 月に公刊された裁判例登載誌に掲載された裁判例を対象としている。

◆「第 1 部最新民事裁判例の動向」で対象とした裁判例登載誌は以下のとおりである (括弧内は略語表記)。それ以降 (若しくはそれ以前) の号についても対象としていることがある。なお、前号までの当欄ですでに紹介された裁判例については省略している。また、環境、医事、労働、知財に関する裁判例については、原則として第 2 部の叙述に譲るものとしている。

　　　最高裁判所民事判例集 (民集)　　73 巻 2 号〜 73 巻 3 号
　　　判例時報 (判時)　　　　　　　 2405 号〜 2421 号
　　　判例タイムズ (判タ)　　　　　　1461 号〜 1466 号
　　　金融法務事情 (金法)　　　　　　2117 号〜 2128 号
　　　金融・商事判例 (金判)　　　　　1569 号〜 1580 号
　　　家庭の法と裁判 (家判)　　　　　21 号〜 23 号（「家族裁判例の動向」のみ）

◆「第 2 部最新専門領域裁判例の動向」では、第 1 部で対象とした上掲の裁判例登載誌を基本としつつ、各専門領域の特性に応じて、裁判例登載誌等の対象が若干変わっている。

「環境裁判例の動向」→上掲の民集、判時、判タのほか、判例地方自治（判例自治）447 号〜 453 号を付加。2019 年 7 月〜 12 月に裁判所 HP に掲載されたものも含める。
「医事裁判例の動向」→上掲の民集、判時、判タ、金法、金判のほか、2019 年 7 月から 12 月が判決の言い渡し日かつ 2019 年 12 月末までに HP に掲載された裁判所 HP に掲載されたものも含める。
「労働裁判例の動向」→上掲の民集、判時、判タのほか、労働判例（労判）1200 号〜 1210 号、労働経済判例速報（労経速）2380 号〜 2396 号を付加。
「知財裁判例の動向」→言渡日が 2019 年 7 月〜 12 月であって、2019 年 12 月末時点で裁判所 HP に掲載されたもの、また、行政裁判例（審決取消訴訟の裁判例）も含める。

◆裁判例登載誌の表記は、本文では紙幅の都合により原則として 1 誌のみを表示し、「今期の裁判例索引」において可能な限り複数誌を表示することとした。

◆「第 3 部注目裁判例研究」では、第 1 部、第 2 部の「動向」で対象としたもののうち、とくに注目すべき裁判例をとりあげ、検討を加えている。なお、「動向」欄では前号までに紹介済みとして省略した裁判例であっても、今期対象とした裁判例登載誌等にも登場したものについては、第 3 部で検討する対象に含めている。

本書の略号
民集：最高裁判所民事判例集　　　　　金判：金融・商事判例
集民：最高裁判所裁判集民事　　　　　家判：家庭の法と裁判
裁時：裁判所時報　　　　　　　　　　判例自治：判例地方自治
訟月：訟務月報　　　　　　　　　　　労判：労働判例
判時：判例時報　　　　　　　　　　　労経速：労働経済判例速報
判タ：判例タイムズ　　　　　　　　　ほか、雑誌名は通常の略記法に従う
金法：金融法務事情

取引裁判例の動向

原田昌和　立教大学教授

現代民事判例研究会財産法部会取引パート

はじめに

　今期の対象範囲は、民集 73 巻 2 号から 73 巻 3 号、判時 2405 号から 2421 号、判タ 1461 号から 1466 号、金法 2117 号から 2128 号、金判 1569 号から 1580 号である。今期は、不動産および不法行為のパートと重複するものが少なくなかった。取り上げた中では、東京高判平 30・6・28 判時 2405 号 23 頁（[9] 事件）は、新聞でも報道された大規模な事件であり、目を引く。また、東京地判平 31・2・4 金法 2128 号 88 頁（[6] 事件）は、コインチェックの仮想通貨（暗号資産）流出事故に絡む事件であり、今後も、仮想通貨（暗号資産）に関係する事件が増加するであろうことを示唆する。評釈対象判決である、使用貸借の土地の譲受人による建物収去土地明渡請求の権利濫用に関する東京高判平 30・5・23 判時 2409 号 42 頁、家賃債務保証契約における賃貸借契約解除条項と消費者契約法に関する大阪地判令元・6・21 金判 1573 号 8 頁、金法 2124 号 48 頁については、各評釈および不動産パートに譲る。

1　法人

　[1] 東京地判平 29・12・14 判タ 1463 号 211 頁（訴え却下〔確定〕）は、Y（日弁連）の会員である X（弁護士）が、Y の定期総会における依頼者見舞金制度についての支出に関する議決について、全会員に見舞金の支払を強制し、具体的な業務の進め方まで指導監督していることにほかならず、弁護士自治に反することになるなどとして、議決の無効の確認を求めたのに対して、Y が有する高度の自治権ないし自律権を考慮すると、本件各議決部分の効力に係る紛争は、明白に違法であるとはいえない議決の当否に

関するものであり、原則として Y の自治的・自律的措置に委ねることが相当であるといえ、司法審査を控えるべきであるから、訴えは不適法であるとした。

　[2] 東京地判平 29・6・30 判タ 1463 号 216 頁（認容〔確定〕）は、X（東京弁護士会）が、弁護士会館の建設費用等に充てるための臨時会費を弁護士会員から徴収する旨の臨時総会決議に基づき、X の会員である Y（弁護士）に対して、その支払を求めた事案で、Y が、本件決議は憲法 14 条に違反し無効であるなどと主張したのに対して、国の機関の監督を受けない弁護士自治の徹底を期すなどの弁護士法の趣旨に照らすと、強制加入制を採り監督権を有する弁護士会が、所属弁護士個人との関係で憲法 14 条の規定が当然に適用される行政主体たる地位を有するものとはいえず、X と Y との関係において同条の規定が直接適用されることはないというべきであり、入会時期を基準に負担額に差が設けられているなどの決議の内容に鑑みると、本件決議が社会通念上著しく妥当性を欠き、裁量権の逸脱又は濫用に当たるということはできない、とした。

2　詐欺取消し

　[3] 大阪地判令元・5・22 金判 1569 号 22 頁（請求棄却〔確定〕）は、運転免許取り消し処分を受け、運転免許を取得していないにもかかわらず、運転を続けていた A が、妻 B を代理して締結した、B を記名被保険者とする任意自動車保険について、保険者 Y 社からの詐欺取消しを認めた（なお、B が当該契約車両を使用することはまったくなかった）。事案は、A が運転する右契約車両との間の衝突事故によって損害を被った X が、Y 社に対して、直接請求権に基づき損害金相当額の支払を求めたものである。本判

決は、本件保険契約においては、記名被保険者、すなわち、契約車両の主たる運転者や契約車両を自由に支配・使用している者等が誰であるか、その者の年齢、運転免許証の保有の有無、事故歴などに応じて、保険事故発生の危険が異なり、Yにおいて、本件保険契約の申込みを承諾するか否か、また、承諾する場合の契約条件（ノンフリート等級、事故有係数適用期間、記名被保険者年齢別料率区分等、さらには、これらによって決定される保険料の額など）を決定するに際し、重大な影響を及ぼすものである、という。

3 利息制限法

[4] 東京地判令元・6・13金判1573号34頁（請求棄却〔控訴〕）は、破産者株式会社Zの破産管財人Xが、社債の償還に際して支払が約定された利息には利息制限法が適用されるとして、社債の利息および償還として支払を受けた社債権者Yに対して、利息制限法所定の上限を超える利息相当額およびこれに対する704条所定の年5分の割合による利息の支払を求めた事案について、債務者である社債発行会社が類型的に経済的弱者であるとは認められないこと、社債発行会社は、資金調達の必要性や引受けの見込み等の諸般の事情を踏まえ、利率も含めて自ら社債の内容を設定することができること、社債に利息制限法が適用されるとすると、社債発行会社の自由な資金調達が阻害されるおそれがあり、また、一般消費者も含まれ得る社債権者の利益を犠牲にして、債務者である社債発行会社を保護することになることなどから、社債に利息制限法を適用すべき事情があるということはできないとして、原告の請求を棄却した。

4 債務不履行

[5] 東京地判平30・3・9判タ1464号179頁（請求棄却〔控訴。後訴え取下〕）は、宗教法人Y_1寺と同寺専属の販売受託者である株式会社Xとの間で締結された永代供養墓の販売、墓所使用者の募集等の業務委託契約について、XがY₁の債務不履行責任を追及するものである。Y_1では、高野山真言宗によるY_1住職のZ_1罷免、Y_2の新住職任命、Z_1による高野山真言宗からの離脱の表明、その撤回、撤回

の撤回といった深刻な内部紛争が起こっており、他方、Xは、Z_1を代表役員とするY_1から多額の業務委託料や無担保の融資を受けたり、Xの役員がY_1の責任役員を務めるなど、Z_1と人的物的に密接な関係を維持し、Z_1とともに、Y_2がY_1の代表役員に就任することを阻止するために、訴訟を提起するなど終止活動をしていた。そのような事情のもとで、本判決は、そのようなXが、Y_2の代表役員就任を争う態度を維持しながら、本件委託契約上の債務の履行を求めることは背理であって、そのような権利行使は信義則に違反するといわざるを得ず、Y_2を代表役員とするY_1側から見れば、そのようなXによる業務の遂行があったとしても、そもそも債務の本旨に従った履行であるとはいえないか、仮にY_1の債務不履行を観念する余地があるとしても、この債務不履行に違法性があるとはいえないなどとして、Xの請求を棄却した。

[6] 東京地判平31・2・4金法2128号88頁（請求棄却〔確定〕）は、Yとの間で仮想通貨交換に関するサービスの利用契約を締結して同サービスを利用したXが、Yが仮想通貨の流出事故を受けて同サービスの提供を停止してX名義のユーザー口座に保管されていた日本円を——流出事故から2日後に払戻しを請求した——Xに払い戻さなかったことは本件契約の債務不履行にあたるとして、Yに対して、解除に基づく原状回復請求としてXがYに預託した金額を請求した事案である。本件契約には、ハッキングその他の方法によりその資産が盗難された場合、Yは各顧客に事前に通知することなく、サービスの全部または一部の提供を停止または中断することができ、同措置による各顧客の損害について、Yは責任を負わない旨の条項（本件条項）があり、本件サービスの停止はこれに基づくものであったが、本判決は、本件条項の趣旨は、ハッキングその他の方法により被告の資産が盗難された場合について、本件サービスの提供を停止する場合に顧客が負担する仮想通貨の価格変動リスクと比較しても、被告が本件サービスの提供を継続する場合に生じ得るさらなる資産の盗難等などといったより大きなリスクを避け、顧客の利益が損なわれることを防止する点にあり、Xが言うような消費者契約法8条1項または同8条の2第1項には該当せず、またYの故意過失によらない場合にのみ適用されると解釈することは困難であって、本件サービスを停止した1カ

月超の期間に、Yは、情報セキュリティ関連会社5社の外部専門家に調査を依頼し、通信に関するログの解析、従業員のヒアリング等の調査を複数回行い、本件サービス提供の再開に向けてネットワークやサーバーを再構築し、仮想通貨の入出金等の安全性の検証を行うなどといった対応をしたことが認められ、このことからすると、同期間が合理性ないし必要性を欠く不相当なものであったとはいえないから、Yが、本件条項に基づき、Xを含む顧客に事前に通知することなく、本件サービスのうち日本円の出金サービスの提供を一定期間停止し、本件口座に保管されている日本円をXに払い戻さなかったことが本件契約の債務不履行に当たるということはできない、とした。

5 債権の準占有者に対する弁済

[7] 東京地判令元・6・6金判1571号14頁（一部認容〔控訴〕）は、X₁X₂（亡Aの弟の子ら。代襲相続人）が、(i)金融機関Y₃からY₅に対しては、亡A名義の預貯金債権を相続したとして、その払戻しを求め、(ii)Y₁Y₂（亡Aのいとことその妻）に対しては、同人らが亡Aの預貯金口座から亡Aの死亡まで金員を引き出して法律上の原因なく利得したから、亡Aの不当利得返還請求権を相続したと主張した事案である。Y₁Y₂には、亡Aの医療費等生活に必要な支出に充てるための範囲で亡Aから払戻権限が与えられていたとされ、それを超える部分についてX₁X₂からの不当利得返還請求が認められている。Y₃からY₅に関して、本判決は、金融機関は、基本的には、通帳の所持及び払戻請求書等の印影と届出印との同一性を確認して払戻しをすれば足りるが、何らかの契機により、銀行の窓口で払戻請求をしている者が正当な受領権限を有しないのではないかとの疑いを抱くべき事情が存在した場合には、その状況に応じて社会通念上期待される確認措置を執り、正当な受領権限を有することを確認することが要求されるとしたものの、Y₃からY₅のいずれについてもそのような特段の事情は認められない（印影照合のほか、代理人名義での払戻請求書が出された場合には、本人が来店できない理由や本人との関係を尋ね、身分証明書の提示を求める等しているほか、電話で意思確認したり、本人の後期高齢者医療被保険者証の提示を求める等している）、として、民法478条による免責を

認めた。

6 売買

[8] 名古屋高判平30・5・30判時2409号54頁（上告・上告受理申立て〔上告棄却・不受理〕）は、消費者契約法4条に基づく取消しに関わるものである。Xは、建売住宅の販売等を目的とするY会社から土地建物（建売住宅）を購入したところ、本件不動産は名古屋市風致地区内建築等規制条例に違反する状態（緑化率違反）にあったため、契約違背を理由とする契約上の約定に基づく代金返還義務、錯誤無効、詐欺取消し、消費者契約法4条2項に基づく取消し、瑕疵担保責任に基づく解除による原状回復としての代金の返還を求めた。この緑化率違反は、Yが、条例に基づく許可を申請し行為完了届を提出した後、デッキテラスを設置するために芝を撤去し、緑化率を満たさなくなったにも関わらず、他の部分で緑化面積を確保しないまま本件不動産の販売を開始したために生じたものであるところ、Yは緑化率の不足を失念しただけだとした原審（名古屋地判平29・3・22判時2409号61頁）に対して、本判決は、失念していた旨のYの従業員の証言や陳述の不自然さを指摘して、特段の事情のないかぎり、Yは条例違反の事実を認識しており、かつ購入希望の消費者が条例違反の事実を認識していないことを知りながら、条例違反の事実を故意に告げなかったものと推認するのが相当であるとして、消費者契約法4条2項に基づく取消しを認めた（瑕疵担保責任に基づく解除については、緑化率の充足は、特異な工法を用いたり多額な費用を要せずに解消可能だから、契約目的を達することができなくなるような瑕疵ではないとして、否定した）。

[9] 東京高判平30・6・28判時2405号23頁（上告・上告受理申立て〔上告棄却・不受理〕。原審：東京地判平28・4・28判時2405号59頁）は、宅配便事業を営む企業であるXが、風水力機械の製造販売を営むYから、羽田空港近くの広大な土地および建築中の建物を、物流ターミナルおよび公園として利用するために購入したところ、土地の表層および土壌内に、石綿を含有するスレート片が広範囲かつ大量に混入していたため、売買契約に基づく瑕疵除去義務の不履行または売買契約上の瑕疵担保責任に基づく損害賠償として、スレート片の撤去および処分

費用、物流ターミナルの建設工事が遅れたことに伴う追加費用、逸失利益、弁護士費用の合計85億円余をＹに請求した事案に関するものである。本判決は、本件売買契約の定めは民570条の瑕疵担保責任を売買契約の内容に取り込んだものであるところ、本件売買契約における「瑕疵」とは、570条におけるそれと同様、ＸＹ間の合意や本件売買契約の趣旨に照らし、予定されていた品質・性能を欠く場合をいい、当事者間においてどのような品質・性能を有することが予定されていたかについては、売買契約締結当時の取引観念を斟酌して判断すべきであるという前提に立って、本件売買契約においては、物流ターミナルおよび公園としての利用等のための土地購入に当たり、本件土地の品質・性能として、人の健康に危害を及ぼすおそれがあるために法令上規制されている物質が本件土地に残置等されていないことが当然に予定されていたものであるところ、本件スレート片は、少なくともその大部分が法令の基準値を大きく超える石綿を含有しており、石綿含有廃棄物に該当する上本件土地の表層および土壌内に広くまんべんなく混入していたものであって、多大な分別処理費用を要するものであり、本件土地にそのようなスレート片が広くまんべんなく混入していることが、物流ターミナルの建設予定地および公園の予定地である本件土地に予定されていた品質・性能を満たすものでないことは明らかであり、これは、本件売買契約上の「瑕疵」に当たるとして、Ｘの請求を、予定されていた掘削部分を超えて掘削した部分にかかる損害を除き、認容した。Ｙは、本件売買契約において石綿含有スレート片が本件土地に混入しないことは特に予定されておらず、かつ、石綿含有スレート片は人の健康にかかる被害を生ずるおそれのあるものでも、本件土地に建物を建設する上で支障となるものでもないなどと主張したが、本判決は、石綿含有産業廃棄物に関する法令は、石綿の含有量を規定しており、現に大気中に石綿繊維を飛散させているなど、人の健康を害する現実的な恐れがあるか否かを問題とするまでもなく規制するのが法の趣旨と解されるし、石綿含有スレート片については、使用開始から数十年後には、破砕切断が生じるような作業等を伴わずとも、石綿が周囲の大気中に飛散する可能性があるという専門家の意見もあるのであって、石綿含有スレート片が石綿繊維を現に大気中に飛散させていないからといって、およそ対処

しなくてよいということにはならない、と述べる。

[10] 東京高判令元・7・3金判1576号8頁（原判決取消・請求認容〔確定〕。原審東京地判平30・12・5金判1576号14頁）は次のような事案に関するものである。Ｙ所有の本件不動産には、第1順位の根抵当権（根抵当権者Ａ、債務者Ｙ、連帯保証人Ｐ）および第2順位の根抵当権（根抵当権者Ｂ、債務者Ｐ）が設定されていた。Ｘは、Ｙから本件不動産を購入したが、その頭金（第1順位根抵当権の被担保債権総額と同額）はＸが連帯保証人Ｐ名義で第1順位根抵当権者Ａに支払い、残金は売主の本件不動産退去時に第2順位根抵当権抹消に要した費用を控除して支払うという合意がされた。これは、第1順位根抵当権を消滅させず、連帯保証人Ｐが法定代位により第1順位根抵当権を取得し、第2順位根抵当権が第1順位に繰り上がることを阻止して、Ｘに第2順位根抵当権の抹消交渉を有利に進める地位を与えることを企図してのものであった。ところが、ＹからＸへの所有権移転登記が、ＡからＰへの第1順位根抵当権移転の代位の付記登記よりも先に申請されたため、このままだと根抵当権移転の付記登記申請が却下されることから、ＹはＸに、所有権移転登記申請をいったん取り下げて、根抵当権移転の付記登記を先行させて、改めて所有権移転登記を行うことを提案したが、Ｘは、Ｙは所有権移転登記申請を取り下げさせて、本件売買契約をうやむやにしようとしているのではないかと疑い、この提案に応じず、所有権移転登記が完了された。その後、第2順位根抵当権が実行され、Ｘは剰余金を受領した。Ｘが、567条3項に基づき、支払った頭金から受け取った剰余金を差し引いた金額を、本件不動産の所有権喪失により被った損害として請求したのに対し、Ｙは、上記のＹの提案に従っていれば第1順位根抵当権の地位を確保できたのだから、所有権喪失と損害の間に相当因果関係はないと主張した（原審もこれを認めた）。本判決は、ＸにはＰの提案に従った場合に根抵当権移転も所有権移転も受けられない危険があったこと、Ｙが協力的でありさえすれば、所有権移転登記完了後でも、所有権移転登記の抹消登記手続、第一順位根抵当権移転の付記登記手続、再度の所有権移転登記手続を同時に連件申請することもできたことなどから、Ｘの対応は買主の行動として合理的かつ自然なことであり、所有権喪失と損害の間の相当因果関係を否定することはできないとして、Ｘの

請求を認容した。

7　消費貸借

[11] 東京高判平 31・4・10 金判 1570 号 32 頁（控訴棄却〔確定〕。原審長野地松本支判平 30・12・20 金判 1570 号 41 頁）は、Y 銀行との間で当座貸越契約（①契約）を締結していた X が、①契約に係る元金返還債務を目的として——「目的として」が準消費貸借なのか、更改なのかは明らかでない——金銭消費貸借契約（②契約）を締結したが、②契約締結の時点で、①契約に基づく債務は時効により消滅しており、存在しない債務を目的とする②契約は無効であること、Y の担当者が①に基づく債務が時効により消滅していることを隠して、虚偽の事実を告げたのは詐欺に当たるから、②契約を取消すことを主張し、②契約に基づく貸金債務が存在しないことの確認を求めるとともに、以上とは別の金銭消費貸借契約（③契約）について、③契約には Y に対する債務の一部でも遅滞したときには、Y の請求により Y に対する一切の債務の期限の利益を失う旨の条項があるが、上記のように②契約は存在せず、債務の不履行はないから、③契約に基づく債務について期限の利益を喪失していないことの確認を求める旨主張した事案である。①契約には金融情勢の著しい変更があるときは、Y はこの契約を解約等することができる旨の条項があり、X は、バブル崩壊は金融情勢の著しい変化に当たり、①契約に係る元金返還債務の返済日もその時点で到来したと考えるべきだと主張しているが、バブルの崩壊が金融情勢の著しい変化に当たるとは直ちには解せないこと、同条項を、金融情勢に著しい変更があるときに、Y が X に請求する義務が生じ、期限が到来すると解することはできないこと、②契約締結前のいずれの時点で X による時効の援用があったのか明らかでなく、時効の起算点とされる時期以降にも X は①契約に基づく債務の支払を行っていたことなどから、①契約に基づく元金返還債務が時効により消滅したものとはいえないとして、それをもとに、上記の X の各主張をいずれも排斥した。

8　信託

[12] 東京地裁平 30・10・23 金法 2122 号 85 頁（請

求棄却〔確定〕）は、X（委託者兼受益者）が、Y（受託者。X の子）との間で締結した、X の生活・介護・療養・借入金返済・納税等に必要な資金を給付して受益者の幸福な生活および福祉を確保すること、ならびに資産の適正な管理・運用・保全・活用を通じて資産の円満な承継を実現することを目的とする、X 所有の土地建物を Y に信託することを内容とする信託契約に関する事案である。本判決は、Y が本件信託をしないと X が必要な融資を得られないと信金が言っていると虚偽の事実を述べたから本件信託契約を詐欺取消しをするとの X の主張に対しては、そのような事実は認められないとしてこれを否定し、本件信託は X が計画していた別の建物を新築するためのものだと誤信していたから本件信託契約は錯誤無効であるとの X の主張に対しては、そのような動機が本件信託契約の内容とされたとは認められないとしてこれを否定し、Y が上記建物新築資金の融資につき連帯保証人になるのを拒むのは本件信託契約の債務不履行に当たるから解除するとの X の主張に対しては、建物の建設計画の推進が本件信託契約の内容になっているとはいえないなどとしてそもそも債務不履行にならないとし、信託目的の不達成を理由とする終了（信託法 163 条 1 号）の主張に対しても、同様の理由からこれを否定し、委託者および受益者の合意による信託の終了（信託法 164 条 1 項）の主張に対しては、本件信託契約書中の「受益者は、受託者との合意により、本件信託の…解除…することができる」旨の規定は、同法 164 条 3 項の「別段の定め」にあたり、本件信託において、同法 164 条 1 項に優先して適用される規定であるとしてこれを否定し、X の請求を棄却した。

9　その他

[13] 東京高判平 30・5・17 判タ 1463 号 99 頁（取消自判、請求棄却〔確定〕）は、不正な経理を行ったことによる損害賠償債務に関して、不正経理の事実を認めその弁済を約した合意の性質が問題になったものである。呉服卸売等を業とする X 会社が、元従業員である Y に対して、上記合意に基づく金銭の支払を求めた事案に関して、本判決は、上記合意は損害賠償責任の有無やその賠償額について交渉が行われた上で合意されたものではなく、互いに譲歩してその間に存する争いをやめることを約したものとは

いえないから、和解契約とは認められないとして、その性質としては、要求のあった金額について分割支払の合意がされた債務弁済契約と認めるのが相当であるとし、当該合意で定められた債権債務が認められるには、その原因となった損害賠償請求権が存在することが必要であるとした上で、当該合意に係る債権として存在が認められる債権は全額回収済みである、とした。

[14] 東京地判平30・1・26判タ1463号190頁（一部認容〔控訴〕）は、X社（個人事業を形式上法人にしたにすぎない）がY社に対し、太陽光発電設備設置工事作業等に関する契約に基づき、報酬および経費の立替金の支払を求めたところ、Yが本契約は請負であり、Xは仕事を完成していないとしてこれを拒絶した事案について、Xには太陽光発電設備を単独で実施するために十分な知識や経験はなく、Yもそれを前提として、X代表者に労務の継続的な提供を期待していたことや、両者とも仕事の完成義務とそれに対する報酬支払義務という請負の特質をあまり意識していなかったこと、X代表者の就労の実体はYに雇用された従業員と大差なかったことなどの事情から、Xの代表者が、その会社を代表して、自らを労働に従事させることを約し、Yがその報酬として「保証給」を支払うことを約する雇用契約類似の非典型契約であるとして、Xの請求を認容したものである。

[15] 東京地判平30・7・20金法2117号81頁（一部認容。控訴審：東京高判平30・12・26金法2117号93頁〔円ドル換算レートを変更したほかは控訴棄却。確定〕）は、Xが、Yから、Yの完全子会社であったP信託（対象会社）をその株式の全てを買い受ける方法によって買収したところ、Yが同買収に係る株式譲渡契約締結の際に対象会社が日本の法令を遵守して業務を遂行していると表明保証したにもかかわらず、対象会社には、その事業として締結していた信託契約に犯罪収益移転防止法4条1項に違反する本人確認義務違反等があったとして、Xが、Yに対し、本件株式譲渡契約上の表明保証違反に係る補償条項に基づき、表明保証違反により生じた損害の賠償を求めた事案で、本件保証条項について、表明保証違反により生じた損害とは、表明保証した内容が真実と異なったことにより原告が被った損害を広く含む趣旨と解するのが相当であり、本件本人確認義務違反があったことにより被った損害として、同義務の違反により解約を余儀なくされた各信託契約のDCF法によって評価した現在価値相当分の補償を求めることができる、とした。

（はらだ・まさかず）

担保裁判例の動向

水津太郎　東京大学教授

現代民事判例研究会財産法部会担保パート

　担保に関する裁判例は、今期も、前期と同じように少ない。しかも、その大部分は、消費者契約法、民事訴訟法、倒産法、国際私法上の問題が争点となったものである。

　以下では、抵当権（1）、質権・譲渡担保権・所有権留保（2）、保証（3）、相殺（4）に分けて、今期の裁判例を概観する。

1　抵当権

(1)　根抵当権設定契約証書の成立の真正

　私文書については、文書中の印影が本人または代理人の印章によって顕出されたものであるときは、その印影は、本人または代理人の意思にもとづいて成立したものであると、事実上推定される。その結果、「本人又はその代理人の……押印がある」こととなるため、その文書は、民事訴訟法228条4項にもとづいて、「真正に成立したものと推定」される（最三判昭39・5・12民集18巻4号597頁）。これを「二段の推定」という。[1] 東京地判平30・9・20金法2119号76頁〔確定〕は、次のような事案について、この「二段の推定」によらずに、根抵当権設定契約証書の成立の真正を認めたものである。

　Aが所有する2筆の土地について、合計6つの根抵当権設定登記（以下、「本件各登記」という）がされている。本件各登記は、根抵当権者をY_1銀行、Y_2公庫またはY_3信用金庫とし、債務者をAの夫が設立したB社とするものである。Aは、Y_1銀行、Y_2公庫またはY_3信用金庫との間で、それぞれの根抵当権設定契約を締結した事実がないことを理由として、Y_1銀行、Y_2公庫およびY_3信用金庫に対し、所有権にもとづく妨害排除請求として、本件各登記の抹消登記手続を求める訴訟を提起した。Aが訴訟係属中に死亡したため、Aの子であるXらがその訴訟を承継した。B社の代表取締役は、Aの夫とその前妻との間の子であるCが務めていた。また、Aは、本件各登記がされた当時、B社の取締役であった。

　本件各登記にかかる合計6通の根抵当権設定契約証書（以下、それぞれの契約証書を「本件契約証書1」などという）中の各印影は、Aの実印によるものである。したがって、各印影は、Aの意思にもとづいて成立したものであると、事実上推定される。もっとも、「Cの供述によれば、上記各契約証書が作成された当時、Aの実印は、CがAから預かり、B社の金庫において保管していた」とされる。そこで、[1]は、「かかる実印の保管状況に照らして、B社の代表取締役であるCにおいてAに断りなく同人の実印に接触することは容易であったと認められることからすると、本件契約証書1ないし同6の成立の真正については、上記事実上の推定に依拠することなく、これらの契約証書が作成された経緯及びその後における担保提供意思確認の有無その他の事実関係等を踏まえて、慎重に検討する必要がある」とした。

　Aの署名が自書であると認めることができるのは、本件契約証書6にされたもののみである。それ以外の契約証書にされたAの署名は、Y_1銀行の職員もしくはCがこれを代筆したものであるか、またはその可能性があるものである。もっとも、[1]は、本件契約証書1から6まですべてについて、Aの意思にもとづいて作成されたものであるとして、その成立の真正を認め、本件各登記は、根抵当権設定契約にもとづいて有効にされた登記であるとした。

　たとえば、本件契約証書1については、次のような事情が考慮されている。①Aは、自宅においてY_1銀行の職員と面談し、担保差入れの意思があることを明らかにしたうえで、根抵当権元本確定に関する承諾書の根抵当権設定者欄の左側欄外に、手書きでAの住所および氏名を記入し、その承諾書をY_1銀行の職員に交付したこと、②Aは、本件契約証書1にかかる根抵当権を含む根抵当権の被担保債

権が代位弁済された場合における求償権の有無および範囲を定めた念書について、署名および押印をしたうえで、その念書をD信用保証協会に差し入れたこと、③Aは、本件契約証書1にかかる根抵当権の目的である土地について、債務者をAとし、根抵当権者をY₁銀行とする後順位の根抵当権を設定したときに、本件契約証書1にかかる根抵当権の有効性について異議を述べた形跡がないこと、④Aは、Y₁銀行に対し、弁護士を通じて、本件契約証書1にかかる根抵当権設定契約の解除を願い出ていること、⑤本件契約証書1にかかる根抵当権の目的である土地は、B社の工場の敷地であるため、当時B社の取締役であったAがその土地をB社のために担保に供することについて、合理性が認められること、⑥本件契約証書1にかかる根抵当権が設定された後、Aは、長期にわたり、その有効性について異議を述べた形跡がないことである。

(2) 破産手続開始後に債権の一部弁済をした根抵当権の物上保証人による破産債権者に対する不当利得返還請求

　Y信用保証協会は、A社のB信用金庫に対する借入金債務を保証していた。また、Xは、Y信用保証協会との間で、A社のY信用保証協会に対する求償金債務を担保するため、Xが所有する不動産について根抵当権を設定し、その旨の登記をしていた。その後、A社について、破産手続が開始された。Y信用保証協会は、破産手続開始後、B信用金庫に対し、その元本全額ならびに破産手続開始決定の日の前日までの利息全額および遅延損害金の一部を代位弁済し、これにより取得した求償権の元本（以下、「本件破産債権」という）等を破産債権として届け出た。また、Y信用保証協会は、求償権の元本に対する代位弁済日の翌日からの遅延損害金等を劣後的破産債権として届け出た。他方、Xは、上記の不動産の売却代金の一部を本件破産債権に対する弁済として支払い（以下、「本件代位弁済」という）、これにより取得した求償権を予備的に破産債権として届け出た。A社の破産管財人Cは、破産債権の調査において、本件破産債権の額を認め、Xの求償権については、「本件破産債権の残額が配当によって全額消滅することによる、破産法104条4項に基づく求償権の範囲内での原債権の代位行使という性質において認める」旨の認否をした。

　Cが作成した配当表は、本件破産債権について破産手続開始の時における債権の額として確定し
たものを基礎として計算された配当額である4512万4808円と、本件破産債権の残額である3057万2141円との差額である1455万2667円（以下、「本件超過部分」という）について、これをXに配当するというものであった。この配当表に対し、Y信用保証協会は、異議申立てをした。大阪地方裁判所堺支部がこの異議申立てを却下する原決定をしたため、Y信用保証協会は、即時抗告をした。これに対し、大阪高等裁判所は、原決定を取り消し、本件を大阪地方裁判所堺支部に差し戻す決定をした。同高等裁判所によれば、破産手続開始の時における債権の額として確定したものを基礎として計算された配当額のうちの一部の配当により、その債権が消滅する以上、超過部分は、その債権について配当すべきでなく、その他の破産債権について配当すべきであるとされる。そこで、Cが許可抗告を申し立てた。最三決平29・9・12民集71巻7号1073頁は、「破産債権者が破産手続開始後に物上保証人から債権の一部の弁済を受けた場合において、破産手続開始の時における債権の額として確定したものを基礎として計算された配当額が実体法上の残債権額を超過するときは、その超過する部分は当該債権について配当すべきである」と判示した。そのため、Cは、この決定に従って配当表を更正し、本件超過部分をY信用保証協会に配当した。そこで、Xは、Y信用保証協会に対し、本件超過部分は、Xの損失のもとでY信用保証協会が法律上の原因なく利得したものであると主張して、民法703条にもとづいて、不当利得返還請求として、その相当額の支払を求めるとともに、民法704条前段にもとづいて、配当金を受領した日から年5分の割合による利息の支払を求めた。[2] 大阪地判平31・1・17金法2119号69頁〔控訴〕は、この事案について、次のように判示して、Xの請求を認容したものである。

　「本件超過部分がY信用保証協会に配当されたのは、破産手続のいわゆる開始時現存額主義のもと、破産配当手続の円滑・迅速処理のため、破産手続に参加できないこととされた一部代位弁済者に代わって、便宜上、一部代位弁済を受けた破産債権者に配当することとしたことの結果にすぎず、Y信用保証協会は、いわば、上記の制約によって本件破産手続に参加できないXに代わって、本件超過部分まで受領したというにすぎない」。本件超過部分は、「本来的に、Y信用保証協会が取得すべきものではないし、また、一般破産債権に対する配当金である以上、劣後的破産債権に充当することは許されない」。した

がって、Y信用保証協会は、Xに対し、不当利得として、本件超過部分相当額を返還する義務を負う。そして、「本件配当によって、Y信用保証協会が本件破産債権の残額を超える配当金を受領したことは、受領時点で客観的に明らかである」。したがって、Y信用保証協会は、Xに対し、配当金を受領した日から年5分の割合による利息を支払う義務を負う。この扱いによると、超過部分の配当を受けた債権者は、債権の一部を弁済した求償権者に対し、配当金を受領した日から年5分の割合による利息をつけて超過部分相当額を返還しなければならないこととなる。そこで、無署名「コメント」金法2119号71頁は、「本判決のような考え方が判例法理として確立されるのであれば、今後は、超過配当が見込まれるような事案では、中間配当等の処理ではなく、破産管財人と債権者、求償権者の三者間で合意を取り交わすことにより、超過配当が生じない配当処理が行われやすくなるのではないかと思われる」としている。

2 質権・譲渡担保権・所有権留保

(1) 集合動産譲渡担保権と所有権留保との優劣

[3] 最二判平30・12・7判時2421号17頁は、集合動産譲渡担保権と所有権留保との優劣について判断を示したものである。この判決については、本誌前号の担保に関する裁判例の評釈（堀龍兒）が扱っている。

(2) 債権質権・債権譲渡担保権・動産譲渡担保権と登記の効力・否認権の行使・債権譲渡禁止特約の主張権者

[4] 和歌山地判令元・5・15金判1577号33頁〔確定〕は、A社の破産管財人Xが、A社のメインバンクであったY銀行に対し、(a) 債権質権（以下、「本件債権質権」という）の設定、(b) 債権譲渡担保権（以下、「本件債権譲渡担保権」という）の設定、(c) 動産譲渡担保権（以下、「本件動産譲渡担保権」という）の設定について、破産法162条1項2号にもとづいて否認権を行使したり、(c) 本件債権譲渡担保権の目的である債権についてされていた債権譲渡禁止特約の効力を主張したりするなどしたものである。ここでは、本件の争点のうち、担保に関するもののみを取り上げる。

Aについて破産手続が開始されたのは、平成28年1月である。(a) 本件質権は、平成27年7月、Y銀行がA社に対して同年6月にした融資（以下、「本件融資」という）にかかる債権を被担保債権として、A社がY銀行に対し、A社が契約していた保険会社に対する保険金等請求権について設定したものである。本件質権の設定については、保険会社による承諾がされている。(b) 本件債権譲渡担保権は、同年7月、Y銀行がA社に対して「現在及び将来有するいっさいの債権」を被担保債権として、A社がY銀行に対し、A社が平成26年12月31日から平成36年12月31日までに取得する工事請負代金債権（既発生および将来発生の債権）について設定したものである。本件債権譲渡担保権の設定については、債権譲渡登記（以下、「本件債権譲渡登記」という）が備えられている。(c) 本件動産譲渡担保権は、同年7月、Y銀行がA社に対して「現在及び将来有するいっさいの債権」を被担保債権として、A社がY銀行に対し、A社が所有する機械設備について設定したものである。本件動産譲渡担保権の設定については、占有改定の方法によって引渡しがされるとともに、動産譲渡登記（以下、「本件動産譲渡登記」という）が備えられている。[4] は、登記の効力（①）、否認権の行使（②）、債権譲渡禁止特約の主張権者（③）に関する問題について、それぞれ次のように判示した。

①登記の効力　本件債権譲渡登記および本件動産譲渡登記において、登記原因の日付に誤りがあること（誤：平成27年6月30日、正：同年7月17日）は、ただちにその登記を無効とするものではない。また、「動産譲渡登記については、法令上、当該動産の製造番号の記載が必須とまでされているわけではないことに鑑みると、製造番号の記載に誤りがある場合であっても、目的動産の特定に疑義が生じなければなお、有効な登記である」。本件動産譲渡登記では、製造番号の記載に誤りがある（誤：3894、正：3849）ものの、目的動産の特定について、疑義は生じていない。したがって、本件動産譲渡登記によって、対抗要件が備えられたこととなる。

②否認権の行使　本件融資にかかる債権を被担保債権とする本件債権質権の設定、ならびに、「現在及び将来有するいっさいの債権」を被担保債権とする本件債権譲渡担保権の設定および本件動産譲渡担保権の設定は、本件融資にかかる債権との関係では、既存の債務についてされた担保の供与にあたらない。そして、「破産法162条1項柱書に関し、新たな担保設定行為が、新たな債務と既存の債務の双方を担保している場合については、新たな債務に関する担保設定と既存の債務に対する担保設定が一体

として区分できない場合には全て否認の対象になるが、区分できる場合には既存の債務に係る部分のみが否認の対象になる」。「現在及び将来有するいっさいの債権」を被担保債権とする本件債権譲渡担保権の設定および本件動産譲渡担保権の設定については、否認の効果によって、その被担保債権が本件融資にかかる債権に限定されると考えれば、新たな債務に関する担保設定と既存の債務に対する担保設定とにこれを区分することができる。もっとも、「本件債権譲渡担保契約及び本件動産譲渡担保契約の締結によって、目的物たる工事代金債権（集合債権）及び本件各動産は、A社からY銀行に確定的に譲渡されたものと認められるところ、かかる効力自体は、被担保債権の範囲によって左右されるものではない」。そのため、Xが破産法162条1項2号にもとづいて否認権を行使することは、本件債権質権の設定にかかる部分のみならず、本件債権譲渡担保権の設定および本件動産譲渡担保権の設定にかかる部分も含め、いずれも理由がない。

③債権譲渡禁止特約の主張権者　　Y銀行は、本件債権譲渡担保権の目的である工事請負代金債権に関して債権譲渡禁止特約がされていることについて、少なくとも重過失があったものと認められる。そして、「破産管財人は、総債権者の利益のために、破産財団に属する財産について包括的な差押えをしているものと評価することができる。そうすると、差押債権者について債権譲渡禁止特約の無効主張を主張する独自の利益を肯定する平成9年最判〔最一判平9・6・5民集51巻5号2053頁〕の射程は、破産管財人にも及ぶ」。したがって、Xも、Y銀行に対し、その債権譲渡禁止特約による譲渡の無効を主張することができる。

3　保証

(1)　家賃債務保証業にかかる消費者契約の条項と消費者契約法8条1項3号・10条

[5] 大阪地判令元・6・21金法2124号48頁〔控訴〕は、家賃債務保証業にかかる消費者契約の条項が消費者契約法8条1項3号や同法10条にあたるかどうかを判断したものである。この判決については、本誌本号の契約に関する裁判例の評釈（石田剛）が扱っている。

(2)　建物賃貸借契約にもとづいて賃借人が負担する一切の債務を保証する期間の定めのない連帯保証契約と解除・権利濫用

X（神奈川県相模原市）は、平成16年3月、生活保護を受給していたAとの間で、低所得者や生活困窮者のための市営住宅である甲建物の賃貸借契約（以下、「本件賃貸借契約」という）を締結し、同年4月、Aは、甲建物に入居した。同年3月、Aの母であるYは、Xとの間で、Aが本件賃貸借契約にもとづいて負担する一切の債務を保証する連帯保証契約（以下、「本件連帯保証契約」という）を締結した。本件連帯保証契約には、保証期間や極度額の定めがなかった。Aは、ほどなく賃料の支払を怠るようになった。そして、XがAと接触したり、Aに連絡したりすることができないまま、滞納賃料が累積していった。Yは、平成22年頃から、Aと絶縁状態におちいった。Aの生活保護は、平成27年4月から廃止されたものの、Xは、Yに対し、この事実をとくに告げなかった。Yは、保証債務の拡大を防止するため、平成28年5月31日以降、Xに対し、再三、Aを退去させてほしいと伝えた。しかし、Xは、これに応じなかった。平成30年2月20日、Xは、Aに対し、本件賃貸借契約を債務不履行により解除し、甲建物の明渡しを求めた。[6] 横浜地相模原支判平31・1・30判時2420号96頁〔控訴〕は、この事案において、XがYに対し、本件連帯保証契約にもとづいて、平成30年2月20日までの滞納賃料および平成30年2月21日から同年5月25日（Aが明渡しを完了した日）までの賃料相当損害金等の支払を求めることができるかどうかが争われたものである。

[6] は、この問題について、大判昭8・4・6民集12巻791頁や大判昭14・4・12民集18巻350頁等を引きながら、本件連帯保証契約のような保証契約が締結されたときは、「賃貸人の前記保証契約上の信義則違反により、賃貸人が保証契約の解除により信義則上看過できない損害を被るなどの特段の事情がない限り、保証人は、賃貸人に対する一方的意思表示により、上記保証契約を解除」することができるとし、また、広島地福山支判平20・2・21裁判所ウェブサイト等を引きながら、「少なくとも、前記のような〔信義則違反による保証契約の解除を正当化する〕事情がある場合、仮に保証人からの解除の意思表示がなかったとしても、賃貸人の保証人に対する保証債務の履行請求は、信義則に反し、権利の濫用として一定の合理的限度を超えては許されな

い」としたうえで、本件について、このルールを次のようにあてはめている。「本件では、①本件連帯保証契約は、期間の定めのない継続的な建物賃貸借契約であり〔ママ〕、②賃借人であるＡが賃料の支払を怠り、将来においてもＡが債務を履行する見込みはなく、③Ａの資産状態はそもそも悪く、本件連帯保証契約を継続させると、ＹのＡに対する求償権の行使も見込めない状態であり、④Ｙが何度もＸに対し、Ａの退去の措置を求めており、保証責任の拡大防止の意向を示し、連帯保証責任の存続を欲していない意向を示していたにもかかわらず、Ｘが依然としてＡに本件住宅を使用収益させ、本件賃貸借契約の解除及び建物明渡しの措置を行わず、毎月の未払賃料及び違約金の債務を累積させていたことが認められ、Ｘには、本件連帯保証契約上の信義則違反が認められ、連帯保証人であるＹは、賃貸人であるＸに対する一方的意思表示により、本件連帯保証契約を解除」することができる。そこで、ＹがＸに対し、Ａを退去させてほしいと伝えた「平成28年5月31日をもって、本件連帯保証契約について、ＹのＸに対する一方的解除が許容され、上記時点でＹの契約解除の黙示の意思表示がなされたと認めるのが相当である」。また、「解除の有無にかかわらず、ＸがＹに対し、前記平成28年5月31日以降〔ママ〕の本件連帯保証契約に基づく支払を請求することは、権利の濫用として許されない」。

4 相殺

(1) 破産法72条2項2号の「前の原因」
[7]福岡高判平30・9・21金法2117号62頁〔上告、上告受理申立て〕では、請負契約がされた場合において、その請負人について破産手続が開始されたときに、その注文者が、破産法72条2項2号にもとづいて、違約金債権を自働債権とし、報酬債権を受働債権とする相殺をすることができるかどうかなどが争われた。この判決については、本誌本号の担保に関する裁判例の評釈（田髙寛貴）が扱っている。

(2) 破産法71条1項3号本文の「支払の停止があったことを知っていたとき」
Ａ社の代理人弁護士らは、平成29年9月29日（金曜日）、Ｙ銀行に対し、債務の弁済が不可能な状況となったことから、自己破産の申立てをする予定である旨を記載した弁護士の受任通知書（以下、「本件受任通知」という）を発送した。本件受任通知は、

同月30日（土曜日）、Ｙ銀行α支店の郵便受けに投函された。他方、同年10月2日（月曜日）、午前8時31分から午前9時4分までの間に、4回に分けて、Ａ社がＹ銀行α支店に有する普通預金口座（以下、「本件口座」という）に合計約183万円の振込入金（以下、「本件各振込入金」という）。また、本件各振込入金にかかる預金払戻債権を「本件債権」という）があった。同年12月18日、Ａ社について、破産手続が開始された。その破産管財人に選任されたＸは、Ｙ銀行に対し、Ａ社とＹ銀行との間の預金契約にもとづいて、本件各振込入金にかかる約183万円を払い戻すよう請求した。これに対し、Ｙ銀行は、Ｙ銀行がＡ社に対して有する貸金債権を自働債権とし、Ａ社がＹ銀行に対して有する本件債権を含む債権を受働債権とする相殺（以下、「本件相殺」という）をしたことをもって、その請求に応じなかった。

[8] 大阪地判平30・11・15金法2118号85頁〔確定〕では、この事案において、本件受任通知がされたことで、Ｙ銀行が本件債権にかかる債務を負担した当時、Ａ社について「支払の停止があったことを知っていた」（破71条1項3号本文）こととなり、Ｙ銀行がした本件相殺が無効となるかどうかが争われた。[8]は、本件受任通知の発送行為は、債務者が支払能力を欠くために一般的かつ継続的に債務の支払をすることができないと考えて、その旨を明示的または黙示的に外部に表示する行為であり、同号本文の「支払の停止」にあたるとしたうえで、次のように判示して、Ｘの請求を棄却した。

「法人の善意・悪意等の主観的態様の有無を判断する際には、代表者又は代理人の認識ではなく、直接取引を担当している使用人を中心に段階的に関与して一連の手続をしている各使用人の認識も考慮して認定すべき事案もあり得ると解される。もっとも、そのような場合であっても、法人の悪意を認定する場合には、法人に属するいずれかの者は悪意の対象となる事実を知っていたことを前提に、それを法人の悪意と評価できるか否かを判断するのであって、法人に属する自然人の中に当該事実を知っている者がいるとは認め難いような場合に、その他の事情から規範的に法人が悪意であったと認定することは許されない」。一般に、土曜日および日曜日は、金融機関の営業日ではない。そして、「本件各振込入金のうち最も遅い入金時刻は同日〔月曜日〕午前9時04分であるが、Ｙ主張の処理態勢に照らせば、Ｙ銀行α支店の郵便物の受領、開封等の業務を一次的に担当する行員においてさえ、同時点までに本件

受任通知の存在及びその内容を認識したとは認め難い」。したがって、本件受任通知がされたことで、Y銀行が本件債権にかかる債務を負担した当時、A社について支払の停止があったことを知っていたと認定することはできない。

(3) 民事再生法49条1項にもとづく定期備船契約の解除と返船した船舶に残存する燃料の扱い

X社は、Y社との間で、X社が所有する船舶（以下、「本件船舶」という）をY社が備船する定期備船契約（以下、「本件定期備船契約」という）を締結した。その後、Y社について、民事再生手続（以下、「本件再生手続」という）が開始された。Y社は、民事再生法49条1項にもとづいて、本件定期備船契約を解除（以下、「本件解除」という）し、X社に対し、本件船舶に残存する燃料とともに本件船舶を返船した。X社は、Y社に対し、本件再生手続開始後にY社の業務に関する費用として発生した本件定期備船契約にもとづく備船料約6万8455.55米ドルにかかる共益債権およびその遅延損害金を支払うよう求めた。これに対し、Y社は、相殺の抗弁を主張して争った。Y社の相殺の抗弁にかかる自働債権は、①返船した本件船舶に残存する燃料についての不当利得返還請求権（以下、「本件不当利得返還請求権」という）、または、②燃料買取合意にもとづく残存燃料代請求権（以下、「本件残存燃料代請求権」という）である。原審は、②の請求権を自働債権とするY社の相殺の抗弁を認め、X社の請求を棄却した。[9] 東京高判平31・1・16金法2122号66頁〔上告受理申立て〕は、その控訴審である。[9] は、いずれの請求権の発生も認めることができないとして、Y社の相殺の抗弁を認めず、X社の請求を認容した。

①の請求権の発生について　「本件不当利得返還請求権は、本件解除に基づく本件定期備船契約の終了により本件船舶がX社に返船された時に、Y社がその所有する残存燃料の返還請求権を行使することができず、これによりX社に残存燃料代金相当額の利益が生じたことを要件事実とするものであるところ……、Y社のいう利得の原因である返船がされたのは、英国のマウント湾沖の公海上であり……、通則法14条をそのまま適用することはできない。そして、通則法15条との関係でいえば、上記利得は、定期備船契約の解除に伴う法律関係の紛争であると共に、定期備船契約の終了に伴う船舶の

返還義務を越える給付を行うことによって生じたものであって、本件定期備船契約に関連して生じたものといえるから、本件定期備船契約の準拠法であることに争いのない英国法と密接な関連があることは明らかである」。したがって、本件不当利得返還請求権の準拠法は、英国法であると考えられる。

そして、英国法では、「最高法院（貴族院）判決の中でホフマン裁判官が述べたように、『英国法は、法的基礎（例えば、借入、贈与、和解など）なしに支払われた金銭を保持することは不当利得になるという一般原則を採用していない…イングランドでは、支払われた状況は、法が受取人による保持が不当であるとするに十分であると認識する範疇の中に入ると請求者が証明しなければならない。』（*Deutsche Morgan Grenfell Plc v IRC* [2006] UKHL 49]）。X社の利得は、Y社が民事再生法49条1項にもとづいて本件定期備船契約を解除したことにともない、必然的に生じたものであることなどを考えると、X社の利得は、英国法における「不当」なものとはいえない。したがって、本件不当利得返還請求権は、発生したものと認めることができない。

②の請求権の発生について　「Y社が主張する本件燃料買取合意は、その特徴的な給付たる残存燃料の引渡しを備船者であるY社が行うものであるから、通則法8条2項によりY社の事業所の所在地の法である日本法が準拠法となると推定される。もっとも、Y社が主張するのは国際海運取引上の慣習に基づく合意であり、国際海運取引での備船契約では英国法を準拠法とするのが一般であること、Y社も、いずれの国の準拠法が採用されても、当該国が契約自由の原則を取る限り結論は変わらず、準拠法の議論に実益はない旨主張していることに鑑み、英国法を準拠法とする資料も含めて、以下検討することとする」。本件では、その全証拠を勘案しても、「Y社が主張する残存燃料の買取りに関する国際海運取引上の慣習を認めることはでき」ない。したがって、この慣習にもとづく合意による本件残存燃料代請求権の発生も、認めることができない。

（すいづ・たろう）

不動産裁判例の動向

武川幸嗣　慶應義塾大学教授

現代民事判例研究会財産法部会不動産パート

今期の対象となる裁判例から、不動産に関連するものにつき、他のパートとの重複をできる限り回避するよう努めながら、13例取り上げて概観する。このうち最高裁判決は、公水使用権の性質に関する [10]〈詳細については秋山靖浩教授の評釈（不動産）を参照されたい。〉である。下級審裁判例としては、建築アスベスト訴訟の控訴審判決が2例（[1][2]）出たほか、売主の責任に関する [3]、解除権留保型・ローン条項に基づく売買契約の解除の可否に関する [4]、賃貸借および使用貸借に関する [5][6][7][8]（[7] につき詳細は、石田剛教授の評釈（取引1）、また [8] につき詳細は、山城一真准教授の評釈（取引2）を参照されたい）、共有物分割請求と離婚に伴う財産分与請求との関係に関する [9]、建築基準法上の私道通行権の利用に関する [11]、いわゆる「緑のオーナー制度」に基づく国有林の分収育林契約上の債務内容に関する [12]、訴訟能力の有無に関する [13] がある。

1　有害物質（石綿）に対する責任

建設アスベスト訴訟に関する [1] 大阪高判（民4部）平30・8・31 判時 2404 号4頁は京都ルート控訴審判決であり [2] 大阪高判（民3部）平30・9・20 判時 2404 号 240 頁は大阪ルート控訴審判決である。これらの訴訟は、建築従事者Xらが、石綿粉じん作業（石綿吹付作業または屋内外における石綿切断作業）に従事した際、石綿含有建材から発生した石綿粉じんに曝露したことにより、石綿関連疾患（石綿肺、肺がん、中皮腫およびひまん性胸膜肥厚の各疾患）に罹患したとして、Y_1（国）に対しては労働関係法および建築基準法に基づく上記疾患の罹患防止のための規制権限または監督権限不行使を理由に、そして建築現場において使用された石綿含有建材を

製造販売した Y_2 ら（建材メーカーおよび事業者〈[1] においては 18 社、[2] においては 22 社〉）に対しては、石綿含有建材の危険性に関する警告表示義務違反などを理由とする損害賠償を求めたものである。両判決はXらの損害賠償請求の一部を認容したが、主な特色は、①一人親方および個人事業主につき、これらの者は労働者とは認められないと解しつつも、建築現場において継続的に石綿粉じん作業に従事していた点においては労働者と同一であるとして、国賠法上の保護対象に含めたこと、②建材メーカーおよび事業者につき民法 719 条後段の「類推適用」に基づく共同不法行為責任の成立を肯定したことに求められよう。

②についてさらに補足すると、建材メーカーとの関係において建築従事者は、長年にわたって多数かつ多様な建築現場において石綿粉じん作業に従事し、多数の企業が製造販売した石綿含有建材から発生した石綿に累積的に曝露した結果損害を被っているため、719 条後段の要件をどこまで緩和できるかが問われた。この点につき両判決ともに、損害の発生が Y_2 らのうちのいずれかの行為によるものである旨が明らかであること（加害者が Y らのいずれかであることが特定されており、それ以外には存在しないこと）は必要でないと解した点において共通しているが、具体的な判断枠組は以下のように異なっている。

[1] は、Y_2 らが製造販売した石綿含有建材が建築現場に「現実に」到達したことの立証までは必要でなく、Y_2 らの製造販売行為がXに対する具体的危険性を有するものであることすなわち、Y_2 らが製造販売した建材が建築現場に到達した「相当程度以上の可能性」が主張・立証されれば足りると解する一方で、Y_2 らにつき、自己の行為と結果との間の因果関係の不存在または自身の寄与度を主張・

立証することによる免責・減責を認める構成を採用した。

これに対して [2] は、被災者ごとに主要原因建材および主要原因企業を認定した上で、(i) 各加害行為者が結果発生の一部または全部を惹起する危険性を有する行為を行ったこと、(ii) それらが競合し、競合行為により結果が発生したことの主張・立証で足り、(i) の要件は石綿含有建材の建築現場への到達により、(ii) の要件は各被災者の発症により満たすという判断枠組を示した。その根拠として本判決は、被災者に発生した結果に対して主要原因企業が無視できない一定の寄与をしていることを挙げた上で、責任の内容については、主要原因企業グループの寄与に応じた連帯責任である旨を説示した。

なお、両判決とも上告・上告受理申立てがされている。

石綿に対する責任についてはこのほか、土壌汚染に関する売主の責任について判示した東京高判平30・6・28判時2405号23頁があるが、その紹介については「取引裁判例の動向」に譲る。

2　不動産売買

[3] 名古屋高判平30・5・30判時2409号54頁は、建売住宅の販売業者による不動産売買において緑化率不足のための条例違反があった場合につき、買主が錯誤無効、詐欺取消し、消費者契約法4条2項に基づく取消し、瑕疵担保責任に基づく解除等を主張した事案に関する判決であり、その紹介については「取引裁判例の動向」に譲るが、本判決は、消費者契約法4条2項に基づく取消しを認めながら、上記緑化率不足が容易に追認可能であることから、瑕疵担保解除および不法行為を理由とする信頼利益の賠償請求については、これにより契約目的が達成できなくなるに至ったとまではいえないとして否定した点に特色がある（第一審では錯誤無効および詐欺取消しも否定された）。

[4] 東京地判平31・1・9金法2120号76頁は、解除権留保型ローン条項に基づく不動産売買契約の解除の可否が争われた事案に関する判決である。Xが不動産会社であるYから本件住宅を購入する旨の本件売買契約が締結され（平成30年1月21日）、申込先をA銀行とする融資利用に関する融資承認取得期日を同年2月19日、承認が得られない場合における解除期日を同月21日とする融資特約（以下、「本件ローン条項」という）が付されたが、XはAから事前審査承認を得られたものの上記期日までに正式審査承認を取得できなかったため、本件ローン条項に基づいて本件売買契約を解除するとともに支払済みの手付金300万円の返還をYに対して求めたところ、Yが、(i) Xが事前審査承認を取得したため本件ローン条項が定める解除事由にはあたらない、(ii) 融資不成立の原因はXの帰責事由（融資申込手続の遅滞）によるものである上、融資審査と無関係の事由（周囲の強い反対）を理由とする解除の主張は信義則違反にあたると主張して争った事案につき、①融資承認取得期日までに正式承認を得られなかったことは本件ローン条項における解除事由にあたる、②Xは正式審査のためになすべきことをしており、解除権の行使は信義則に反するとはいえないと判示してXの請求を認容した（確定）。

3　不動産利用（賃貸借・使用貸借）

[5] 東京高決平30・10・24判タ1464号40頁は、昭和39年に本件土地についてXを賃借人、Yを賃貸人とする建物所有目的の賃貸借契約（以下、「本件賃貸借契約」といい、これに基づいて成立した本件土地の賃借権を「本件賃借権」という）が締結され、同契約には本件賃借権の譲渡に関する無条件承諾特約（以下、「本件特約」という）が付されたが、平成30年2月、Xが本件土地上に所有する本件建物とともに本件賃借権を譲渡するに際してYに承諾を求めたところ、これを拒絶されたため、承諾に代わる許可（借地借家法19条1項）を求める申立てをしたのに対し、Yが、(i) 本件賃借権の対象範囲が不特定かつ不明確である、(ii) 本件賃貸借契約および本件特約の効力の発生ならびに存続に疑義があるとして、同条3項に基づいて本件賃借権および本件建物の譲渡を受ける旨の介入権の申立てを行った事案に関するものである。原決定（東京地決平30・8・31判タ1464号43頁）がYの申立てを棄却したため、Yが抗告したが、本決定は、借地借家法19条3項は、本来であれば賃借権の譲渡が解除原因にあたり賃貸人がこれを阻止し得る場合であるにもかかわらず、同条1項の申立てがされた場合における賃貸人の対抗手段であるため、そもそも賃貸人の承諾があって解除が認められない場合は適用の前提に欠ける旨の一般論を示した上で、本件特約により本件賃借権の譲渡は制限されず、本件賃貸借契約の解除原因にあ

たらないとして、抗告を棄却した（確定）。

[6] 東京地判平29・6・22判タ1463号221頁は、Xが水産加工販売店（以下、「本件販売店」という）を営む目的において、宅地建物取引業者であるY₁の仲介により、Y₂およびAより分譲マンションである本件建物の1階部分を賃借する旨の賃貸借契約（以下、「本件契約」という）を締結した後、本件建物入口付近の共用部分にあたる雨避けビニールテント（以下、「本件テント」という）を白ビニールで覆って店舗名を書き入れた看板テントを設置するなどして広告の用（以下、「本件広告」という）に供したところ、これが本件建物の管理規約に違反しており、管理会社より撤去を求められたため、Xは本件販売店の営業を断念して本件契約を解除した上で、Yらに対して、共用部分の利用に関する重要事項につき説明義務違反があったとして、債務不履行または不法行為責任に基づいて、本件建物への入居および本件販売店の開業に要した費用等の賠償を求めた事案に関する判決である。本判決は、本件契約の契約書および重要事項説明書における特約事項には、共用部分等の使用に関しては管理規約および使用細則に準じることが記載されていたが、Y₁はこれについて説明しなかったとして宅地建物取引法上の義務違反を認めつつも、①Xは本件テントが本件建物の共用部分に該当し、これを広告の用に供することについては制約があることを認識していたこと、②Xは本件広告の設置に関する具体的な希望を伝えていなかったことにかんがみて、Yらに債務不履行または不法行為責任を発生させるに足りる具体的な義務違反までは認められないとして、Xの請求を棄却した（Xの本訴につき確定。なお、Y₂の反訴については省略する）。

[7] 大阪地判令元・6・21金法2124号48頁は、建物賃貸人と賃借人およびその個人連帯保証人と、家賃債務保証業を営むYとの間において締結された賃料等債務の保証に関する契約（賃貸人とY間の連帯保証契約、賃借人とY間の保証委託契約および賃借人のYに対する求償債務に関する個人連帯保証人とY間の連帯保証契約から成る複合契約であり、以下、「本件契約」という）につき、適格消費者団体Xが、以下の各契約条項（①賃貸借契約の当事者でないYに対して、3か月以上の賃料等滞納を理由として賃貸借契約を無催告解除する権利を付与する条項、②Yが①の無催告解除権を行使することにつき賃借人に異議がない旨を確認する条項、③Yが保証債務を履行する

にあたり、賃借人に対する事前通知を要しないとする条項、④Yが賃借人に対して事後求償権を行使するに際して、賃借人および連帯保証人が賃貸人に対して有する抗弁をもってYの請求を拒絶しない旨を賃借人が予め承諾することを定めた条項、⑤賃借人が2か月以上賃料等を滞納し、Yが合理的手段を尽くしても賃借人と連絡が取れない状況下にあって、建物の状況から相当期間利用していないものと認められ、かつ賃借人が再び占有使用しない意思が客観的に看取できる事情が存する場合、賃借人からの明渡しがあったものとみなす権限をYに付与する条項）が、消費者契約法8条1項または10条に違反するとして、同法12条3項に基づき、消費者契約の申込みまたは承諾の意思表示の差止め、当該条項が記載された契約書用紙の廃棄等を求めた事案にかかる判決である。

本判決は、条項①〜④につき、これにより賃借人が蒙る不利益に比してYが受ける利益の合理性とリスク回避の必要性が上回るとしてXの請求を棄却したが、⑤については、賃貸借契約が終了しておらず、賃借人が建物の占有を失っていない場合であるにもかかわらず、Yらによる建物内の動産類の搬出・保管を行うことを認めるものであって、自力救済によって賃借人の占有を排除し、これを理由とする不法行為に基づく損害賠償請求権を放棄させる趣旨を含む条項であると解して、消費者契約法8条1項3号に該当すると判示した（控訴）。

[8] 東京高判平30・5・23判時2409号42頁は、A所有の本件土地上にY₁・Y₂所有の本件建物が存するところ、平成27年2月、本件土地が、Cの仲介によりAからDさらにXへと順次売買（以下、「本件順次売買」という）されたため、XがY₁・Y₂に対して、本件土地につきYらは使用借権を有するにすぎず、これをもってXに対して対抗することができないとして、主位的請求として本件建物収去および本件土地明渡し等を求めたのに対し、YらがXの請求は権利濫用にあたると主張するなどして争った事案に関する判決である。事実関係をさらに補足すると、Yらは母Bと前夫Cの子であったが、Aは昭和34年にBと再婚したという当事者関係に加えて、昭和52年に新築した本件建物は2世帯住宅となっており、1階にA・B（Bは平成16年に死亡）、2階にY₁家族が居住していたところ、Bの死亡後からY₁とAの関係が悪化したため、Aは本件建物から退去して本件土地の売却を決断したという経緯がある。本判決は、①本件順次売買時においてD・Xは、

Y_1が長期間にわたって本件建物に居住し、その権原が使用貸借であることを認識しながら、Y_1と接触することなく短期間で本件順次売買を締結したこと、②本件土地の売買価格が更地価格の3割に満たない廉価であること、③Aは90歳を超える高齢であって判断能力が低下していたこと、④Y_1も80歳を超える高齢であり、本件建物に居住を継続する必要性が高いことに照らして、Xの主位的請求は権利濫用にあたると解するも、⑤Xが予備的請求として5000万円の立退料の提供を申し出たこと、⑥Y_1の年齢から残存占有期間は長くないと考えられること、⑦AY_1間の関係悪化の原因はY_1のAに対する言動にあったことをも考慮すると、Xの請求は1億円の立退料の支払と引き換えに本件土地の明渡しを求める限度で理由があり、権利濫用にあたらないと判示した（上告受理申立て）。

4 共有

[9] 東京地判平29・12・6判タ1464号208頁は、共有物分割請求と離婚に伴う財産分与請求との関係に関する判決である。夫婦であるXとYは、平成25年5月に本件不動産を購入し、両者の持分を2分の1ずつとする旨の共有に属することとしたが、平成29年2月、YがXを相手方として財産分与の申立てを含む離婚等請求訴訟（別件訴訟）を提起したのに対し、Xは、Yの請求が認容されると長男の親権が認められないおそれがある上、本件不動産の住宅ローン債務の早期弁済を望んでいたことから、同年6月、Yに対して本件訴訟を提起して本件不動産の共有物分割請求（換価分割）を行ったところ、Yは、(i)本件不動産に関する共有物分割協議が行われておらず、民法258条1項に該当しない、(ii)離婚も成立していない時点において、財産分与の対象のうち本件不動産のみを取り上げて共有物分割訴訟を提起することは信義則に違反すると主張して争った。本判決は、①民法258条1項所定の「共有者間の協議が調わないとき」には、共有者の一部において協議に応ずる意思がないために協議を行うことができない場合も含まれることを前提としつつ、②Yは実家に近い本件不動産を単独取得して長男との生活の本拠とすることを望んでおり、共有物分割手続の選択はその可能性を奪うものとなること、③Yは本件不動産を単独取得するための条件として住宅ローン債務を負担する旨を提案しているた

め、上記のXの経済的不安は事後的に調整可能であること、④本件不動産の帰すうを預貯金や生命保険等を含む財産分与手続に委ねた方が、夫婦財産の清算のみならず、過去の婚姻費用の分担や離婚後の扶養のための給付を含めて、XY間の権利義務関係の総合的解決に資すること、⑤X・Yともに婚姻関係の修復を図る意思はなく、離婚に伴う財産分与手続が進められる余地が十分にあることを考慮して、「Yの離婚請求が棄却されるなど本件不動産の帰すうが財産分与手続によっては決することができないことが確定する前に、Xがあえて本件不動産の共有物分割を請求することは信義則に違反し、また、権利の濫用に該当する」と判示して、Xの請求を棄却した（確定）。

なお、このほかには、区分所有法17条1項および18条1項において集会決議による決定事項となる「共用部分の変更・管理」ならびに、同法30条1項において規約による規制対象となる「区分所有者相互間の事項」の意味について判示した最高裁判決として、最三判平31・3・5判タ1462号20頁、金法2126号52頁があるが、その紹介については「不法行為裁判例の動向」に譲る。

5 その他

(1) 公水使用権の性質

[10] 最一判令元・7・18判タ1465号52頁は、土地改良区であるXが、河川の流水の占用について河川法23条に基づく許可を受け、取水した水を本件水路に流してこれをXの組合員が農業用の用排水路として使用するとともに、その全般的な維持管理を行っていたところ、本件水路の周辺住民であるYらが、公共下水道が整備されていないことから、し尿等を浄化槽で処理した上でXの承認を得ずに本件水路に排水していたため、XがYらに対して、本件水路に関する排他的管理権の侵害を理由として、不当利得返還請求権に基づいて使用料相当額および遅延損害金の支払を求めた事案に関する最高裁判決である。原審（高松高判平29・11・1）が、河川法23条に基づいて河川の流水を占用する権利につき、「排他的に流水を占用する物権的な財産上の権利」と解した上で、Xは第三者に対して本件水路への排水を禁止することができるとして、その請求を認容したのに対して、本判決は、公水使用権は、「その使用目的を満たすために必要な限度の流水を使用し得る

権利にすぎないと解され、」かかる限度を超えて他人による流水使用を排斥する権限を含むものではないと判示して原審を破棄し、Xの請求を棄却した（補足意見がある）。

(2) 私道通行権

[11] 東京地判平30・1・31判タ1463号184頁は、建築基準法42条2項道路である本件私道の東側突端に、不動産会社であるYが本件マンションを建築したところ、その1階駐車場の設置により公道から本件私道の通り抜けが可能となったことから、本件私道の敷地を所有または共有する沿道住民であるXらが、生命・身体の安全を確保するために、一般公衆の車両および本件マンションの居住者に関係する車両などの公道から本件私道への進入防止を目的として、本件私道に関するYの通行権不存在確認および、Yに対する本件私道にかかる各土地の所有権に基づく妨害予防請求として、本件マンションの居住者等の車両による本件私道の通行禁止を求めた事案につき、①Yの通行権不存在確認請求の目的はY以外の主体の行動を規制することにあるため、確認の利益がない、②建築基準法42条2項による公法上の効果として、Xらは、本件私道が道路として他人によって通行されることを受忍すべき義務を負うところ、本件マンション建築前後において本件私道の使用状況に大きな変化はなく、受忍限度を超えるとはいえないとして、Xの請求を棄却した（確定）。

(3) 国有林の分収育林契約

[12] 大阪地判令元・5・10判タ1466号169頁は、国有林野の管理経営に関する法律第17条の2～6（分収育林制度〈緑のオーナー制度〉）に基づいて、Xら（30名）とY（国）との間において、国有林野に生育する樹木をXらとYの共有とした上で、育林に要する費用の一部をXらが負担する一方、育林による収益をXらとYが分収する旨の本件分収育林契約が締結されたところ、本件分収育林契約上の管理経営計画所定の「主伐」の時期（概ね契約締結から20～30年後）に分収林の販売手続を実施しても落札に至らず、分収額が費用負担額を大きく下回る結果となったことから、同管理経営計画における実施年度にYが「主伐」しなかったことが債務不履行にあたるとして、Xらが本件分収育林契約を解除したと主張するとともに、原状回復請求として支払済み

の費用負担金相当額の返還等をYに対して求めた事案に関する判決である。

このような紛争類型については、分収額が費用負担額を下回るリスクに関する契約締結過程における説明義務違反を認めた判決があるが（大阪高判平28・2・29金判1491号48頁〈ただし、分収育林契約締結から20年経過および、主伐による最終的な分収期における支払時より3年経過したことを理由とする損害賠償請求権の消滅を認定〉）、本判決の争点は、本件分収育林契約における分収木の販売に関するYの債務内容であった。これにつきXは、Yは一般競争入札による立木販売方式（以下、「本件販売」という）の手続を行うだけでなく、主伐すべき時期に伐採して製品販売を行い、売却代金を分配する債務を負うと主張したのに対し、裁判所は、Yの債務は本件販売の手続を行うことにとどまり、分収木の売買契約を成立させたり、分収金を配分する義務まで負うものではなく、かつ、主伐および分収が行われるべき時期に伐採して売却すべき義務も負うことはないと示して、Xの請求を棄却した（一部確定）。

(4) 訴訟能力

[13] さいたま地越谷支判平30・7・31判時2410号70頁は、X所有の本件土地につき、贈与を原因として、Xからその二男Yに対する持分の一部ないし全部移転登記手続が順次行われたが、Xが、これらの贈与はYが贈与証書や登記申請委任状を偽造して行ったものであるため無効であると主張して、その抹消登記手続を求めて本件訴訟を提起したのに対して、YがXの訴訟能力の有無を争った事案につき、Xは重度の認知症に罹患しており、A弁護士に本件訴訟を委任した当時において、本件訴訟について理解した上で訴えを提起することを判断する能力があったとは認められないとして、本件訴えはAがX本人から有効な訴訟委任を受けることなく提起した不適法な訴えであるとしてXの訴えを却下し、訴訟費用を訴訟代理人Aの負担とする旨（民訴69条1項、2項、70条）を示した（確定）。

（むかわ・こうじ）

不法行為裁判例の動向

杉山真一　弁護士

現代民事判例研究会財産法部会不法行為パート

1　はじめに

　今期の不法行為に関する裁判例(初出)は、57件(うち最高裁は6件)であった。従前同様、契約法理や特別法ではカバーし切れない新しい社会的事象を反映した問題が、不法行為責任として問われている。まず、注目すべき裁判例について紹介し(後述2)、その他の裁判例については簡潔に紹介することとしたい(後述3)。

2　注目すべき裁判例

(1)　競業禁止特約違反の再就職と不法行為

[1] 京都地判平29・5・29判夕1464号162頁

　(要旨)　早期退職合意の一環として締結された退職後の競業禁止特約の有効性を認めた上、その遵守を条件に支給された早期退職加算金を、競業他社に再就職が決まった後これを告げずに受領した行為について不作為の詐欺(不法行為)に該当するとした。

　(コメント)　競業禁止特約の有効性は、職業選択の自由の重大な制約になることから、①労働者の地位・職種、②保護目的の正当性、③制限の対象職種・地域、④適切な代償措置の有無など諸般の事情を総合考慮して慎重に判断されるべきである(土田道夫『労働契約法〔第2版〕』711頁など多数説)。原告は、この点を踏まえて、上記特約違反そのものではなく、被告が、当初から遵守する意思がないのに特約を締結し、早期退職加算金(年間賃金の約3倍相当額に上る)を詐取したとして、当該加算金相当額の損害賠償を求めた(主位的請求)。

　裁判所は、当該特約締結当時から、被告に本件特約を遵守する意思がなかったとまでは認められないとした。一方で、本件競業禁止特約の有効性を認め

た上で、再就職が決まったのにこれを告げずに上記加算金を受領した行為を不作為の詐欺(不法行為)と認め、原告の請求を認容した。

　裁判所は、本件被告が、退職合意書(上記特約・加算金合意含む)に署名した当日に同業他社の面接を受け、退職日の翌日から就業を開始したという事案の特殊性を考慮して判断したものと思われる。

　仮に本件特約が無効であった場合、本件退職合意全体が無効となるのかどうか、仮に退職合意全体が無効の場合に復職した被告を解雇等できるのかなど、理論的・実務的に興味深い論点がある。

(2)　団地管理組合法人の行った決議の効力と不法行為

[2] 最三判平31・3・5判夕1462号20頁(民集登載予定)

　(要旨)　団地管理組合法人が、電力需給方法を、いわゆる高圧一括受電方式(一括して契約を締結するなどして団地建物所有者等が電力の供給を受ける方法)に変更するために、団地建物所有者等に対してその専有部分において使用する電力につき個別に締結されている供給契約の解約申し入れを義務づける旨の集会決議がされた場合、団地建物所有者が上記解約申し入れをしないことは他の区分所有者に対する不法行為を構成しないと判示した。

　(コメント)　区分所有建物では、受電設備自体は共用部であり、当該設備を通じて専用部分が受電する。専用部分の所有者はそれぞれ電力供給会社を選択し契約を締結している。本件管理組合は、電気料金の削減を目的として、いわゆる高圧一括受電方式への変更をしようとした。その際、当該電力会社から、従前の専用部分の個別契約を一旦すべて解約し、当該電力会社に一本化することを求められたようである。そこで、管理組合は、共用部分である受電設

備に関し一括受電方式を採用することを決議するとともに、専有部分において使用する電力の個別供給契約の解約を義務づける規約（細則）を設けたが、これに従わない区分所有権者がいたため、結局高圧受電方式は導入できなかった。当該細則に従わない区分所有権者の行為が不法行為に該当するとして、他の区分所有権者が損害賠償請求をしたものである（電気料金が削減できなかったことが損害と主張）。

最高裁は、本件決議について、区分所有権法第66条において準用する同法17条1項又は同法18条1項（共用部分の変更または管理）の決議に当たらないとしたうえで、本件細則についても、同法第30条1項の「団地建物所有者相互間の事項」を定めたものとはいえないため、同項の規約として効力を有するとはいえないとした（規約の効力が認められない以上、これに従わない行為は不法行為を構成しないとした）。原審は細則の効力を認めたうえで、原告の請求を認容したのであるが、これを破棄自判したものである。

最高裁は、本件細則の目的が、電気料金の削減のみであり、区分所有者が本来有する電力会社選択の自由を制約する理由にはならないとした。2004年の電力自由化以降、区分所有者がそれぞれ新電力を選択したほうが削減効果が大となる可能性も指摘されており、そのような事情も背景にあると思われる。本件最高裁の判示を前提としても、たとえば、電力等エネルギー供給について、災害時における供給の安定性・環境問題を踏まえた省エネなど別の目的が問題とされれば、異なる結論はありうるだろう。

(3) 不貞行為の相手方に対する離婚慰謝料請求

[3] 最三判平31・2・19民集73巻2号187頁

（要旨）　不貞の相手方に対する離婚に伴う慰謝料請求は、当該相手方が、単に不貞行為に及ぶにとどまらず、当該夫婦を離婚させることを意図してその婚姻関係に対し不当な干渉をするなどして当該夫婦を離婚のやむなきに至らしめたものと評価すべき特段の事情がない限り、認められない（破棄自判）。

（コメント）　不貞行為の相手方（第三者）に対し、不貞行為を理由とする不法行為責任ではなく、不貞行為により離婚させたことによる不法行為責任（いわゆる「離婚慰謝料」）が認められるか。本判決は、特段の事情がある場合以外は離婚慰謝料を認めない趣旨を明らかにしたものであると理解できる。特段

の事情の有無について、本判決は、本件不貞行為が配偶者に発覚した後解消され、その後約4年経過して別居し離婚に至ったという事実を踏まえ、離婚に至るまでの間に特段の事情があったとはうかがわれないとした（なお、不貞行為を理由とする慰謝料請求権は時効消滅していたと考えられる）。

離婚慰謝料の歴史的経緯（離婚慰謝料は、離婚時の財産分与制度がなかった明治民法下において唯一の離婚給付の機能を営んでいたとされる）に照らすと、現民法下で離婚慰謝料という概念が必要か疑問であり、仮に認めるとしても配偶者間の離婚給付の機能に限られるというべきではないか。その意味で、本判決のいう「特段の事情」を限定的に解釈すべきものと考える。なお、不貞行為自体を理由とする不法行為責任についても、第一義的には、不貞配偶者による婚姻契約の債務不履行責任（貞操義務違反）の問題として処理されるべきであり、不貞行為の相手方（第三者）が不法行為責任を負うのは、債権侵害（この場合は貞操請求権の侵害）による不法行為が認められる場合（単なる故意を超えた害意が認められる場合など）に限られるというべきであろう。

(4) 詐欺的商法に複数の者が関与した場合の責任追及

詐欺的商法などの加害者に複数の者が関与しておきながら、時には意図的に責任追及を困難にしようとしている事案が少なくない。そのような場合に、詐欺行為の幇助や、共同不法行為を認め、関係した法人や個人に対する責任追及を認めた裁判例が2件あり、実務上参考となる。

[4] 仙台高判平30・11・22判時2412号29頁
デート詐欺商法に悪用された携帯電話を貸与した業者に、故意または過失による詐欺行為の幇助を認めた事例である（一審は請求全部棄却。一部認容に変更）。当該業者は、当該携帯電話が犯罪に悪用されていることを警察から指摘されていたのに、事務所外で借主に会い、使用目的を確認せず、現金払い・領収書不交付で約4ヶ月・10台の転送サービス付き携帯電話を貸与した。このような事情から、詐欺商法をそれと知りつつ幇助したと認められたものである。

[5] 福岡地判平31・2・22判時2418号104頁
女性会員と連絡先を交換させると騙していた出会い系サイトの利用料金収納業務代行をしていた各社に、共同不法行為責任が認められ、各社の代表者

には会社法429条の責任が認められた事例である。本件では、出会い系サイト運営者が、利用料金収納代行業者を指定しつつ、これを頻繁に変更することで口座凍結等のリスクを分散させていた事案であるが、本判決は、当該運営者及び代行業者各社の間に関連共同性を認め、共同不法行為責任を認めた。また、代行業者の代表者らの個人責任（会社法429条）についても、それぞれ任務懈怠及び重大な過失があるとしてこれを認めた。

(5) 「茶のしずく石鹸」事件

[6] 福岡地判平30・7・18判時2418号38頁

（要旨） 洗顔石けん使用者のアレルギー症状の原因となった、当該石けんの原材料に製造物責任法2条2項にいう欠陥があるとして、原材料製造会社の責任を認めた事例である。

（コメント） 社会問題となった「茶のしずく石鹸」事件に関する裁判例であり、その影響が注目される。本件は、石鹸の原材料として配合された小麦グルテン加水配合物自体が、体内に吸収されることによりアレルゲンとなり、アレルギーを発症させた点に特色がある（被害者がもともとアレルギー体質だったわけではない）。原材料の欠陥の有無、開発危険の抗弁の成否という製造物責任法の重要論点について判示するものであるが、とりわけ汎用的な「原材料」自体の欠陥を認め、販売業者ではなく「原材料製造業者」の責任を認めたことに意味があろう。多数の被害者の救済と損害の公平な分担という見地からは、当該石鹸の製造販売業者の支払能力（保険を含む）の限界という問題も深刻である。

(6) 議員に対する厳重注意処分と違法な公権力の行使（議会の自律権）

[7] 最一判平31・2・14民集73巻2号123頁

（要旨） 地方自治体議会の議員に対する懲罰その他の措置が当該議員の私法上の権利侵害（本件では名誉毀損）を理由とする国賠請求については、当該措置が議会の内部規律の問題にとどまる限り、議会の自律的判断を尊重し、それを前提として請求の当否を判断すべきである。本件厳重注意処分（視察旅行を欠席したことが、正当な理由のない公務の欠席であることを理由とする）が特段の法的効力を有するものでない等という事情の下では、当該措置は、議会の内部規律の問題にとどまり、議会の自律的判断

を尊重すべきであるから、違法な公権力の行使に当たらない（名誉毀損を認めた原審を破棄自判）。

（コメント） 本判決は、議会の自律を認めた最大判昭35・10・19の判断を引用し、議会の議員に対する懲罰その他の措置について当該措置が私法上の権利利益の侵害（本件では名誉毀損）を理由とする国賠請求の当否を判断する場合にも異ならないとした。その上で、本件厳重注意処分には特段の法的効果がなく、相当数の新聞記者がいる議長室でその通知書を朗読して交付したことについても、殊更に議員の社会的評価を低下させる態様・方法ではなかったとし、よって議会の内部規律の問題にとどまるとした。原審は、正当な理由なく公務として視察旅行を欠席したという処分理由について、反対した議員に法的な参加義務はなく、公務性にも疑問があるとして、真実性（真実相当性）が認められないとした。しかし、本判決は、議会の自律性を重視し、本件処分理由の真実性（真実相当性）の判断に踏み込むこと自体を回避したものと解される。

(7) 違法な仮処分申立と相当因果関係ある損害

[8] 最一判平31・3・7金判1570号8頁

（要旨） 違法な仮差押申立を理由とする損害賠償請求訴訟において、仮差押後に債務者と第三債務者間の新たな取引が行われなくなったことにより喪失した得べかりし利益は、相当因果関係ある損害でないとされた（破棄差戻）。

（コメント） 違法な仮差押えと相当因果関係ある逸失利益といえるか否かという論点について、理論的にも実務上も参考になる判断を示した。原審は少なくとも3年間分の逸失利益について相当因果関係があると認めたのに対し、本判決はこれを破棄して差し戻した。本判決は、その理由として、①債務者が第三債務者との間で取引を継続的に行う旨の合意がなく、また当該取引を反復継続する期待できるだけの事情があったとはいえないこと、②第三債務者への送達後5日で当該仮差押取り消されていること（債務者が解放金を供託したことによる）、③第三債務者が仮差押を取引停止の理由に挙げていないことをあげている。

(8) 弁護士法23条の2第2項に基づく照会に対する報告をする義務があることの確認を求める訴えの適否

[9] 最二判平30・12・21 判時2410号28頁
古田啓昌弁護士の不法行為評釈1を参照されたい。

(9) 運転中のてんかん発作による死亡事故と両親
及び使用者の責任（否定）
[10] 京都地判平30・9・14 判時2417号65頁
宮下修一教授の不法行為評釈2を参照されたい。

3 その他の裁判例

(1) 権利・法律上保護される利益侵害・違法性
[名誉毀損]
　報道機関に対する損害賠償請求が1件、インター
ネット関連が3件（うち2件はグーグルが被告のも
の）ある。
　[11] 東京高判平30・9・26 判時2410号37頁
報道機関に対する宗教団体の損賠賠償請求を全部棄
却。一部認容した一審判決を変更し、番組に出演し
た専門家の発言について真実と信ずべき相当の理由
があったと判示した。控訴審で追加提出された証拠
が変更の理由とみられる事例である。
　[12] 東京高決平30・6・18 判時2416号19頁
歯科医院に関する口コミ投稿について、口コミ投稿
に係るウェブサイトを管理運営する会社（グーグル）
に対し、人格権（名誉権）に基づきされた削除請求
について、受忍限度を超えて原告の社会的評価を低
下させるものではなく、（表現の自由との関連で）違
法性阻却事由の不存在をうかがわせる事情がないと
の疎明がないとの理由で却下（即時抗告も棄却）さ
れた。プライバシー侵害に基づく削除請求について
は最三決平29・1・31民集71巻1号63頁があるが、
本件は人格権（名誉権）に基づくものである。[14]
も同様。
　[13] 東京高判平30・12・5 判タ1461号115頁
インターネット掲示板への投稿記事（上場企業及び
その役員らに対し「マネーロンダリングマン」「業務
上横領」等）に対する損害賠償請求について、上記
二表現について事実の証明を認めた一審を維持、違
法性が認められた表現による役員らの損害額を、上
記二表現が真実であることから保護すべき同人ら
の社会的名声は乏しいとして減額した（120万円→
3万円）。真実性の証明及び損害額算定の方法に特
徴のある裁判例。
　[14] 大阪高判令元・5・24 判タ1465号62頁

恐喝事件及び同和利権問題に関与したこと並びに元
暴力団構成員であったことを記載したインターネッ
ト検索結果に対し、人格権（名誉権）に基づく削除
請求（請求棄却）。一審も控訴審も請求を棄却したが、
その判断枠組みが異なる。一審は最決平29年の枠
組（プライバシー権に基づく削除請求。プライバシー
に関する事実を公表されない利益の「明らかな」優越
を要求）に依拠し、控訴審は最判昭61年6月11日（民
集40巻4号872頁）の枠組み（名誉毀損を理由とす
る表現行為の事前差止）の枠組みに準じて判断した。

[競技中の事故]
　[15] 東京地判平30・2・28 判タ1464号187頁
サッカー競技中のスライディングにより転倒・負傷
した事故。不法行為に該当しないとして請求棄却。
　[16] 東京高判平30・7・19 判時2417号54頁
地区合同運動会の自転車リングプレー競技中に競技
者が衝突して起きた事故。一審は競技に内在する危
険ゆえ違法性阻却とし請求全部棄却。控訴審は違法
性阻却されるのはごく軽度の危険に限られるとして
請求一部認容（請求額約209万円中認容額10万円）。

(2) 金融取引・投資取引関係（適合性原則違反、
説明義務違反、助言義務違反、過当取引等）
[監査証明をした監査法人の責任]
　[17] 東京高判平30・3・19 金判1569号3頁
有価証券報告書等の虚偽記載等について監査証明を
した監査法人に対する、株価下落額の損害賠償請求
を認容。

[FXの借名取引における名義貸与者の責任]
　[18] 東京地判平30・3・20 金法2120号81頁
FX業者たる原告に口座を開設して行うFX取引に
おいて、原告の約款に違反する借名取引を行うこと
は、原告に対する（共同）不法行為を構成する（被
告の利益が原告の損害となる）。

[引受審査義務／説明義務／信託者保護義務等]
　請求棄却判決が3件、認容判決が1件ある。
　[19] 那覇地判平30・7・13 判タ1462号226頁
社債引受をした証券会社の社債引受審査義務（通常
の過失の有無として判断し、否定）。
　[20] 東京地判平31・1・3 金法2126号62頁
通貨オプション取引について、適合性原則違反及び

説明義務違反の主張を認めず。

[21] 大阪地判平31・1・30 金判1569号46頁
金融商品取引業者の説明義務違反及び配慮義務違反
の主張を認めず。

[22] 名古屋高判令元・8・22 金判1578号8頁
商品先物取引業者の代表取締役らは、法令等遵守及
び内部管理体制確立等の義務を負い、当該義務を懈
怠した場合には会社法429条1項の責任を負うとし
て、顧客の損害賠償請求を認容（原審名古屋地判平
30・11・8 金判1559号19頁）。

(3) 取引・契約に関わる不法行為
[保険代理店の説明義務]
[23] 東京地判平29・4・26 判タ1463号229頁
一般自動車保険契約締結時の保険募集人（保険代理
店）の説明義務（労災等免責特約）違反の主張を認め
ず（同一内容で5回更新、同種保険に20年加入、
加入義務あり）。

[不動産賃貸の仲介業者の説明義務]
[24] 東京地判平29・6・22 判タ1463号221頁
建物共用部分たる雨避けテントを広告用に供するこ
とができない旨の説明義務の存在を否定。

(4) 専門家責任
[25] 東京地判平29・9・27 判タ1464号213頁
口頭弁論期日における弁護士の発言及び準備書面の
内容が、相手方弁護士に対する名誉毀損または侮辱
に当たり、その一部について違法性阻却されないと
された事例。

[26] 名古屋高判平30・4・18 金判1570号47頁
一部株主への招集通知を欠き、偽造された委任状に
基づいてされた株主総会決議に関与した顧問弁護士
の故意の不法行為責任が認められた事例。

(5) 特殊な不法行為（使用者責任、共同不法行為等）
[使用者責任]
[27] 和歌山地田辺支判平31・4・24 金判1573
号43頁
生命保険契約の保険金受取人の変更手続における対
応につき、不法行為の成立が否定された事例。

[28] 仙台高判平30・6・7 判時2421号26頁
可燃性ガスの爆発事故により百貨店に生じた損害に
ついて、都市ガス事業者の使用者責任・工作物責任

が否定された事例（請求認容した一審を取り消し）。
ガス警報器発報の通報でガス漏れ点検を行った点検
員の転換が適切であったか否かの判断が原審と分か
れた。

[共同不法行為]
[29] 福岡地判平30・9・14 判タ1461号195頁
事実上の取締役の労働者に対するパワーハラスメン
トが認められるとして、当該行為者及び会社の損害
賠償責任が認められた事例（頭髪を丸刈りにされて
洗車用の高圧洗浄機を噴射される等）。

(6) 製造物責任
前掲[6] 福岡地判平30・7・18を含め、3件の
裁判例がある。

[30] 東京地判平30・9・19 判時2418号20頁
火災の原因が室外機の欠陥にあると認定し、同火災
による動産に関する損害につき、民事訴訟法248条
に従い損害額を算定した事例。

[31] 福島地判平30・12・4 判時2411号78頁
カーナビシステムが表示したルート案内に従って車
両を運転したところ、狭い上に草木がせり出してい
たことから車両が傷ついたとしてなされた修理費等
の損害賠償請求が棄却された事例。

(7) 安全配慮義務
[施設]
[32] さいたま地判平30・6・27 判時2419号56頁
介護施設における安全配慮義務違反を認めつつ、事
故と死亡との相当因果関係を否定。

[33] 旭川地判平30・11・29 判時2418号108頁
温泉施設における高齢女性の転倒事故に関し、浴場
入り口浴場側にゴムマットを敷く等の転倒防止措置
をとる安全配慮義務を否定した事例。

[学校事故]
[34] 松山地西条支判平30・12・19 判時2421
号94頁
幼稚園お泊まり保育中の川遊びで、増水により園児
らが流されうち1名が死亡した事故で、園長の安全
配慮義務違反と幼稚園運営法人の使用者責任を認め
た事例。結果回避義務（ライフジャケット準備、川
遊び中止など）との相関関係で予見可能性を捉え検
討している。

[労働]

[35] 徳島地判平 30・7・9 判時 2416 号 92 頁
上司の部下に対する指導はパワハラに当たらないとしつつ、使用者の安全配慮義務違反を認めた。

[36] 岡山地倉敷支判平 30・10・31 判時 2419 号 65 頁
市と作業員との間の契約が雇用契約であるとしたうえで、安全配慮義務違反を認めた事例。雇用契約との認定は論理的に必要か疑問である。

(8) 原発

[37] 名古屋高金沢支判平 30・7・4 判時 2413・2414
合併号 71 頁
住民による人格権・環境権に基づく大飯原発の運転差止請求を認容した原判決を取り消し、同請求を棄却した事例。

[38] 福島地判平 30・11・20 判時 2409 号 65 頁
避難指示区域に所在した介護老人保健施設の営業損害について、一部認容した事例（避難指示解除後 10 年、ただし解除後は損害も段階的に低減）。

[39] 福島地いわき支判平 31・2・19 判タ 1463 号 167 頁
被告東京電力の従業員及びその家族を原告とする原発事故に起因する損害賠償請求を認容。原告らが有する大熊町における居住継続への期待は、従業員が包括的配転命令を受け入れているとしても法的保護に値する利益であると判示。

[40] 福島地いわき支判平 31・3・6 金法 2127 号 70 頁
福島第一原発の事故により、信用協同組合の支店が閉鎖を余儀なくされたことによる損害のうち、事故から 1 年間の減収分（6064 万円 6000 円）が相当因果関係を有するものと解すべきであるとした。

(9) 国家賠償法
[刑事関係]

[41] 大阪地判平 31・1・8 判時 2407 号 31 頁
再審無罪となった事案において、確定審段階における検察官及び裁判官の行為が国賠法上違法とならないと判断された事例。最一判平元・6・29 民集 43 巻 6 号 664 頁などの判断枠組みを踏襲した。

[42] 仙台高秋田支判平 31・2・13 判タ 1461 号 33 頁
秋田で起きた弁護士殺害事件について、通報で駆けつけた警察官が適切に権限を行使しなかったため殺害されたとして、国賠請求が認められた事例。弁護士を加害者と取り違えて制圧しようとしたことが「著しく不合理」と判断されたと推察される。

[43] 最一判平 31・3・18 判タ 1462 号 5 頁
刑事収容施設法に基づく遵守事項違反（許可なく吸取紙に書き込み等をした行為）について、死刑囚に対してした指導・懲罰措置が、国賠法上違法とはいえないとした事例。

[議会関係]

[44] 東京地判平 29・8・10 判タ 1464 号 122 頁
区議会幹事長会における議長の発言について、議会ないし議長等の自律的判断を尊重すべきとしたうえで、国賠請求を棄却した事例。

[学校]

[45] 大阪地判平 31・3・27 判タ 1464 号 60 頁
公立高校の教員が生徒間のトラブルに関して行った指導の内容は、その目的や態様からすれば教育的指導の範囲を逸脱するものではないとして国賠請求を棄却した事例。有形力を伴わない指導であったが、約 8 時間拘束したことなど 5 つの点が問題とされた。

[行政関係]

[46] 東京地判平 29・6・14 判タ 1462 号 190 頁
東京都非常勤教員の不採用（再採用をしなかったこと）が、国賠法上違法とはいえないとした事例。

[47] 神戸地判平 30・11・30 判時 2416 号 24 頁
タクシー会社の統轄運行管理者に対し、所属の運転手が速度超過運転を繰り返していたことを理由にした 30 日間の運転免許停止処分が国賠法上違法とされた事例。

[48] さいたま地判平 30・9・28 判時 2410 号 63 頁
市職員が、偽造した運転免許証を用いて本人になりすました者による印鑑登録の廃止・登録申請を受理し、申請者が本人であることを確認せず手続を行った結果、不正に所有権移転登記がなされた事例。当該市職員に国賠法上の過失を認め、抹消登記手続請求訴訟等に要した弁護士費用等の損害賠償請求を認容。

[49] 大阪地判平 31・3・14 判タ 1463 号 132 頁
情報公開請求手続において、森友学園が作成した私立小学校設立趣意書の一部を不開示にした処分が違法とされ、国賠請求の一部が認容された事例。

[国賠法施行前の公務員の不法行為]
[50] 東京高判平 30・10・24 判時 2407 号 9 頁
社会的に注目を集めた横浜事件に関する国賠請求訴訟である。本判決は、「統治権」に基づく権力的行為としての公務員の行為であって、国賠法施行前に行われた行為に基づく損害については、国は賠償責任を負わないと判示した。

[ハンセン病訴訟（非入所者）]
[51] 広島高松江支判平 30・7・24 判時 2411 号 21 頁
ハンセン病訴訟の一環。非入所者から、国及び鳥取県に対してなされた国賠請求が棄却された事例。一方で熊本地判令元・6・28 は、元家族に対する国の責任を認め、一人当たり 550 万円の損害賠償請求を認め、国は控訴を断念した。

[営造物責任]
[52] 福島地判平 30・9・11 判時 2405 号 87 頁
道路管理の瑕疵を認め、国賠請求を一部認容（過失相殺 4 割）。

(10) 不当な仮処分申立て・訴訟行為等
[53] 東京高判平 31・4・24 金判 1577 号 18 頁
確定判決が相手方当事者の虚偽主張による騙取であった場合、確定判決の既判力と実質的に矛盾する内容を請求原因とする不法行為に基づく損害賠償請求が認容された事例。最三判昭 44・7・8 の枠組みに沿って判断し、「特別な事情」を認めた。

[54] 東京地判令元・5・31 金判 1571 号 28 頁
銀行がした会社更生手続申立が、権利濫用・信義則違反で違法であるとして、不法行為による損賠償請求を求めた事例（違法とはいえないとして、請求棄却）。

(11) 交通事故
[55] 札幌高判平 30・6・29 判時 2420 号 78 頁
交通事故で重度後遺障害を負った被害者について、定期金賠償の方法（過失相殺 2 割）による支払方法を命じることができるとした事例。

[56] 旭川地判平 30・11・29 判時 2407 号 46 頁
自動車運転者（交通事故加害者）が、視野狭窄の障害があり自動車の運転が困難であることを認識していた場合は、運転者に重過失があり、過失割合が加算される。

[57] 東京高判平 31・1・16 判タ 1463 号 94 頁
自賠法 16 条の 9 第 1 項の「期間」について、最一判平 30・9・27 の差戻し控訴審として「合理的期間」を判断した事例（資料がそろってから 4 ヶ月）。

（すぎやま・しんいち）

家族裁判例の動向

冷水登紀代　甲南大学教授

現代民事判例研究会家族法部会

　今期の対象裁判例は 35 事件あるが、新規に紹介する [9][13][23][25][32] は最高裁判所の裁判例でいずれもリーディングケースとして注目される。また、下級審裁判例においても、離婚に伴う婚姻住居の処理をめぐる [6][7][8] 事件は財産分与紛争の多様化を背景として、遺言ないし信託に関する [29][30][33] 事件は遺言や信託による財産処分の増加を背景として生じる問題として注目される。

1　婚姻

　婚姻関連の事案はいずれも婚姻費用分担事件である。前夫から養育費を受け取っている場合の [1] 大阪高決平 30・10・11 判時 2412 号 23 頁（婚姻費用分担に関する抗告事件）は、本誌 19 号 [4] および本誌 19 号注目裁判例家族 1 に紹介されている。

　[2] 大阪高決平 30・6・21 判時 2417 号 62 頁（婚姻費用分担審判に対する抗告事件・確定）は、妻Ｘ（原審申立人・相手方）が夫Ｙ（原審相手方・抗告人）に対し、別居後、婚姻費用分担請求を求めた事案で、ＸとＹには大学生ですでに成年に達した長男Ａと中学生の二男Ｂがおり、別居前は、ＹはＡが高校卒業後 2 浪していたため積極的に支援しており、Ｂも成績不振であったため学習塾に通わせていた。原審は、Ａは自ら扶養料を請求すべきとしたが、大阪高決平 30・6・21 は、ＸがＡに大学支援を積極的に支援しており、「15 歳以上の未成年の子と同様に扱うのが相当である」とし、算定表の試算にあたっては子が二人いることを前提にして試算した。成年子の（稼働等の）能力を考慮せず高等教育中は「未成年子」と同様に扱った判断である。

　[3] 大阪高決平 30・7・12 判時 2407 号 27 頁（婚姻費用分担審判に対する抗告事件・確定）は、Ｘ（妻）がＹ（夫）に対して別居後（ＸとＹは平成 27 年に婚姻した夫婦であるが平成 29 年には別居）婚姻費用分担を求めた事案において、Ｙの収入の認定が争われ

た。原審は、ＹのＡ社（Ｙの一人会社）からの報酬は、Ｙの世帯収入と評価できるとして、Ｙの報酬年額 504 万円とＸがＡ社から得ていた給与収入 96 万円（平成 29 年 9 月に退職扱いとなっている）の合計額 600 万円をＸの収入と認定したのに対し、大阪高決平 30・7・12 は、原審のＸが取得する収入 600 万円に、Ａからの株式配当 200 万円、公的年金 128 万円（年金収入は職業費を必要としておらず、上記年金額を 0.8 で除した 160 万円）、不動産収入約 20 万円（標準的算定表の給与収入に換算すると 25 万円）の合計 985 万円が標準的算定表にあてはめるＹの収入になると認定した。株式配当金や不動産収入は、Ｙの特融財産から生じた法定果実ではあるが、「Ｙの特融財産からの収入であっても、これが双方の婚姻中の生活費の原資となっているのであれば、婚姻費用分担額の算定に当たって基礎とすべき収入とみるべきである」との理由からである。

2　離婚

　離婚に関連して取り上げる事件は、離婚請求に関する事案が [5] 事件、夫婦の居住をめぐる事案である [6][7][8] 事件、離婚に関する不貞相手への慰謝料に関する [9] 事件、離婚に伴う財産分与が国税徴収法上の「譲渡」にあたるかが問題となった [10] 事件である。なお、離婚訴訟において請求棄却を求める被告が配偶者の不貞相手に対して人事訴訟法 8 条 1 項に基づき損害賠償請求した場合の職分管轄が争われた [4] 最三決平 31・2・12 民集 73 巻 2 号 107 頁（移送決定に対する抗告棄却決定に対する許可抗告事件）は、本誌 19 号 [5] に紹介済みである。

　[5] 東京高判平 30・12・5 判タ 1461 号 126 頁（離婚請求控訴事件・上告、上告受理申立）は、離婚を求める夫婦の一方（Ｘ：夫）が、単身赴任後 1 か月で突如離婚を切り出しその後 7 年以上相手方（Ｙ：妻）らと別居し、この間ＸはＹとの連絡・接触を極力さ

け、婚姻関係についての話し合いの機会をもたずに離婚を求めた事案である。なお、Yは、専業主婦で別居後もXの亡実父を5年以上介護しており、婚姻継続を望んでいる。東京高判平30・12・5は、有責配偶者からの離婚請求に関しての、「別居の事実は婚姻を継続しがたい重大な事由になり得るが、話し合いを拒絶Xが離婚を希望する場合には本件のような別居の事実が婚姻を継続し難い重大な事由に当たる」とはいえない。仮に、7年以上の別居期間が子人を継続し難い重大な事由にあたるとしても、最大判昭62・9・2民集41巻6号1423頁が掲げる基準に従うと、離婚原因の発生が専らXにあること、Yの強い婚姻継続の意思、離婚を認めることによるYの経済的精神的苦境、さらに二女（高校生）の監護・教育・福祉への悪影響、Yや二女への悪影響を時間の経過が軽減・解消するような状況がみられないことから、Xの離婚請求は信義誠実の原則に照らし許容されないと判断し、Xの請求を認容した原審判決を取消し棄却した。1996年2月26日法制審議会決定「民法の一部を改正する法律案要綱」では、「5年以上継続して婚姻の本旨に反する別居」が裁判上の離婚の要件となっており（第7一④）、学説上も有責性の有無と切り離して離婚が認められるべきであることが指摘されているところ、東京高判平30・12・5は長期の別居中の有責配偶者からの離婚請求の審査を二段構えで判断しており注目される。

[6] 東京地判平29・12・6判タ1464号208頁（共有物分割請求・確定）は、X（夫）とY（妻）が婚姻中に住宅ローンを利用して、XとYが各2分の1の持ち分で自宅不動産甲を購入したが（甲につきXとYの持ち分を2分の1とする共有者全員持分移転登記済み）、婚姻関係が悪化したため、Yが財産分与を含む離婚を申し立てたところ（別件訴訟）、XがYに甲の売却を持ち掛けたがYに売却の意思がなく協議が終了したことから、258条の「共有者間に協議が調わないとき」にあたるとして甲について共有物分割訴訟を提起したところ、Yは、甲が財産分与の対象財産であり、財産分与は離婚も成立していない現時点で甲のみを共有物分割しようとして訴えを提起するのは信義則に反するとして争った事案で（本件訴訟）、Xの共有物分割請求は権利濫用に当たるとされた。本件建物が婚姻後の夫婦共有財産で、XにはYとの共有持分はあるものの、離婚等請求訴訟が係属していることに注視し、Xの請求を権利濫用に基づき否定したもので注目される。事案の詳細・解説は、本誌注目裁判例研究家族(1)〔青竹美佳〕を参照されたい。

[7] 札幌地判平30・7・26判時2423号106頁（建物明渡請求事件・確定）は、離婚後、元夫Xが、財産分与前に、X名義の本件マンション（甲）に居住している元妻Yに対して、所有権に基づく建物明渡し及び賃料相当額損害金の損害賠償請求をした事案である。甲は、XY婚姻後、Xを買主とする売買契約が締結され、Xを単独所有者とする建物保存登記がされ、Xのみが債務者として住宅ローンが組まれて抵当権設定登記がされているが、いわゆるオーバーローンの状態にあった。なお、XYは裁判離婚しているが、財産分与は係争中で、Xが単身赴任をしていたため、離婚後はYとXYの長女Aが甲に居住し占有している。Xの請求に対して、Yは、甲は実質的共有不動産であり、Yは共有持分権を有していると主張している。札幌地判平30・7・26は、財産分与前の甲の権利関係についてのYの主張に対して、甲の売買契約の契約者がXであり、Xの給与等を購入原資としていることからXが単独所有する財産であるとしつつも、Yが「離婚に伴う財産分与において、甲の所有権ないし共有権の分与を受ける可能性があることまでは否定できない」とはしているものの、「協議ないし審判前の財産分与請求権は、協議・審判によって具体的内容を決定されることを要する権利であり、協議または審判によってはじめて具体的な権利性を有するものと解するのが相当であることに加え、弁論の全趣旨によれば、甲の住宅ローンの負債額が、X及びYの総資産額の合計を上回っていると認められるから、現時点において、Yが、甲に対し、具体的な共有持分権を有しているとすることはでき」ず、Xの単独所有であり、Yには離婚後は甲について占有権限はないと判断している（Yの主張を排斥）。しかし、XのYに対する甲の明渡請求は、「婚姻期間中に形成された財産関係の離婚に伴う生産は財産分与手続によるのが原則であるから、甲の帰趨は財産分与手続で決せられるべきであり」、Yは「甲の潜在的持分を有しているところ、当該持分はいまだ潜在的、未定的なものであっても財産分与の当事者間で十分に尊重されるべきである」り、甲の帰趨を財産分与手続以外で求めることは、「Yの潜在的持分を不当に害する行為と評価すべきであり、権利濫用に当た」り、認められないと判断した。しかし、賃料相当額損害金請求については、離婚成立以降Yには甲の占有権限がないことから支払義務を負うとして、Xの請求を認めた。

[7] は [6] とは異なり、Yが現に居住している本件マンション（甲）は、Xの出捐によりX名義で購入したXの特有財産であるところ、甲が婚姻住居で

あることを考慮し、Yの潜在的持分等を考慮して財産分与手続で甲の帰趨を決すべきとして、「所有者」Xの建物明渡請求を権利濫用に基づき制限し、しかしYには離婚成立後は「占有権限」がないとの理由から賃料相当額の損害賠償請求権を認め調整を図った事案である。

[8] 東京高決平30・8・31判タ1465号91頁（財産分与審判に対する抗告事件・確定）は、X（夫）とY（妻）は、離婚に際し、X・Yの子Aの親権者をYとして離婚が成立し、離婚に伴う給付について公正証書を作成し、当該公正証書の通り合意していた。この公正証書には、YおよびAが現在居住しているX名義の住居（甲）について、YとAが養育費の支払期間が終了するまで引き続き居住することを認める旨の条項があった（養育費の終期はAが22歳に達する日以降に到来する最初の3月31日までと定められている）。本件は、Xは、上記条項は扶養的財産分与の性質を帯び、離婚後8年が経過し、Yらの生活の安定とXの窮状を考慮すれば、Xの扶養義務は消滅し、扶養的財産分与の目的は達成し、財産分与契約は解消され、Yとの使用貸借関係も終了するとして、事情変更による財産分与契約の変更を根拠にYに甲の明渡しを求めた。原審は、Xの主張を認め、約1年の猶予期間を設けてYはXに明け渡せとの旨の審判をした。これに対して、本決定は、上記条項につき、財産分与と解し、①甲の居住に関してはYに対して使用借権を設定したもので、Xの申立は使用貸借終了に基づく明渡請求であるから、民事訴訟において審理判断されるべきであること、②仮に扶養的財産分与と解しても事情変更による取消し、変更は認められについても一時金や分割金として合意された場合には履行後の事情変更による取消しや変更を認めることは著しく法的安定性を欠き許されない、③本件公正証書には事情変更に関する条項があり、この条項につき民法880条の類推による取消し又は変更ができるとしても、現時点において公正証書作成後それを維持することが当事者の衡平を欠くといえるような事情の変更が生じたとは認められない、として原審を取消しXの申立てを却下した。近年離婚にともなう財産分与・養育費に関する合意につき公正証書が作成される事案も増えており、今後離婚に伴う給付に関する合意内容も多様化していくなか、東京高決平30・8・31により合意内容に関する事情変更の認定のみならず各条項が争われたときの職分管轄も争点となることが示されたといえる。

不貞の相手方に対する離婚慰謝料の請求に関する

[9] 最三判平31・2・19民集73巻2号187頁（損害賠償請求事件・破棄自判）は、夫婦の一方X（夫）が他方A（妻）と不貞行為に及んだ第三者Yに対して離婚に伴う慰謝料を請求した事件である。XがAとYとの不貞関係を知ったころに、AとYは関係を解消し、その後XとAは約4年同居したが、Aは長女が大学に進学したことを機に別居に至った。Xは、Aを相手方として夫婦関係調停を申し立てたが、Aとの間では調停で離婚が成立している。Xは、Yに対して、YとAとの不貞行為により婚姻関係が破綻して離婚に至り精神的苦痛を受けるなどしたとして、不法行為に基づき損害賠償請求をしたところ、第一審裁判所は、AとYとの不貞行為により婚姻関係が破綻に至ってこと等を考慮し、Xの精神的苦痛に対する慰謝料請求を認めた。Yが控訴したところ、原審裁判所は、Yの控訴を棄却した。Yが上告受理申立てをしたところ、最三判平31・2・19は、「夫婦の一方と不貞行為に及んだ第三者は、これにより当該夫婦の婚姻関係が破綻して離婚するに至ったとしても、当該夫婦の他方に対し、不貞行為を理由とする不法行為責任を負うべき場合があることはともかくとして、直ちに、当該夫婦を離婚させたことを理由とする不法行為責任を負うことはないと解される。第三者がそのことを理由とする不法行為責任を負うのは、当該第三者が、単に夫婦の一方との間で不貞行為に及ぶにとどまらず、当該夫婦を離婚させることを意図してその婚姻関係に対する不当な干渉をするなどして当該夫婦を離婚のやむなきに至らしめたものと評価すべき特段の事情があるときに限られるというべきである。〔原文改行〕以上によれば、夫婦の一方は、他方と不貞行為に及んだ第三者に対して、上記特段の事情がない限り、離婚に伴う慰謝料を請求することはできないものと解するのが相当である」が、本件には上記特段の事情はうかがわれないとして、原判決を破棄し、自判した。

夫婦間の離婚における慰謝料請求につき、裁判実務では不貞行為・DV等の離婚原因となった有責行為に対する慰謝料（①離婚原因慰謝料・不貞慰謝料）と②離婚慰謝料との区別をせず、包括的に離婚慰謝料として損害賠償を命じていることが学説上指摘されてきた（二宮周平『家族法』〔第5版〕（新世社、2019年）107頁）。ただし、夫婦の一方が、配偶者の不貞行為の相手方（第三者）に対して、不貞行為につき不法行為に基づく慰謝料請求をした場合には、第三者が「夫又は妻としての権利」を侵害したとして（最二判昭54・3・30民集33巻2号303頁）請求を認め、婚姻関係が破綻した後に配偶者と第三

者が肉体的関係を持った場合には「婚姻共同生活の平和の維持という権利又は法的保護に値する利益」を侵害する行為に当たらないとして、慰謝料請求を認めていない（最三判平 8・3・26 民集 50 巻 4 号 993 頁）。最高裁昭 54 年判決は①の請求を最高裁平 8 年判決は②の請求をしたと捉えられ、①の不貞行為についての慰謝料請求は、損害賠償請求の起算点が不貞行為の認識時となり、②の請求は離婚が成立してはじめて認められるため離婚時が起算点となる（潮見佳男・家判 24 号 115‐119（2020 年））。本件は①の請求はできないため②の離婚慰謝料が求められており、最三判平 31・2・19 は、第三者は、「直ちに」不法行為責任を負うことはないが、「婚姻関係に対する不当な干渉をするなどして当該夫婦を離婚のやむなきに至らしめた」など「特段の事情があるときに限」り不法行為責任を認めるとする。この理論構成に対しては、不貞行為にかかわった第三者の行為が離婚に至るまでの因果関係にあるかのように表現され、権利・法益レベルでの視点を後景に退かせるとの批判があり、②の場面では、婚姻共同生活を維持するかどうかの配偶者の決定権（自己決定権）侵害があったかどうかの権利・法益レベルで問題とすべきであり、本件では特段の事情がない限り法益侵害がないと捉えられるとされている（潮見・前掲 118 頁）。なお、不貞相手に対する不貞慰謝料を配偶者の自由意思が存在することを考慮し、限定的・否定的に解する学説には権利・法益侵害と別次元の人格権侵害として、離婚慰謝料にも妥当すると解するものもある（石松勉・本件判批・新判例解説 Watch25 号 94 以下（2019 年））。なお、「特段の事情」については、単なる不貞行為では足りず、客観的な付加的行為（例えば、不貞関係をもった配偶者を騙し、脅迫するなど）があってはじめて「離婚のやむなきに至らしめた」と評価されるとされ、この主張立証責任は原告が負うものとされている（家原尚秀「本件最高裁判所調査官解説」法律のひろば 72 巻 54 頁（2019 年））。上記評釈の他、本件評釈として、大島梨沙・新判例解説 Watch25 号 123 頁（2019 年）、山下純司・法学教室 471 号 128 頁（2019 年）。

この他、[10] 東京地判平 29・6・27 判タ 1462 号 74 頁（第二次納税義務告知処分取消請求事件）は、離婚時の財産分与が、①民法 768 条 3 項の規定の趣旨に反して不相当に過大なものとして国税徴収法 39 条（平成 28 年法律第 15 号による改正前のもの。以下同じ）の「著しく低い額の対価による譲渡」に当たるとされ、②このような「著しく低い額の対価による譲渡」に当たる場合には、被分与者が同条に

規定する「処分の時」における「特殊関係者」に当たらないとされた事例であり、③国税徴収法 39 条に基づく第二次納税義務の納付告知処分が国税局長の裁量権の範囲を逸脱し又はこれを濫用してされたものとはいえないとされた。

3 親子

親子に関する裁判例は以下の養子縁組無効確認事件が 2 件である。このうち養親の相続財産全部についての包括受遺者が養子縁組無効確認の訴えを提起した場合の訴えの利益について判断した [11] 最三判平 31・3・5 判時 2421 号 21 頁は、本誌 19 号 [6] に紹介されている。

[12] 大阪高判平 31・2・8 判タ 1464 号 47 頁（養子縁組無効確認事件・破棄自判）では、アルツハイマー型認知症と診断されていた A（亡親〔養親〕）と Y（養子・A の長男の子）との養子縁組届けについて、A の長女 X が、Y が A に無断で縁組の届出書を作成したとして Y に対し養子縁組の無効の確認を求めた事案である。本判決は、本件縁組がされた時点で A が養子縁組をすることが理解できず、これを承諾する意思を表明し得ない程度にまで進んでいたということはできない。A の養子縁組の目的が自らの相続時の節税にあったことと A と Y との長く深い交流から「密接な関係」にあったことを理由として合理的な目的があり、本件縁組（本件記入等）は A の意思に基づいてされたもので有効であると判断した。節税目的の養子縁組における縁組意思の有無を判断した最三判平 29・1・31 民集 71 巻 1 号 48 頁の判断基準に沿う一事例といえる。

4 親権・監護権（子の引渡し・面会交流・養育費）

[13] 最三決平 31・4・26 判タ 1461 号 23 頁（間接強制決定に対する執行抗告棄却決定に対する許可抗告事件・破棄自判）は、婚姻中の父母間で、母 X が父 Y に対して長男 A の引渡しを命じる審判を債務名義とする間接強制の申立てがされたが権利濫用に当たると判断した。この事件では、Y は、X が「死にたいいやや。こどもらをすてていたい。」という内容のメールを送信したため、Y が A を含む 3 人の子を連れて実家に転居し別居したところ、X の申立てにより、子らの監護者を X と指定し、Y に対して子らの引渡しを命ずる審判（以下「本件審判」という）が確定していたため、X は本件審判を債務名義として奈良家庭裁判所（第一審）に (1) 子らの引渡執行

と (2) 間接強制を申し立てた。(1) について、執行官がY宅を訪問してXのもとへと行くように促したところ、二男Bと長女Cはこれに応じたが、Aは明確に拒絶して泣きじゃくり、呼吸困難に陥りそうになったため、執行を続けるとその心身に重大な悪影響を及ぼすとして、執行不能と判断された〔なお、その後Xは、大阪地方裁判所に人身保護請求をしたが、AはYのもとで生活を続けたい旨陳述したため、大阪地方裁判所はAが十分な判断能力に基づいて強固な意思を明確に表示している、Aは自由な意思に基づいてYらのもとにとどまっているとして、YによるAの監護は人身保護法及び人身保護規則にいう拘束に当たらないとしてXの請求を棄却する判決をし、確定した〕。奈良家庭裁判所は、YがXにAを任意に引き渡すことができないため、(2) につき、Yが債務不履行に際してAに支払うべき間接強制金は、1日1万円とするのが相当であると決定した。Yは、これに対して、執行抗告したところ、原審は、執行抗告を棄却した。そこで、Yは、許可抗告の申立てをしたところ、原審は許可した。これに対して、最三決平31・4・26は、A（人身保護請求事件の審問期日において9歳7箇月）の心身に有害な影響を及ぼすことのないように配慮しつつAの引渡しを実現するため合理的に必要と考えられるYの行為は、具体的に想定困難というべきで、「このような事情の下で、本件審判を債務名義とする間接強制決定により、Yに対して金銭の支払を命じて心理的に圧迫することによってAの引渡しを強制することは、過酷な執行として許されないと解される。そうすると、このような決定を求める本件申立ては、権利濫用に当たるというほかない」と判断して、原決定を破棄し、原々決定を取り消し、Xの申立てを却下した。

強制執行が権利濫用に当たるとして請求異議事由が認められるには、債務名義の性質、これにより確定された権利の性質・内容、その成立の経緯及び成立後の事情、強制執行が当事者に及ぼす影響等諸般の事情を総合して、債権者の強制執行が著しく信義誠実の原則に反し、正当な権利行使の名に値しないほど不当なものと認められる場合に限られるとされてきた（最一判昭62・7・16集民151号423頁）。これに対し本決定は、本審判の命ずる子の引渡しが、子の心身に有害な影響を及ぼすことのないように配慮しつつ履行しなければならないという特殊な性質を有する義務であることを前提に、本件の具体的事情の下における子の引渡義務の間接強制が過酷な執行となるとしたものであって、権利濫用に当たると

して請求異議事由を認めたものではない。したがって、状況に変化があれば間接強制が認められる余地も否定されていない、と評されている（家判22号68-69頁右側）。そうするとYが将来において間接強制の可能性を完全に回避するためには、XからYに監護者の変更がされる必要がある（766条3項、家事39条、別表2・3の項）。本件の評釈には、今津綾子・法学教室467号130頁、中村肇・法の支配196号89頁（2020年）山下・（前掲）128頁があり、山田文「子の引渡しの強制執行」論究ジュリスト32号68頁（2019年）にも詳細な検討がされている。

[13]事件に対して [14] 大阪高判平30・12・21家判23号53頁（請求異議控訴事件・確定）は、離婚後子ABの親権者となったX（母）が、Y（父）と子ABとの面会交流についての間接強制決定に基づく強制執行に対して請求異議を求めた事案である。本件では、XがABらとXの実家で暮らすようになり別居したところ、Yから面会交流調停が申し立てられ、大阪高決よりXに対しYとABとの直接的な面会交流を命ずる決定がされた（前件決定）。この前件決定に基づくXの面会交流の債務の間接強制として、ABそれぞれについて不履行1回につき5万円の支払を命ずる決定（本件間接強制決定）がされ、Xに本件間接強制決定について執行文が付与されていた。その後、Xから事情変更に基づく面会交流の新たな実施要領の策定を求める調停の申立てがされ、前件決定に基づくABとYとの面会交流が間接的な面会交流へと変更する旨の抗告審決定（本件決定）がされ、確定した。そこで、Xは、Yに対し、本件決定により面会交流の内容が変更されたことを理由として、本件強制執行の不許を求めたところ、原審はXの請求を認容した（原審判後、XとYとの離婚裁判が確定し、XがABらの親権者となっている）。そこで、Yが本件控訴をしたところ、大阪高判平30・12・21は、直接的な面会交流を命じた前件決定は、Y自身の行動を原因とする未成年者らの拒絶という事情変更により相当ではないとして、本件決定により変更され、XYの離婚訴訟において、Aらの親権者をXと定めてXとYとの離婚が判決により確定していることを考慮し、「前件決定の定める直接的な面会交流の債務の履行を命ずる本件強制執行は、既に相当ではないことが法的に確定している面会交流を、Yに対し強制することになる。」「Xによる本件強制執行は、本件決定の確定まで未だ支払がない強制金についての執行も含め、信義則に反し、権利の濫用であるというべきである」として、Yの控訴を棄却した。本判決は、間接強制の制度趣旨に

照らし、最一判昭37・5・24民集16巻5号1157頁を引用し、請求異議訴訟において信義則ないし権利濫用の法理により、監護親が面会交流の債務を免れる可能性を示した点で注目されると評されている（家判23号57頁）。

面会交流の禁止・制限に関する [15] 名古屋高決平29・3・17家判23号95頁は本誌17号[4]で、[16] 東京高決平29・11・24家判23号68頁は本誌17号[5]で、再婚後の養子縁組と養育費に関する [17] 札幌高決平30・1・30家判23号60頁は本誌18号[21]で、[18] 福岡高決平29・9・20家判23号87頁は本誌17号[13]で、成年子の高等教育費に関する [19] 東京高決平29・11・9家判23号79頁は本誌17号[14]で紹介されている。父母の監護状況につき子の福祉に反するとして児相長が申立人となって入所承認に関する申立てをした [20] 水戸家審平30・5・28判時2411号82頁は本誌19号[36]で紹介されている。

別居後子との面会交流を妨害され名誉等が毀損されたとして夫が妻と行政機関に対して損害賠償を求め係争中の事案がある。[21] 名古屋高判平31・1・31判時2413・2414合併号41頁（損害賠償請求控訴事件・上告、上告受理）は、長女を連れて別居したY（妻）がX（夫）と長女との面会交流を妨げる別目的のために住民基本台帳事務における支援措置の申出をし、Xに住民票等の閲覧を困難にさせた上で面会交流を妨害し、Xの職場における名誉等を毀損したとしてXがYに対して不法行為及び債務不履行に基づき損害賠償（慰謝料330万円等）を請求したところ、原審が55万円等を認容した。これに対し、名古屋高判平31・1・31は、別目的のための支援措置申出ではないとして原審を取り消し請求を棄却した（なお、夫は、前記妻の支援措置申出の際に愛知県の警察署長が支援措置申出の要件不備を知りながら要件を満たす旨の「相談機関等の意見」を付したことは違法であるとして、愛知県に対しても330万円の国家賠償請求をしたのに対し、原審は55万円の認容したのに対し、控訴審は右相談機関等の意見を付したこと等は違法ではないとして原判決を取り消し、請求を棄却している）。

5 成年後見

弁護士・司法書士等の職業後見人が成年後見人になる場合、所属する公益社団法人から成年後見等の事件紹介、家庭裁判所に候補者推薦を受け、選任後は当該法人から指導監督を受けるシステムがとられ

ている。そのため、成年後見人となった会員は、成年後見等の事件本人の性別、年齢、居住場所、要介護度、推定相続人及遺言の有無、資産状況等（報告事項）を報告することが所属する法人の定款及び規則により義務づけられている（業務報告義務）。しかし、司法書士等の報告事項の報告が、司法書士法24条等の秘密保持義務違反に反しないか、成年被後見人等のプライバシーを侵害していないかという指摘もあった。[22] 東京地判平30・5・25判時2406号33頁（差止等請求事件・控訴）は、司法書士であるXが、成年後見等の事件の紹介及び候補者推薦、司法書士会員への監督指導などを行っている公益社団法人であるYに対して、①司法書士法24条に規定する「正当な事由なく、業務上取り扱った事件について知ることができた秘密の漏洩にあたる（秘密保持義務に反する）こと、②成年被後見人等のプライバシー侵害に当たることを理由として被告に対する業務報告義務がないことの確認を求めたのに対して、①については、司法書士法24条の「業務」は、「司法書士の本来業務をいい、司法書士の省令業務は含まれない」ため、Yは会員に対して本件報告義務を課すことは同条違反ではない。②については、Yが会員に求めている報告事項は、成年後見人等が療養看護・財産管理という後見事務を行う「不可欠の情報」であり、療養看護・財産管理事務の適否を判断する際にも必要となる情報であり、財産管理に関する事務の適否を監督するための必要な情報ある。そして、この情報の開示をすることで、「成年被後見人等の利益にも資する」として、プライバシー侵害にもあたらないとし、Xの請求を棄却した。本件は、本件報告事項の報告が司法書士法24条の「業務」に当たるかどうかを判断した初めての裁判例である（判時2406号34頁）。

6 相続の効力

相続の効力に関連する2件の裁判例は、いずれも死者の個人情報の開示について争われた。

相続財産についての情報が個人情報保護法2条1項の「個人に関する情報」かが争われた [23] 最一判平31・3・18判タ1462号10頁（個人情報開示請求事件・破棄自判）は、Xの母Aが生前Y銀行の支店に普通預金口座を開設した際に、自らの氏名等の記載と銀行印による押印のある印鑑届出書（本件印鑑届出書）を提出していたところ、Aの自筆証書遺言により上記普通預金口座の預金債権の一部を取得したXが、上記預金口座開設と上記自筆証書遺言

の作成の真正に疑問をもち、その真偽を確認するためにYに対して本件印鑑届出書の写しの開示を請求した事案である。原審は、本件印鑑届出書は、Aの生前の預金口座についての個人情報であるから、同預金の相続人等であるXの個人情報にあたるとして、Xの請求を認容したところ、Yが上告した。最判平31・3・18は、個人情報保護法における個人情報取り扱い事業者の適正な取り扱いを確保という目的に照らせば、ある情報が特定の個人に関するものとして個人情報保護法2条1項「個人に関する情報」に当たるか否かは、当該情報の内容と当該個人との関係を個別に検討して判断すべきで、「相続財産についての情報が被相続人に関するものとしてその生前に法2条1項にいう『個人に関する情報』にあたるものであったとしても、そのことから直ちに、当該情報が相続財産を取得した相続人または受遺者に関するものとして上記『個人に関する情報』にあたるということはできない」と判示し、そのうえで、本件印鑑届出所に含まれる氏名や銀行印の印影などの情報内容とXとの関係を考慮すると、これらの情報はいずれもXに関わる「個人に関する情報」に当たらないとして、原判決を破棄し、Xの請求を棄却した。

自殺した子の個人情報の開示を求める事件である[24]山口地判平30・10・17判時2415号13頁（非開示処分取消請求事件・確定）は、父親Xは、自殺したA（Xの長女）の個人情報である児童相談所が所管するAに関する書類（本件個人情報）の写しを求める個人情報開示請求をY県にしたところ、非開示決定されたため、同決定の取消を求めた。山口地判平30・10・17は、「死者が未成年者である場合には、相続人たる地位を有する父及び母は、当該未成年者の権利義務を包括的に承継する者として、特に密接な関係を有し、当該未成年者にかかる情報が、社会通念上、相続人たる地位を有する父又は母自身の個人情報と同視し得る余地があると考えられるから、本件条例10条1項に基づき、本件児童にかかる個人情報を自己の個人情報として、開示請求をする適格を有するものと解するのが相当である」との判断をし、かつ本件条例16条3号及び同条8号に規定する非開示理由はないと認められるとして、Xの請求を認容した。

7　遺産分割

遺産分割に関連する裁判例は以下の4件である。[25]事件は、相続開始後に認知により相続人となっ

た者が、遺産分割を終えた相続人に対して遺産分割請求した際の910条に基づく価額支払請求の算定の基礎となる遺産について、消極財産の価額を控除するかどうかを判断した最高裁判決である。[26]事件は、預金債権の相続に関する最大決28・12・19民集70巻8号2121頁の射程が問題となった事案である。[27]事件は、特定の相続人が一定の相続債務を全て承継する旨の遺産分割協議がされた場合の相続債権者への法的対応をめぐる上記協議の解釈がされた事案であり、[28]事件は、療養看護型寄与において医療行為があったことを踏まえ寄与分額を増額した事例である。

[25]最三判令元・8・27民集73巻3号374頁（遺産分割後の価額支払請求事件・上告棄却）は、被相続人Aの配偶者B及びその長男YがすでにAの遺産について分割協議を成立させた後に、XがAの子であることを認知する旨の判決が確定した場合において、XがYに対し民910条に基づく価額の支払請求をした事案ある。本件では、ＢＹ間の上記遺産分割協議においてBが相続債務を負担する旨の合意がされ、相続債務の一部がBによって弁済されていたため、910条に基づきXに支払われるべき価額の算定の基礎となる遺産の価額が、Aの遺産のうち積極財産から消極財産を控除した価額か積極財産の価額のみを対象とするかが争われていた。最三判令元・8・27は、当該分割の対象とされる財産は積極財産の価額であるとの判示をした。相続債務は各共同相続人に当然分割され、遺産分割の対象とはならないからである。本判決は、民法910条に基づき支払われる価額の算定の基礎となる遺産の価額につき積極財産の価額から消極財産の価額を控除すべきか否かという争点について、学説および下級審裁判例の対立があったところ（潮見佳男編『新注釈民法(19)』（有斐閣、2019年）〔副田隆重〕458頁）、最高裁として、遺産分割の対象や相続債務の負担を踏まえ、非控除説を採ること明らかにしたものであって、理論的にも実務的にも重要な意義を有すると評されている（判タ1465号51頁）。本件の評釈として、山下・前掲128頁がある。

最大決平28・12・19民集70巻8号2121頁は、預貯金債権については遺産分割前は当然分割されることなく遺産分割の対象となるとするところ、[26]徳島地判平30・10・18判時2412号36頁（損害賠償事件・確定）は、被相続人名義の貯金全額が同人の財産である場合に、同人の死後に一部の相続人が遺産分割協議を経ることなく全額を引き出して共同相続人に交付することなく独占している

ときは、不当利得となるとして、法定相続分に従い、その返還義務が認められた事例であり、上記最大決の射程が及ばない一事例として位置づけられる。

[27] 東京地判平30・1・24判タ1464号205頁（抵当権設定登記抹消登記手続請求事件・確定）は、甲不動産の所有者Xが甲不動産の抵当権設定登記（本件登記）の被担保債権につき時効消滅したとして、抵当権者であるY株式会社に所有権に基づき本件登記の抹消登記手続を求めた事案で、東京地判平30・1・24はXの主張を認め、Xの請求を認容した。本件の詳細は、本誌注目裁判例研究家族(2)〔中川忠晃〕を参照されたい。

[28] 東京高決平29・9・22家判21号97頁（遺産分割審判等に対する抗告事件・確定）は、遺産分割事件において要介護度4・要介護度5と認定された被相続人（親：A）と同居していた相続人（子：X）が療養看護をしていたことを根拠に寄与分の主張をした事案である。この事件では、原審では、Xの療養看護の内容に食事介助と痰の吸引、摘便が主であったことを考慮し特別の寄与にあたるとし、寄与分の算定は、ショートステイを1日およびデイサービスの利用日を半日と計算して、これらの日を除いた日数をXが療養看護を行った日数であるとして、この日数に介護報酬に相当する金額を乗じ、さらにいわゆる裁量割合として0.7を乗じ、合計655万0145円と認定していた。東京高決平29・9・22は、介護等に関する寄与は原審の認定を支持し、さらにAが訪問介護を受けていない日に、Xが少なくとも1日1回は医療行為である痰の吸引をしていたものと推認し、この行為を有資格者に依頼した場合には看護報酬を支払う必要があったことを考慮し、訪問看護のない日数とデイサービスもショートステイも利用しなかった日数について看護報酬をもとに0.7を乗じた104万385円を合計した額759万3530円をXの寄与分と認定した。本決定は、痰の吸引という医療行為があったことを踏まえ、寄与分額につき増額したもので、あくまで介護保険報酬の基準を踏まえつつ、実情に応じて増額したものと評されている（家判21号・98頁）。

8　遺言

遺言に関する裁判例は、以下の3つである。[29] 事件は、「相続させる旨」の遺言の解釈に関する一事例といえ、[30] 事件は「負担付遺言」における遺言の履行があったかどうかが争われた一事例といえ、[31] 事件は、相続人ではない負担付遺贈の受

益者が受遺者に対して負担の履行請求を有するかについて学説上争われているところ、履行請求を認めた事例である。

[29] 大阪地判平30・6・5家判22号127頁（遺言無効確認等請求事件）では、被相続人がY（二男）に一切の財産を相続させる旨の遺言公正証書を作成してその旨の遺言をしたところ、X（長男）は、主位的に、被相続人はYの欺罔行為により上記遺言をしたものであり、これを取り消すと主張し、予備的に被相続人による上記の遺言は錯誤によるものであり無効であると主張して、上記の遺言が無効であることの確認を求めるとともに、Yは被相続人に対し詐欺によって上記の遺言をさせたもので相続人の欠格事由に該当すると主張して、Yが被相続人の相続財産につき相続人の地位を有しないことの確認を求めた事案である。大阪地判平30・6・5は、被相続人は、入院時のXの言動に対する憤りやYに対する愛情から、A司法書士にXとYが半分で相続財産を分けた方がよいと言われてもなおXに財産を残したくないと述べていることなどを考慮し、被相続人が上記遺言をしたことは十分に合理的であると判断し、Xの請求を棄却した。

[30] 東京家審平30・1・19家判23号115頁（遺言取消し申立事件）は、遺言者の二女Xが、遺言者が公正証書遺言により、被相続人の長女である受遺者Yに対し、「本件不動産の遺言者の持分全部を相続させ、ただし、受遺者は、その相続をすることの負担として、遺言者の妻が遺言者の死亡時に存命中の場合、遺言者の妻とともに本件不動産に同居してその生活を生涯にわたり見なければならない」旨の遺言（本件負担付遺言）を残して死亡したところ、Xが遺言者死亡後にYに対し遺言者の妻と同居するように催告してもYが履行しないとして、Xが民1027条に基づき本件負担付遺言の取消しを求めて申し立てた事案である。東京家審平30・1・19は、遺言者死亡後、Yが遺言者の妻に遺言通り同居を申し出たが、遺言者の妻は、長期間遺言者と二人で静かに気ままに暮らしてきたので騒がしくなるのを嫌い引っ越して来ないで欲しい旨述べていたことや、Yに対し週5日本件不動産で一緒に過ごし残りは電話連絡するなどの提案をし、Yも遺言者の妻の希望に応じた態様で同人を支援してきたことを考慮し、「遺言の趣旨に沿った行為が受遺者によって誠実に実施されて」おり、同居していないことにつきYに帰責事由は存在しないと判断し、本件Xの申立てを却下した。

負担付遺贈があった場合、相続人でない負担付遺

贈の受益者は、反射的利益を有するにとどまり債権を取得するものではなく直接受遺者に負担の履行を求めることができないという説が優勢であったが（判タ1463号201頁参照）、近年は第三者のためにする契約と同様に、受益者は受遺者に負担の履行を求めることができるとする説も有力である（潮見佳男『詳解相続法』（弘文堂、2018年）474頁、中川善之助『新版注民(28)〔補訂版〕』（有斐閣、2002年）〔上野雅和〕282頁など）。[31] **東京地判平30・1・18** 判タ1463号201頁（損害賠償等請求事件・控訴〔後和解〕）は、相続人でない負担付遺贈の受益者が受遺者に対して、主位的に、負担の履行請求をし、予備的に不当利得の返還請求をした事案である。受益者X₁、X₂（原告）とC、受遺者Y（被告）は、いずれも遺言者Aの孫であり、Yは遺言者Aの養子でもあった。遺言には、「第1条　遺言者は、その所有する別紙物件目録記載の不動産を含む一切の財産を遺言者の孫Yに遺贈する」。「第2条　Yは、前条により遺贈を受けた見返りとして、遺贈を受けた財産の価格の6分の1ずつに相当する金員を遺言者の孫X₁、X₂、Cにそれぞれ与えるものとする」とされていた（なお、X₁、X₂、SおよびYは、Bの子であり、Bは生存している）。X₁およびX₂は、A死亡後、Yに対し、本件遺言に従いYが遺贈を受けた財産の総額約1億4794万円を取得しており、負担付遺贈の受益者は、受遺者に対して負担の履行請求権を有することから、Xらは遺贈を受けた財産の6分の1に相当する金銭債権（2465万円）の履行を求めた。東京地判平30・1・18は、否定説は相当ではないとしたうえで、「民法1002条2項は、遺言者の別段の意思表示がない限り、受遺者が遺贈の放棄をしたときは受益者が受遺者となると定めており、一定の利益を受けるべき地位のあるものとして受益者を位置付けていること、同条1項は、負担付遺贈の受遺者は遺贈の目的の価額を超えない限度においてのみ負担した義務を負う責任を有するにすぎないとしていることから、受益者の受遺者に対する負担の履行請求を認めても、受遺者に不当な不利益が生じないこと、そもそも受遺者は負担の軽重を考慮して負担付遺贈を放棄することも可能であること、民法1027条は負担付遺贈に係る遺言の取消しを請求できる者を相続人に限定しているが、取消請求権者でない者に負担の履行請求権を否定することが論理的に必然とは解されず、その他にも受益者の負担の履行請求を明らかに否定する条文は見当たらないこと、以上の諸点を考慮すると、負担付遺贈の遺言で示されている負担の中身が給付の適法性、実現可能性、確定可能

性という債権の目的の一般的要素を備えており、かつ、特定遺贈の場合においては受益者がこれを承認し、包括遺贈の場合においては受益者がこれを単純承認（民法990条、921条）している限りにおいて、負担付遺贈の受益者は、遺言者の相続人であるか否かにかかわらず、民法537条2項の類推適用により、受遺者に対して利益享受の意思表示をすることにより、受遺者に対する負担の履行請求を取得するものと解するのが相当である」として、XらのYに対する履行請求権を肯定した。（予備的請求は、主位的請求の一部が認容されておることから、失当であると判示されている）。

9　その他

性同一性障害者の性別の取扱いの変更のための生殖腺除去要件の合憲性が争われた[32] **最二決平31・1・23** 家判22号104頁（性別の取扱いの変更申立て却下審判に対する抗告棄却決定に対する特別抗告事件・抗告棄却）は、生物学的には女性であるが心理的な性別では男性であるという性同一性障害者Xが、ホルモン療法を受け外性器の外観は男性型に近似し乳房の隆起はなく男性型ではあったが、身体に著しい侵襲を伴う手術を受ける恐怖等の理由から、特別法3条1項4号の規定が定める「生殖腺がないことまたは生殖腺の機能を永続的に欠く状態であること」という要件を満すための生殖腺除去手術を受けていない場合に、同規定は憲法13条違反で無効であるとして、性別変更の取扱いの審判の申立てをしたところ、原々審・原審いずれも、法律上の性別の取扱いの変更の要件をどう定めるかは、その内容が合理性を有する限り立法府の裁量に属するものというべきであるとして、申立てを却下した。Xは、同規定を憲法13条及び14条1項に反し無効であるとして特別抗告をしたところ、最二決平31・1・23は、「本規定は、当該審判を受けた者について変更前の性別の生殖機能により子が生まれることがあれば、親子関係等に関わる問題が生じ、社会に混乱を生じさせかねないことや、長きにわたって生物学的な性別に基づき男女の区別がされてきた中で急激な形での変化を避ける等の配慮に基づくものであると解される。これらの配慮の必要性、方法の相当性等は、性自認に従った性別の取扱いや家族制度の理解に関する社会的状況の変化等に応じて変わり得るものであり、このような規定の憲法適合性については不断の検討を要するものというべきであるが、本規定の目的、上記の制約の態様現在の社会的

状況等を総合的に較量すると、本件規定は、現時点では、憲法13条、14条1項に違反するものとはいえない」と判示し、特別抗告を棄却した。なお、補足意見は、身体への強度の侵襲を伴う、生殖腺除去要件は、憲法13条が保障する事由を制約する面があり、現時点では同条に違反するとまではいえないが、その疑いがあると指摘する。本決定に関する評釈としては、二宮周平・戸籍時報782号2頁（2019年）、渡邉泰彦・新判例解説Watch25号107頁（2019年）、大島梨沙・民商法雑誌155巻5号137頁（2019年）、濱口晶子・新判例解説Watch25号13頁・法学セミナー772号118頁（2019年）がある。

信託に関連して [33] 東京地判平30・10・23金法2122号85頁(所有権移転登記等抹消登記請求事件・確定)は、委託者兼受益者X（父）と受託者Y（子）との間で、公正証書を作成してXの生活・介護・療養・借入金返済・納税等に必要な資金を給付してXの幸福な生活および福祉を確保することならびに資産の適正な管理・運用・保全・活用を通じて資産の円滑な承継を実現することを目的として、X所有の土地建物を信託財産として管理処分することをYに信託する旨の契約を締結したところ、Xが当該契約を詐欺に基づく取消し、錯誤無効、債務不履行解除、信託目的の不達成または委託者兼受託者の合意による同信託の主張を求めたが、いずれの主張も認められなかった事例である。

10 渉外

国際私法分野での裁判例で、ハーグ子奪取条約実施法事件に関する [34] 大阪高決平29・2・24判時2415号45頁は、本誌19号 [28] にて紹介済みである。

今期新たに紹介するのは [35][36] の2例である。

[35] 東京家判平31・1・17家判22巻121頁（離婚等請求事件・認容）は、ミャンマー国籍を有するイスラム教徒で日本永住資格を有する夫婦に離婚の準拠法としてミャンマーイスラム離婚法〔以下、「イスラム法」〕が適用されるかが問題となった事案である。東京家判平31・1・17は、イスラム法には夫の一方的な宣言により離婚が成立するという定めがあったため、当該夫婦には離婚が成立する可能性があったが、イスラム法の規定が適用されると日本の公序に反する結果になるとして法の適用に関する通則法42条により当該規定の適用を排除し、日本法を適用し、上記離婚は無効とする判断した。さらに、妻からの離婚請求については、イスラム離婚法を適用して、離婚請求を認め、子の親権者および離婚慰謝料請求についても、イスラム法を適用すると子の親権者は夫となり、離婚慰謝料請求が認められなくなるため、日本の公序に反するとして、日本法を適用し、子の親権者を妻と定め、離婚慰謝料の一部を認容した。本判決は、通則法42条に基づき、準拠法である外国法の適用が排除され法規範の欠缺が生じたとみて日本法を適用するという先例に従い、離婚、親権者の指定、離婚慰謝料といった幅広い事項について判断した事例である（家判22巻123頁）。

[36] 東京地判平28・12・21判時2410号58頁（相続分不存在確認事件・棄却〔控訴〕）は、韓国籍を有する被相続人の相続において、共同相続人の一人Xが、他の共同相続人Yから「YはA家の一切の相続を放棄することを確約する」旨確約書を作成していたため、Yは相続分を放棄したか、放棄でないとしても相続分を譲渡したと主張してYに相続分がないことの確認請求をしたが、①韓国籍を有する被相続人の相続において、韓国民法上、相続分の放棄が認められず、②無効行為の転換として、相続分の放棄を相続分の譲渡と認めるべきであるとする主張も認められないとされた事例である。

（しみず・ときよ）

環境裁判例の動向

大塚　直　早稲田大学教授

桑原勇進　上智大学教授

越智敏裕　上智大学教授[1]

環境判例研究会

1　公害・生活妨害

公害・生活妨害に関しては、騒音、水質汚濁に関するものが1件ずつ出された。

[1] 福岡高那覇支判令元・9・11裁判所HPは、X₁らが嘉手納基地の航空機騒音により健康被害を受けているとして、国（Y）に対し、①人格権等に基づき航空機の離発着及び騒音到達の差止請求、②国賠法2条1項又は民特法2条に基づき、過去分の損害賠償請求、③原審口頭弁論終結日の翌日から差止を求める行為がなくなるまでの間につき1ヶ月毎に5万7500円の将来の損害賠償請求をした訴訟の控訴審判決である。①について棄却、②について一部認容、③について却下した原判決（那覇地沖縄支判平29・2・23）を基本的に維持した上、一部棄却し、一部変更した。

本判決は、基本的に最一判平5・2・25民集47巻2号643頁（厚木基地第1次訴訟上告審判決）に沿った判断をしているが、②において、危険への接近に関して、特徴のある判断をしている。すなわち、X₁以外の原告については、騒音被害をやむを得ないものとして認容して居住したことを認めるに足る証拠はないことから危険への接近法理を適用してYを免責させることができないだけでなく、<u>2度にわたり騒音状態が違法であるとの司法判断が示されているのに、Yにおいて抜本的な対策を講じて違法状態を解消することができないでいる</u>ことから、減額も相当でないとした。一方、X₁は記者として取材をし、騒音被害解消のために当事者として関わりたいという思いもあって、同基地からの航空機の離発着コースのほぼ真下にあたる土地（砂辺）を購入して転居した者であり、X₁については、下線と同

様の理由でYの免責は認められないが、航空機騒音の被害を受けることを積極的に希望してこれを覚悟して転居したこと、砂辺の騒音が転居前の居住地（桑江）の騒音を上回ることを具体的に認識していたことから、同法理を適用して、損害賠償額を減額するのが損害の公平な分配（ママ）という損害賠償法の理念に適うとした。減額割合は、桑江居住期間については3割、砂辺居住期間については6割とする。危険への接近によって被告が免責される場合と、賠償はしなければならないが減額される場合とを区分し、区分の判断要素を示した点で、新たな視点を提供するものとして注目される。根拠としては、免責の場合は違法性阻却、減責の場合は過失相殺に関する722条2項の適用又は類推適用が考えられるが、この点については特に言及されていない。

[2] 名古屋地判令元・5・8裁判所HPは、古典的な水濁法違反の事件である。被告人会社Aは、その代表取締役被告人Bの指示の下、水濁法の特定施設から、排水基準値を超える汚水を公共用水域である名古屋港に5回にわたり排出した。長期にわたり同種行為を繰り返す組織的な常習的犯行であるとし、その利己的な動機や隠蔽工作からも厳しい非難に値するとし、Aを罰金50万円、Bを懲役6月に処し、Bに対しては3年間の執行猶予を付した。

2　化学物質・有害物質

化学物質・有害物質に関しては、アスベストに関する裁判例が5件ある。

(1) 第1は、国家賠償の債務に係る遅延損害金の起算日に関する4判決である。

[3] 広島地判令元・9・17裁判所HP、[4] 神戸

地判令元・9・17 裁判所 HP 及び [5] 大阪地判令元・10・4 裁判所 HP は、石綿を含有する製品の製造作業等に従事していた X らが、作業中に石綿粉じんに曝露したことによって肺がんを発症したとして、労働基準法に基づく省令制定権限の不行使を理由として、国（Y）に対して国家賠償請求をした事件である。類似の先行訴訟である泉南アスベスト国家賠償請求第 2 陣訴訟について最高裁判決（最一判平 26・10・9 民集 68 巻 8 号 799 頁）は国賠を認め、これを受けて Y は、一定の期間において石綿製品の製造等を行う工場等で作業し、石綿関連疾患に罹患した労働者又はその遺族に対し、一定の要件（本件和解要件）を満たす場合には、訴訟上の和解手続により損害を賠償することを表明しており、X らが本件和解要件を満たすことについては当事者間に争いはない。

争点は、Y の X らに対する損害賠償債務に係る遅延損害金の起算日である。X らは本件肺がんの医師の診断確定日（ないしはその前提となった手術を行った日）であると主張するが、Y は行政による支給決定がなされた日であると主張する。

[3]、[4]、[5] とも、X らの請求を全部認容した。[3] は、理由としては、まず、不法行為による損害賠償債務は、損害の発生と同時に遅滞に陥ると解されるところ（最三判昭 37・9・4 民集 16 巻 9 号 1834 頁）、本件ではそれは肺がんの発症であり、他に証拠がない以上、診断確定日であるとする。その上で、第 1 に、Y が論拠とする大阪高判平 25・12・25 民集 68 巻 8 号 900 頁は、肺がんについては結論として診断確定日とする見解を採用しており、びまん性胸膜肥厚について行政決定日としているが、これは肺がんに関するものではないとする。また、Y が論拠とする最三判平 6・2・22 民集 48 巻 2 号 441 頁もじん肺について判断したものであり、肺がんに関するものではないとする。第 2 に、Y は長い潜伏期を経た後に発症する性格から、肺がんについても、じん肺である石綿肺と同様、行政決定日を遅延損害金起算日とする必要があると主張するが、この性格のみから行政決定日とする必要があるとは解されないとする。そして、じん肺の管理区分の認定は、症状の程度を行政の立場から認定しているものであり、業務上の疾病の認定と性格が一致しているとは解されないとする。第 3 に、Y のこれまでの和解方針に沿って行政決定日を起算日として和解を成立させた者

との間での公平性を欠くとの Y の主張に対しては、Y の和解方針によって X らの権利が制限される理由はないとした。いずれも適切な理由であると言えよう。

[4] 及び [5] の理由付けも類似している。特筆に値するのは、最三判平 6 年や大阪高判平 25 年が、じん肺にかかったことを理由とする損害の発生及び損害賠償請求権を行使することができる時点を最終の行政上の決定を受けた時とする理由は、じん肺が極めて特異な進行性の疾患であることに求められるとし、肺がんはこれとは異なり、行政上の決定に対応する病状ごとに質的に異なる損害が観念されるものではないと判示したことである。さらに、[6] は、医師による肺がんの診断は、労災認定要件についての検討を経たものでなく、一般の肺がんを含めた広義の肺がんの発症を認めるものにとどまるとする Y の主張に対し、医師の診断をもって、X らが石綿粉じん曝露により肺がんに罹患したと認められるとする。

[6] 福岡高判令元・9・27 裁判所 HP も、上記と同様の事案である。原判決（福岡地小倉支判平 31・3・12）は X の請求を認容し、Y が控訴。本判決は原判決を変更したが、上記の争点については、原判決を維持し、[3]、[4]、[5] と同様、診断確定日を遅延損害金の起算日とした。大阪高判平 25 年が遅延損害金の起算日を最も重い行政上の決定を受けた時又は石綿関連疾患により死亡した日とする説示については、一審原告の中で最も多かった石綿肺を念頭において説示したものであり、肺がんについて行政決定の日としたものと解することはできないとする。また、[4]、[5] と同様、石綿肺には特異な進行性疾患としての特徴があり、これが肺がんと異なる点も指摘する。

(2) 第 2 は、いわゆる建設アスベスト訴訟に関するものである。

[7] 九州建設アスベスト訴訟福岡高裁判決（福岡高判令元・11・11 裁判所 HP）は、建築作業に従事した際、建築現場で使用された石綿含有建材から発生した石綿粉じんに曝露して石綿関連疾患に罹患したか、又は罹患した者を相続したとして、第一審原告ら（X ら）が、労働安全衛生法等で規制権限を有していた国（Y₁）、及び石綿含有建材を製造・販売した建材メーカーである第一審被告企業ら（Y₂

ら）に対し、国家賠償法及び民法に基づき、連帯して、被災者1名当たり損害賠償金3850万円（総額10億7800万円）及びこれに対する遅延損害金の支払を求めたものである。原審（福岡地判平26・11・7 LEX/DB）は、Y_1に対する請求を一部認容、Y_2に対する請求は棄却。Xら及びY_1控訴。本判決は、Y_1に対する請求については、Y_1の控訴棄却、一部変更。Y_2に対する請求については、Xらの控訴に対し、一部取消、一部変更、一部棄却。

本判決が出され、建設アスベスト訴訟に関する高裁判決は5つとなった。

国家賠償に関しては、Y_1は遅くとも昭和50年初め頃までには、被災者らのような石綿粉じん曝露作業に従事する労働者やこれらの作業によって発生する石綿粉じんに間接暴露する労働者が、建築作業現場における屋内作業において、石綿粉じん曝露作業に従事することにより、石綿関連疾患を発症する危険性があることを具体的に認識可能な状況に至っていたというべきであるとした、そして、Y_1は、昭和50年10月時点で、労安法に基づき、①使用者に対して労働者に防じんマスクを使用させることを罰則をもって義務付ける規制権限、②石綿含有建材への警告表示を義務付ける規制権限、③建設作業現場における警告表示（掲示）の内容として、石綿によって引き起こされる石綿関連疾患の具体的な内容、症状等の記載、防じんマスクを着用する必要がある旨の記載を義務付ける規制権限及び④使用者に石綿関連疾患等に関する特別教育の実施を義務付ける規制権限を行使すべきだったとし、これら規制権限の不行使について、国賠法1条1項の違法性があるとした。

そして、Xらのうち、石綿肺に罹患したと認めるに足りない1名を除き、被災者27名について、Y_1は、国賠法1条1項に基づく損害賠償責任があるとした。もっとも、Y_1の責任は第1次的に責任を負う事業者に対して、二次的、補充的なものと解されるから、その責任の範囲は全損害の3分の1であるとし、さらに、石綿粉じん曝露期間及び喫煙歴に基づく減額をして、Y_1に対し、被災者1名あたり458万3332円から916万6666円（総額約2億2282万円）の賠償を命じた。

労安法の保護対象は、立法経緯や文言に照らし、「労働者」であって、いわゆる一人親方等はこれに該当しないものと解されるとしつつ、一人親方が同

法の保護対象とならないこともって、直ちに、国賠法上、Y_1による規制権限不行使が一人親方との関係で違法性がないということはできないとする。種々の理由をあげた上で、石綿関連疾患の深刻さをも勘案すれば、Y_1が、一人親方として作業に従事した者に対し、規制権限不行使の違法を理由とする損害賠償責任を負わないと解するのは、正義公平の観点から妥当でないとしている点が注目される（一人親方に対する国家賠償責任について、島村健「アスベスト国賠訴訟における反射的利益論」『法執行システムと行政訴訟』高木光先生退職記念（弘文堂・2020年3月刊行予定）、同「関西建設アスベスト訴訟（京都ルート）」新・判例解説WATCH25号287頁参照）。

次に製造・販売者の責任に関しては、Xらのうち、石綿肺に罹患したと認めるに足りない1名、共同不法行為者となる企業が明らかとなるに至らない1名を除いた被災者26名について、組合せは一律ではないが、合計4社に民法719条1項後段の類推適用による共同不法行為責任があるものと認め、一定の減額を行った上、被災者1名当たり、288万7500円から916万6664円（総額1億2533万円）の損害賠償を命じた。

石綿建材の製造・販売者の責任についてみると、原告敗訴のものは1件のみで（東京高判平30・3・14判例秘書）、ほかの4件は原告勝訴となっている（東京高判平29・10・27判タ1444号137頁、大阪高判平30・8・31判時2404号4頁〔京都ルート控訴審判決〕、大阪高判平30・9・20判時2404号240頁〔大阪ルート控訴審判決〕及び[7]）。

肯定例の中でも用いる法理論については分かれていたが、大阪高裁の2判決及び[7]を通じて、裁判例に傾向としての相場観のようなものが現れてきたように思われる。その特徴としては、原告ごとに異なる被告についての共同不法行為（競合的不法行為）を問題とする（大塚の言う「複層的競合的不法行為」）点、到達の蓋然性や寄与度の判断についてシェア論を活用する点、建設アスベスト訴訟を累積的競合の問題として扱い、製造者について719条1項後段の類推適用をする点、同項後段の類推適用の際に709条に引きずられる解釈をしない点、被告らの特定性（他原因者不存在性。「十分性」）を不要とするが、その理由として本件が累積的競合事例であることをあげる点、到達について高度の蓋然性を要求する点があげられる（詳細については、大塚直「建設アスベ

スト訴訟に関する大阪高裁二判決と今後の課題」判時2404号（2019年）304頁、同「建設アスベスト訴訟における石綿含有建材の製造販売企業の責任—建設アスベスト訴訟大阪高裁二判決」私法判例リマークス60号（2020年）58頁、同「九州建設アスベスト訴訟福岡高裁判決（福岡高判令元・11・11）における製造者の責任について」L&T87号（近刊）参照）。

3 原子力

原子力関係の裁判例には、[8]福島地判平30・11・20判時2409号65頁、[9]福島地いわき支判平31・2・19判時2423号97頁、[10]福島地いわき支判令元・6・26裁判所HP（以上は、損害賠償請求事件）、[11]大阪地決平31・3・28判タ1465号192頁、[12]福岡高決令元・7・10裁判所HP（以上、原子力施設稼働差止仮処分請求）、[13]福岡地判令元・6・17裁判所HP（許可処分取消請求）がある（この他、広島地決平30・10・26判時2410号73頁があるが、既に本誌18号で紹介済みである）。

[8]の事案は、浪江町（平成29年3月31日に避難指示解除）で介護老人保健施設を設置・運営していた原告が、福島第一原子力発電所の事故により営業ができなくなったとして、平成29年3月から平成58年2月までの間の営業損害等につき賠償請求をしたというものである。本判決は、営業損害を請求できる期間は事業者が従前と同じ又は同程度の事業活動を営むことが可能と認められる時点までの期間に限定されるとした上で、その期間を避難指示が解除された時点から少なくとも10年とし、平成39年3月までの営業損害につき賠償請求をみとめた。被告東京電力は、営業損害の賠償請求ができる期間について、移転して従来の事業を再開したり、他の事業への転業も可能であるから、5年程度であるなどと主張したが、介護老人保健施設は介護保険法により高齢者福祉圏域が設けられ、圏域ごとに必要入所者定員総数が定められ、これを超える場合は開設許可が与えられないことがあり得るため、原告が施設を他に移転させるのは困難であること、老人介護保険施設は性質上他の事業に転換することが困難であること、人手が著しく不足していること等の事情を挙げて、被告の主張を退けている。ただ、避難指示解除後住民の帰還等が徐々に進んでいくことが予測されること等から、平成29年3月31日以降営業

活動上の支障の程度が段階的に低減していくと推測されるとし、最初の一年で20%程度の収益の回復、その後毎年5%ずつの回復を見込み、段階的に営業損害の額を減らしている。なお、東京電力は、「公共用地の取得に伴う損失補償基準要綱」（転業につき通常必要とする期間を、営業の場合は2年以内とする）によるべきである旨の主張もしたが、事前の準備期間や熟慮期間があり、代替地も用意されているような公共用地の取得の場合と本件では前提状況が異なるとして、この点についても被告の主張を退けている。

[9]は、東京電力の従業員とその家族が、東京電力に対して損害賠償の請求をしたケースに係るものである。本件の従業員原告は、平成4年に東京電力に採用されて以来福島第一原子力発電所に勤務し、大熊町に居住していた。その妻である原告は、平成13年に結婚して以来大熊町に居住し、その子も出生以降大熊町に居住していた。ところが、福島第一事故の発生後原告らは避難を余儀なくされ、大熊町での居住の継続ができなくなり、そのため、慰謝料等の請求をしたものである。なお、東電従業員である原告は、平成23年7月に本店へと配置転換され（家族が埼玉県に避難していたという事情のため）、同年10月から平成28年7月まで本件原発での勤務（この間は家族と別居）を経て、その後は本店に勤務している（居住地は平成26年に建設された埼玉県の自宅）。被告東京電力は、原告らは被告従業員及びその家族であり、被告の従業員は配転命令に伴う居住地の変更を予め包括的に受け入れていたから、意思に反して転居させられないことについて法的利益はない旨の主張をしたが、本判決は、被告の従業員である原告以外の原告については、配転命令権の行使により一方的に転居を命じられるものではないから、従業員原告が配転命令権を受け入れる立場にあるからといって、居住への法的利益を否定する根拠にはならないとして被告の主張を否定した。従業員原告についても、採用後本件事故が発生するまで19年にわたり異動を命じられることはなく、本件事故の時点では大熊町からの転居を伴う異動は予定されていなかったこと、家族で大熊町を生活の本拠としていたことから、居住継続への期待が法的保護に値するとした。本判決の判断の前提として、業務上の必要性がない場合、転勤命令は、特段の事情がない限り、権利の濫用になるとした最二判昭61・7・

14がある。なお、本判決は、次の[10]とともに、原子力施設の従業員やそれに準ずるような者が原子力事故により被った損害についても、原子力損害賠償法が適用されることを当然の前提としている。

[10]は、福島第一原子力事故の際に3号機で緊急作業として、電源盤にケーブルを接続する作業をした際に被ばくし、精神的損害を受けたなどとして、損害賠償の請求がされた事案で、被告は東京電力の他、当該作業を請け負った会社である（元請会社及び1次下請会社。原告は2次下請会社の従業員である）。原告は、主位的請求として、被告らに対し、民法に基づく損害賠償請求（安全配慮義務違反等）をしたが、判決は、原賠法上の損害賠償請求権と民法上のそれとを併存させたり、過失のある第三者への自由な求償を認めたりすると、賠償責任が分散され、それに伴い責任主体となる者が個々に保険をかける結果原賠法の予定する損害賠償措置が有名無実化し、また、政府援助も受けられず、原子力事業者自身の賠償資力が不十分となって被害者への賠償ができない事態が生じ、原子力事業の健全な発展という原賠法の趣旨に悖る結果を招来しかねないとして、請求を退けた。原告の予備的請求は、原賠法に基づく、東京電力に対する損害賠償請求である。本件作業に際して原告の受けた実際の被ばく量は、外部被ばく10.81mSv、内部被ばく5.8mSvと評価されており、健康に影響が及ぶ程度の被ばくをしたことを前提とする健康不安ないし精神的苦痛については、判決はこれを否定した。その一方で、健康被害が生じうる程度の放射線被ばくをするおそれが存する状況下であったことから、そのような状況下では無用な被ばくをするという事態を避けるための措置をとることが求められ、過度の被ばくを避けるため本件作業を中断して退避すべきであったところ、作業継続を余儀なくされたという事情の下で、原告の覚えた不安や恐怖は漠然としたそれにとどまるものでなく、健康被害を生じるかもしれなという危惧、恐怖を覚える程度のものであり、相当程度の精神的苦痛を受けたものとして、賠償請求を認めた。不安の合理性（大塚直「平穏生活権概念の展開——福島原発事故訴訟諸判決を題材として」環境法研究8号1頁以下参照）に関する事例判断を加えるものということができる（これまでの裁判例については、桑原「裁判例における合理的な不安の判断基準」上智法学論集62巻3・4号27頁以下を参照されたい）。もっとも、被ばくの可能性を否定できない本件原発での勤務を継続し一定程度のさらなる被ばくを受忍した等の理由で、請求額1100万円にたいして損害額30万円と認定している。

[11]は、大飯原子力発電所3、4号機の運転差止仮処分申立てに係る決定である（本件の評釈として、大塚直・環境法研究10号近刊がある）。本件では、専ら基準地震動の策定の合理性が問題となった。すなわち、債権者らは、垂直または垂直に近い断層について地震動を予測する場合、入倉・三宅式を用いて地震モーメントを求めると、その値が過小評価になるなどと主張したが、本決定は、過小評価のおそれを回避するための方策がとられているため十分保守的な評価がされているとして、当該主張を退けた。なお、司法審査の方法としては、まず債務者において、原子力規制委員会が用いた審査基準に不合理な点がないこと、当該審査基準に適合する旨の同委員会の判断に不合理な点がないこと、ないし、その調査審議及び判断の過程に看過し難い過誤、欠落がないことを相当の根拠、資料に基づき主張、疎明をすべきものとしている。

[12]は、川内原子力発電所に係る決定である（原決定は佐賀地決平29・6・13裁判所HPで、差止仮処分の申立てを却下した）。この事件では、基準地震動策定の合理性、原子炉施設の配管の安全性、火山事象による影響の危険性の3点が争点となっている。基準地震動策定の合理性については、過小評価である、不確実性がある旨の抗告人の主張（ここでも、入倉・三宅式が問題とされている）に対し、各種パラメータにつき安全性に配慮して保守的な設定がされている、不確かさを考慮したケース設定がされているとして退け、相手方が「新規制基準に不合理な点がないこと並びに当該基準の適合性に係る原子力規制委員会における調査審議及び判断の過程等に看過し難い過誤、欠落がないことについて、相当の根拠、資料に基づき主張、疎明を尽くしたというべきである」と評価した。配管の安全性についても、基本的に原決定の判断を踏襲し、相手方において「抗告人らの生命、身体に直接的かつ重大な被害が生ずる危険が存在しないことについて、相応の根拠、資料に基づき主張、疎明を尽くしたもの」と結論づけている。

火山事象による危険性は、抗告審で新たに追加されたものである。本決定は、巨大噴火は、法規制や

防災対策において想定しないことを容認するのが社会通念であるとした上で、「その発生の可能性が相応の根拠をもって示されない限り、発電用原子炉施設の安全性確保の上で自然災害として想定しなくても、当該発電用原子炉施設が客観的にみて安全性に欠けるところがあるということはできないし、そのように解しても、本件改正後の原子炉等規制法の趣旨に反するということもできない」とする。そして、結論として、本件原子炉施設運用期間中に破局的噴火を含む巨大噴火が発生する可能性が相応の根拠をもって示されておらず、立地を不適とすべきであるということはできないし、影響評価にも不合理な点があるということはできない、とした。比較的多くの裁判例と同様の判断の仕方であり、（令和元年12月18日改正前）火山ガイドに準拠して差止仮処分申立てを認めた広島高決平29・12・13判時2357・2358号300頁（評釈として、桑原・環境法研究10号近刊等がある）とは異なるし、問題となるのは原子炉の運用期間中ではなく本案判決が確定するまでの期間のリスクだとする広島地決平30・10・26判時2410号73頁とも異なる。

　[13] は、川内原子力発電所1号機、2号機の設置変更許可の取消請求事件に係る判決である（評釈に、清水晶則・新判例解説Watch Web版がある）。まず、原告適格につき、判決は、一般論として、原子炉等規制法は「公衆の生命、身体の安全、健康、財産、環境上の利益を一般的公益として保護しようとするにとどまらず、原子炉施設周辺に居住し、当該事故等がもたらす災害により直接的かつ重大な被害を受けることが想定される範囲の住民の生命、身体の安全等を個々人の個別的利益としても保護する趣旨を含むと解される。」とし、財産や環境上の利益も個別的保護を受けるとの認識を示している。そして、人体への影響という観点からは、重大な事故が発生した場合に1年あたり100mSv以上の被ばくをすることとなる範囲の地域、住民の生活環境に与える影響という観点からは、1年あたり20mSvを超える線量の放射線被ばくをすることとなる範囲の地域——福島第一原発と同様の事故が起きた場合避難指示が発令される可能性があり、生活環境が一変する可能性があることから、直接かつ重大な被害を受けることが想定される範囲と、本判決は理解している——に居住する者について、原告適格を認めた。そしてこれを、原子炉から250kmとしている。最三判平

4・9・22民集46巻6号571頁は、「直接的かつ重大な被害を受けることが想定される範囲の住民の生命、身体の安全等」につき、個々人の個別的利益性を認めたが、避難する事態に至ることまでそこに含めていたかどうかは定かでなく、この点を明示的に認めた点に本判決の意義があろう。もっとも、福島第一の事故では、避難指示等を受けなくとも、情報の不足や疾病等さまざまな事情から避難をし、生活環境が一変した人たちがおり、しかも、そのことを理由として国や東京電力に対する損害賠償請求が多数の判決で認められていることに鑑みると、年間20mSvで線を引いたことには異論もあろう。なお、本判決が「生活環境が一変する」という場合、居住場所が変更されることに伴うそれのことであり、環境基本法2条3項にいう「生活環境」とは意味合いが異なることに注意を要する。

　次に、本案であるが、本件ではもっぱら火山事象が問題とされているようである。まず、司法審査の方法としては、原子力規制委員会の「調査審議において用いられた具体的審査基準に不合理な点があり、あるいは当該原子炉施設が前記具体的審査基準に適合するとした処分行政庁の調査審議及び判断の過程に看過し難い過誤、欠落があ」るどうかという観点から審査するものとする。そして、火山ガイドの審査の仕方に対しては火山学上さまざまな異論があることから、「火山ガイドの定めに不合理な点がないことが相当の根拠、資料に基づき立証されたといえるかどうか疑いが残る」などととしつつも、原子炉等規制法は「最新の科学的技術的知見から合理的に予測される範囲を超える危険性を想定した対策を講じることまでを求めていると解することはできない」とした上で、破局的噴火につき、その「発生の可能性が相応の根拠をもって示されているといえない以上、原子力関連法令等の下で、破局的噴火が最新の科学的技術的知見を踏まえて合理的に予測される危険性として考慮されていると解することはできず」、それを想定していなくとも「具体的審査基準に不合理な点があり、あるいは当該原子炉施設が前記具体的審査基準に適合するとした処分行政庁の調査審議及び判断の過程に看過し難い過誤、欠落があるということはできない」と判示し、原告側の種々の主張をすべて退けている（なお、本件の申請が依拠している論文が不合理であるとの原告の主張に対し、原告主張に沿う見解と前記論文の有用性を認める

見解があるところ、「これらの論文の内容や射程範囲の評価は、処分行政庁の合理的判断に委ねられている」との判示部分がある）。

4 廃棄物・リサイクル

[14] 広島高判令元・7・18 裁判所 HP は、廃棄物である建材等を焼却した廃棄物処理法違反の事案で、規制目的には含まれない焼却に伴う火力による「公共の危険」の発生を量刑要素として不当に重視したなどとして、一審判決を量刑不当により破棄し、罰金額を減額した。

[15] 広島高判令元・7・25 裁判所 HP も、自己の管理地内で伐採木を野焼きした廃棄物処理法違反の事案で、懲役と罰金を併科した一審判決を、（環境負荷の高い）化学製品は含まれていないこと、焼却場所が農山村地域で煙害も生じていないこと、（119 番通報がされたが）延焼防止は罰則の規制目的に含まれていないこと等を指摘し、量刑不当により破棄して、罰金刑に処した。

なお、名古屋高判平 30・4・13 判時 2409 号 3 頁が判例集に掲載されたが、前号までに紹介済みである。

5 景観・まちづくり

[16] 東京地判平 30・1・31 判タ 1463 号 184 頁は、建築基準法 42 条 2 項道路である私道の敷地を所有し、沿道住民でもある原告らが、当該私道の行き止まりに位置していた土地に賃貸マンションが建設され、通り抜けの通行が可能となったことから、同マンションの所有者である不動産会社を被告として、当該私道につき、①通行権がないことの確認、及び②原告らの占有使用の妨害排除を求めた事案で、①を（被告が居住者でないため）確認の利益を欠くとして却下し、②についても、被告を相手方とすることに理論上多大な疑問があるとしつつも、一般に、通行による原告らの不利益が重大であり、受忍限度を超えるときは、所有権に基づく妨害予防請求として他人の通行を制限又は禁止することができるが、本件ではマンションの建築前後で状況に変化はなく、原告らの不利益は受忍限度の範囲を超えるものではないとして、請求を棄却した。

[17] 名古屋高判平 30・5・30 判時 2409 号 54

頁は、建売住宅の売主が、消費者たる買主に緑化率不足に係る条例違反につき、故意に告げなかったとして、消費者契約法 4 条 2 項に基づく解除を認めた。

[18] 東京地判平 30・6・21 判タ 1464 号 100 頁は、周辺住民が、建築確認申請に係る建築物の敷地が従前の他の建築確認で敷地とされた土地と重複していることは違法であると主張して、建築（計画変更）確認の取消訴訟を提起した事案で、指定確認検査機関には敷地の重複申請に当たるかを審査する義務はないとして、請求を棄却した。

[19] 広島地判平 30・9・19 裁判所 HP は、国土交通省の中国地方整備局長が A に対してした河岸における船上食事施設（いわゆるかき船）の設置に係る河川法 24 条に基づく土地の新旧の占用許可及び 26 条 1 項に基づく工作物の新築許可の取消しを、近隣住民等が求めた事案で、占用期間の経過した旧占用許可及び工事が完了した工作物の新築許可の取消訴訟については狭義の訴えの利益が消滅したとして訴えを却下し、新占用許可については、法が河川区域周辺の被害想定地域に居住する住民の生命・身体を個別的に保護する趣旨を含むとして、一部の原告適格を認めたうえで（景観利益や世界遺産に登録された原爆ドームの保存にかかる一連の利益を根拠とする原告適格は否定した）、請求を棄却した。広島高判令元・7・26LEX/DB25563898 は、原判決を維持して控訴を棄却した。

[20] 東京高判平 30・10・3 判例自治 451 号 56 頁は、開発行為にかかる首長の同意の処分性を肯定したうえで、不同意処分の適法性を判断した事例である。詳しくは、本号の島村健評釈を参照されたい。

6 自然・文化環境

[21] 最一判令元・7・18 判タ 1465 号 52 頁は、土地改良区（原告・控訴人・被上告人）が、河川法 23 条の許可に基づいて取水した水が流れる水路への第三者の排水により、当該水路の流水についての当該土地改良区の排他的管理権が侵害されたとして使用料相当額の不当利得返還請求権を認容した原判決を、次のように述べて破棄した。すなわち最一判は、公水使用権は、使用目的を満たすために必要な限度の流水を使用し得る権利に過ぎず、それを超えて他人による流水の使用を排斥する権限を含むものではないから、本件でも直ちに第三者に対し当該水

路への排水を禁止することはできないとした。本件では、土地改良区が本件水路の事実上の維持管理を行ってきた事情があり、法定外公共物に係る費用負担の在り方については管理条例を制定する市との間で、法的関係の明確化を含め、整理・検討が必要であるとの補足意見が付されている。

　[22] 最二判令元・9・13判タ1466号58頁は、諫早湾を巡る一連の訴訟にかかる最高裁の判決である。諫早湾干拓問題については、国が開門を命ずる確定判決による強制執行の不許を求める請求異議訴訟を提起しており、共同漁業権から派生する漁業行使権に基づく開門請求の認容判決確定後、前訴口頭弁論終結時に存在した共同漁業権から派生する漁業行使権に基づく開門請求権が消滅したとする請求異議事由を主張し、福岡高判平30・7・30LEX/DB25561114 はこれを認めていたが、上告審である[22] は原判決を破棄して上記主張を否定したものの、本件確定判決が、①あくまでも将来予測に基づくもので、開門時期に判決確定の日から3年という猶予期間を設け、開門期間を5年間に限って請求を認容する特殊な主文を採った暫定的性格を有する債務名義であること、②前訴の口頭弁論終結日から既に長期間が経過していること等を踏まえ、事情の変動により強制執行が権利濫用となるか等について更に審理を尽くすべきとして、本件を原審に差し戻した。

　[23] 福岡高那覇支判令元・10・23 裁判所 HP は次のような事案である。沖縄防衛局は、米軍が使用する普天間飛行場の代替施設を名護市辺野古沿岸に建設するため、沖縄県知事から同沿岸水域につき公有水面埋立の承認を受けていたが、同承認が（前知事の死亡に伴う知事職務代理者からの委任を受けた）同県副知事Bの名義で取り消されたため、公有水面

埋立法の所管大臣である被告国土交通大臣に対し、承認取消処分の取消しを求めて、行政不服審査法に基づく審査請求を行ったところ、被告が取消裁決をした。

　そこで、原告沖縄県知事が、被告による取消裁決は違法な国の関与に当たると主張して、地方自治法251条の5第1項に基づき、取消裁決の取消しを求めた事案で、本件裁決は同法245条3号括弧書きの「裁決」に当たり、「国の関与」から除外され、同法251条の5第1項の訴訟の対象とはなり得ないとして、訴えを却下した。

　[24] 福岡高判令元・11・29 裁判所 HP は、長崎県の石木ダム建設事業に係る事業認定取消訴訟で請求を棄却した。いわゆる日光太郎杉判決が確立した比較衡量による判断過程統制を採用した上で、小田急事件本案判決（最一判平18・11・2民集60巻9号3249頁）を引用して広い計画裁量を前提とした裁量審査の方法を判示している。

　なお、福岡高那覇支判平30・12・5判時2420号53頁が判例集に掲載されたが、前号までに紹介済みである。

（おおつか・ただし）
（くわはら・ゆうしん）
（おち・としひろ）

1）大塚（1、2）、桑原（3）、越智（4-6）で分担し、裁判例リストの作成は島村健教授にお願いした。
お三人にはお忙しい中対応してくださったことに感謝する（大塚筆）。

医事裁判例の動向

米村滋人　東京大学教授

医事判例研究会

　今期の対象判例集として、民集73巻２号～３号、判時2404～2421号、判タ1461～1466号、金法2117～2128号、金判1569～1580号、裁判所ＨＰ（2019年７月～12月掲載分）に掲載された主な医事裁判例を紹介する。

　今期の医事裁判例では、診断過誤や検査実施に関する判断の過誤の事例は存在せず、検査・治療における手技上の過誤や患者管理上の過失を問題とする事例が多かった。他方で、今期は従来の医療過誤判例とは異なる類型の判決が多く見られた。また、医師の判断の適否がかなり微妙であり、当該処置に関する一般的知見や複雑な背景事情を考慮する必要がある事例が散見され、その種の事例では判決の評価自体も背景的知識の有無により大きく異なりうると考えられた。

1　手術、処置、患者管理等に関する医療過誤

[1] 最三判平31・3・12判タ1465号56頁

　統合失調症により精神科医師Ｙの診療を受けていた患者Ｐ（中国国籍・日本在住）につき、訴外Ｂ大学病院での医療保護入院の後にＹの指示で内服薬の減量が行われ、減量中にＰが中国の実家に帰省したところ、約２ヶ月後にＰが自殺したため、Ｐの夫ＸからＹに対し損害賠償請求がなされた事案である。Ｐの帰省後に希死念慮が出現し、その間もＸからＹに対し電子メールを通じて報告等がされていた状況での過失の有無が問題となったが、判旨は、Ｐが帰省後に自殺を図るため具体的な行動に及んだことはうかがわれない一方、ＹはＰを直接診察できず、電子メールによってもＰの自殺を具体的に予見することができたとはいえないと述べ、Ｙに自殺防止のために必要な措置を講ずべき義務はないとして賠償責任を否定した。本件の詳細については19号の判例研究を参照されたいが、精神科医師の自殺防止義務の有無・程度、外国人患者に対する診療上の義務の内容、電子メールによる情報把握と診療上の義務など、今日的医療にかかわる多数の論点を含む判例である。

[2] 東京地判平30・6・21判時2406号3頁

　訴外Ａ大学病院において出生した児Ｐが完全型心内膜床欠損症、肺動脈閉鎖症等と診断され、心臓外科等を専門とするＳ病院（医療法人Ｙ運営）に転院搬送されて応急手術を受け、循環動態等も安定したが、その後Ｓ病院に再入院して心臓カテーテル検査を受けた際、検査担当医が循環抑制作用を有する吸入麻酔薬フローセンを使用し、その管理上の過失があったためＰが死亡したものとしてＰの両親Ｘらが不法行為に基づく損害賠償請求を行った事案である。判旨は、重症心疾患を有するＰに対してフローセンを使用したこと自体が直ちに医療水準に適合しないとまでは認められないものの、Ｐの異変を可及的速やかに把握し急変を予防する観点から、フローセンの濃度を低下させるとともに末梢静脈路を確保すべき具体的な注意義務があったとして、麻酔管理上の過失を認めた。

[3] 東京地判平30・9・20判時2418号9頁（控訴審：東京高判令元・7・17）

　訴外Ａ医療センターにて洞不全症候群、心房細動等と診断された患者Ｐにつき、ペースメーカー植込み術等のためＢ医療センターに転院し、医師の診察等を終えHCUに歩行にて移動していたところ、その途中で突然倒れて一時心肺停止状態になり52日後に死亡したため、Ｐの両親Ｘらが損害賠償請求を行った事案である。判旨は、Ａ医療センターからの情報には、Ｐが歩行を避けるべき状態にあったこと

などの内容が含まれていたとは認められず、診察所見、検査結果等から、Pは落ち着いた状態であると判断されPを徒歩でHCU内の病室まで移動させることとしたもので、医師らに注意義務違反があったということはできないとして、過失が否定された。

[4] 東京地判平30・10・11判時2419号40頁

Yの開設するB病院に胆石胆嚢炎、総胆管結石胆管炎の疑いで入院した患者Pが、内視鏡的逆行性胆道膵管造影（ERCP）の施術を受けた後に空腸穿孔による汎発性腹膜炎を発症し死亡した事例につき、遺族Xらから不法行為に基づく損害賠償請求がなされた事案である。本件では、ERCPを実施した判断の適否に加え大腸内視鏡がERCPに用いられた点に関する過失の有無が問題とされたが、判旨は、ERCPを実施するとの判断に過失はないとした上で、Pは胃切除後にビルロートⅡ法による再建を受けた患者であり、Pのような輸入脚が長い症例に大腸内視鏡を用いることの必要性及び有効性は臨床医学上確認されていたと認められるものとし、医師らの過失を否定した。

2 説明義務違反に関する事例

[5] 東京高判平31・1・16判タ1461号105頁

患者Xが、初期のう歯に対して歯の表面を削りレジン充填する処置を受けた際、歯科医師Yが十分な説明を尽くさなかったと主張し不法行為に基づく損害賠償請求がなされた事案である。判旨は、本件治療ではリスクや予後に関する説明は不可欠とは言えないなどとして説明義務違反を否定した。

3 その他の事例

[6] さいたま地判平30・6・27判時2419号56頁

要介護状態のAがYの設置する短期入所施設における介護サービスを利用したところ、付添いなしに口腔ケアを行った際にAが転倒して右大腿骨頸部を骨折し、その半年後に誤嚥性肺炎により死亡したため、遺族Xから債務不履行に基づく損害賠償請求がなされた事案である。判旨は、Yに転倒防止に配慮する義務の違反を認めたが、事故と死亡との相当因果関係が認められないとし請求を棄却した。

[7] 大阪高判平30・9・28判時2419号5頁

患者X₁が、脳内出血のためA病院（医療法人Y開設）に入院中、肺炎を併発したため気管切開の上カニューレを装着されたところ、何者かに本件カニューレにティッシュペーパーを詰められ心肺停止となっているところを発見され、ただちに蘇生処置を受けたが蘇生後脳症による遷延性意識障害を来した事案である。本件ティッシュペーパーはA病院の医療従事者のうちのいずれかが故意に詰めたものであるとして、X₁がYに対し不法行為に基づく損害賠償請求を行った（訴訟係属中にX₁は死亡しX₂〜X₄が承継）。判旨は、本件行為は看護師ないしA病院の医療従事者により行われたものというべきであるとし、X₁の心停止の原因は本件ティッシュによる窒息であると認定しうるものとして、Yの責任を肯定した。

[8] 東京地判平31・3・1判タ1465号231頁

Y₁が個人として経営していた診療所であるAクリニックにおいて性感染症の治療を受けたXらが、Y₁が虚偽の診断をし不必要な投薬や血液検査等を行って治療費を詐取し、また、Xらによる診療録の開示請求等を正当な理由なく拒否した旨主張して、Y₁に対し、債務不履行または不法行為に基づく損害賠償請求を行うとともに、その後設立されY₁が代表者を務めている医療法人Y₂に対しても同額の賠償請求を行った事案である。Y₁の行った検査・治療につき医学的正当性を否定し、診療録開示請求に対して開示を拒否したことは不法行為にあたるとした上で、Y₁の損害賠償責任を肯定し、さらに法人格否認の法理の適用によりY₂も責任を負うものとした。

[9] 札幌地判令元・9・17裁判所HP（平30（ワ）1352号）

ヒト免疫不全ウイルス（HIV）に感染しているXが、A病院を経営する社会福祉法人Yの求人に応募し内定を得たものの、約6年前にXはA病院を受診した際にHIV感染の事実を記載していたため、A病院職員がXに電話しHIV感染の有無を尋ねたところ、Xはこれを否定した。その後、Yの求めに応じXが提出した診断書にはHIV感染症がある旨の記載がされており、Yは採用内定を取り消したため、XからYに対し損害賠償請求がなされた事案である。判旨は、XにHIV感染の事実を告げる義務はなく、不告知をもって内定を取り消すことは許さ

れないとした上で、A病院の診療記録中の情報を流用したことはプライバシー侵害に当たるとし、請求を一部認容した。採用内定取消しの違法性を肯定した点に加え、A病院の診療記録の流用を個人情報保護法16条に違反する目的外利用であるとしてプライバシー侵害の結論を導いた点で、きわめて注目される。

[10] 東京地判令元・12・16 裁判所HP（平28(行ウ)316号）

学校法人Xが、あん摩マッサージ指圧師、はり師、きゅう師等に関する法律（以下「あはき法」という）2条2項に基づき、視覚障害者以外の者を対象とするあん摩マッサージ指圧師養成施設の認定の申請を行ったところ、厚生労働大臣が、視覚障害者であるあん摩マッサージ指圧師の生計の維持が著しく困難とならないようにするため必要があるとして、同法附則19条1項に基づき、上記認定をしない旨の処分をなした事案である。これに対してXは、憲法22条1項（職業選択の自由）に違反するなどとして、同処分の取消しを求める訴えを提起した。判旨は、まず憲法22条1項は職業活動の自由を包含するものとしつつ、精神的自由に比して公権力による規制の要請が強いため、具体的な規制措置については、規制の目的・必要性、制限される自由の性質、内容、制限の程度などを比較考量して慎重に決定する必要があり、「重要な公共の利益のために必要かつ合理的な措置であることを要する」とする。その上で、具体的な規制措置の社会経済に対する利害得失や社会経済政策全体との調和を考慮する必要があり、裁判所は、基本的には立法府の裁量的判断を尊重せざるを得ないものとする。あはき法附則19条に関する具体的な判断としては、視覚障害者の就業率は現在も低水準で、あん摩・マッサージ・はり・きゅう関係業務に就いている者の割合がなお高く、視覚障害者におけるあん摩マッサージ指圧師業の重要度が低下したとは言えない一方、同条の制約は限定的であり、規制手段も合理的であるなどとして、憲法22条1項等には反しないとした。本件は社会的にも注目された事件であるが、視覚障害者を保護する趣旨の規定に関する合憲性判断を行ったものとして重要な判決である。本件は控訴審係属中であり、その判断に注目したい。

（よねむら・しげと）

知財裁判例の動向

城山康文　弁護士
知財判例研究会

1　はじめに

　知財判例研究会では、2019年下半期（7月1日〜12月31日）に下された知的財産に関する判例であって、最高裁判所ウェブサイトに掲載されたものを概観し、報告する。なお、行政裁判例（審決取消訴訟の裁判例）も、知的財産分野においては重要な意義を有するものであるので、本稿では対象に含めた。

2　著作権法

[著作物性：商品写真]

　[1] 東京地判令元・9・18（一部認容、平30(ワ)14843号、29部）は、楽器販売店のウェブサイトに掲載されていた商品写真の無断複製等について著作権侵害を肯定したものである。裁判所は、それら商品写真の著作物性について、「商品の特性に応じて、被写体の配置、構図・カメラアングルの設定、被写体と光線との関係、陰影の付け方、背景等の写真の表現上の諸要素につき相応の工夫がされており、撮影者の思想又は感情が創作的に表現されているということができる」と述べた。

[著作者人格権]

　[2] 東京地判令元・10・30（一部認容、令元(ワ)15601号、29部）は、欠席判決ではあるが、他人の写真著作物をアダルトサイトのトップページで1年間以上無断利用した行為につき、名誉又は声望を害する方法による著作物の利用であるとして、著作者人格権侵害を認め、その慰謝料を30万円とした。著作権侵害に係る慰謝料請求は棄却した。

3　特許法

[職務発明]

　[3] 東京地判令元・11・6（棄却、平31(ワ)7788号、40部）は、平成16年改正前特許法35条が適用された事案において、職務発明対価請求権の消滅時効の起算時が問題となった事案である。使用者（被告）の職務発明規定には、「会社が職務発明に基づく発明の実施または実施権の許諾もしくは処分により相当の利益を得たときは、会社は当該発明者に褒賞金を支給することがある。」と定められていた。発明者（原告）は、平成21年及び平成22年の実施に係る褒賞金の消滅時効の起算時はそれぞれ翌年4月であると主張した。これに対し、裁判所は、使用者（被告）の職務発明規定に褒賞金の支払時期が一義的に明確に定められていないことから、その支払時期は「本件発明の実施又は実施許諾等により利益を取得することが可能になった時点、すなわち、特許権の設定登録時又はその実施若しくは実施許諾時のうちいずれかの遅い時点である」と解したうえで、使用者（被告）による実施の開始時と特許登録時の遅い方である1995年12月を褒賞金の支払時期、すなわち消滅時効の起算時であると認定し、消滅時効の完成を認めた。

[公然実施]

　[4] 知財高判令元・11・28（棄却、平30(行ケ)10115・10116号、2部）では、抗腫瘍医薬品の用法・用量に係る発明に関し、優先日前に外国で行われた臨床試験が公然実施に該当するかが問題となり、裁判所は、臨床試験に係るガイドラインやその他提出された証拠からでは、患者に対して用法・用量等につきどのような具体的な説明がなされたか不明であるとして、公然実施を否定した。

[進歩性]

　[5] 最判令元・8・27（破棄・差し戻し、平30(行ヒ)69号、第三小法廷）は、医薬品に係る発明の進歩性判断を基礎づける顕著な効果の認定につき、次のように述べた。「原審は、…本件他の各化合物の効果の程度をもって本件化合物の効果の程度を推認できるとする事情等は何ら認定していない。そうする

と、原審は、結局のところ、本件各発明の効果、取り分けその程度が、予測できない顕著なものであるかについて、優先日当時本件各発明の構成が奏するものとして当業者が予測することができなかったものか否か、当該構成から当業者が予測することができた範囲の効果を超える顕著なものであるか否かという観点から十分に検討することなく、本件化合物を本件各発明に係る用途に適用することを容易に想到することができたことを前提として、本件化合物と同等の効果を有する本件他の各化合物が存在することが優先日当時知られていたということのみから直ちに、本件各発明の効果が予測できない顕著なものであることを否定して本件審決を取り消したものとみるほかなく、このような原審の判断には、法令の解釈適用を誤った違法があるといわざるを得ない」。

なお、本最判の原審に先立ち、進歩性欠如を理由に無効審判不成立審決を取り消した知財高裁判決（確定、以下「第一次判決」という）があったにもかかわらず、その後に再開された審判において特許権者により新たに主張された顕著な効果を理由として特許庁は進歩性を認めて無効審判不成立審決が再度なされたという経緯があったため、原審判決では、当該不成立審決は第一次判決の拘束力との関係で問題があるとの付言がなされていた。

［訂正要件］

[6] 知財高判令元・12・26（審決取消、平30（行ケ）10174号、4部）では、紙製容器に係る発明に関し、特許請求の範囲に含まれていた製法に係る記載を削除する訂正につき、訂正前の特許請求の範囲に係る発明の要旨も当該製法により製造された物に限定して認定されるべきではないので、当該訂正は、特許請求の範囲を拡張又は変更するものではないと判断した。

［不争条項と無効審判請求人適格］

[7] 知財高判令元・12・19（棄却、平31（行ケ）10053号、4部）は、無効審判請求を却下した特許庁審決を維持したものである。当事者間には、先行して発生した侵害係争に係る和解契約が結ばれており、当該和解契約は、「乙らは、自ら又は第三者を通じて、無効審判の請求又はその他の方法により本件特許権の効力を争ってはならない。ただし、甲が特許侵害を理由として乙らに対し訴訟提起した場合に、当該訴訟における抗弁として本件特許権の無効を主張することはこの限りではない。」との不争条項を含ん

でいた。その後、上記和解契約の対象とは異なる被疑侵害製品について、特許権者が東京地裁において侵害訴訟を提起し、被疑侵害者が特許庁において特許無効審判請求をした。裁判所は、上記不争条項の有効性を認め、当該不争条項に違反してなされた上記無効審判請求に関し、原告は本件特許の「利害関係人」（特許法123条2項）には該当せず、無効審判請求人適格を有しないとした。

［損害賠償と消費税］

[8] 大阪地判令元・7・18（一部認容、平29（ワ）4311号、21部）は、損害賠償額の算定における消費税の取り扱いについて、次のように述べた。「消費税基本通達5-2-5に鑑みれば、知的財産権の侵害に基づく損害賠償金は、消費税法上の資産の譲渡等の対価に該当し、消費税の課税対象となると解するのが相当であり（消費税法2条1項8号、同法4条1項）、本件における損害賠償金も、特許権の侵害に基づく損害賠償金として消費税の課税対象となる」、「そして、その計算としては、…消費税相当額を考慮した売上額から、消費税相当額を考慮した経費額を控除すれば足りると解され、これによって算定した損害額に、さらに消費税相当額を加算する必要はない」。

4　意匠権

［損害賠償］

[9] 大阪地判令元・11・14（一部認容、平30（ワ）2439号、21部）は、食品包装用容器の底部に関する部分意匠の侵害を認め、5888万円余の支払を命じた。損害額算定にあたっては、意匠法39条1項の推定が適用された。原告は、被告らの提示価格に対抗するために原告製品を値下げせざるを得なくなったとの事情に基づき、値下げ前の価格に係る原告単位利益に基づく推定を主張したが、裁判所は、デザイン未決定の時点でなされた被告らの顧客への見積書提示行為には違法性は認められないとして、原告の値下げ後の価格に係る単位利益に基づく損害額を推定した。また、原告は、被告の意匠権侵害行為開始後の原告による原告製品販売に関して、値下げに基づく損害の賠償も請求したが、裁判所は、次のように述べて否定した。「意匠権者が、意匠権侵害による損害賠償として、自己の商品の販売数量の減少や販売価格の低下による逸失利益を個別具体的に立証することに替えて、意匠法39条各項が定める算定・推定規定を利用して損害賠償請求を行った場合、前記各項に基づく請求とは別に、民法709

条による損害賠償請求をすることができるのは、意匠権により保護されるのとは別の法益が侵害されたり、前記各項が定める算定・推定規定では評価されていない別の損害が生じたような場合であると考えられる（一例として弁護士費用）」。「原告は、意匠法39条1項により、被告静岡産業社が浪漫亭に譲渡した被告製品の数量に、原告の単位利益を乗じた金額を、原告の損害として請求しているのであるから、同じ期間内に、被告らが被告製品を製造・販売したことによって原告製品の販売数量が減少した、あるいは販売価格が低下したといった逸失利益については、既に評価されているというべきであり、意匠権により保護されるのとは異なる法益が侵害された、あるいは意匠法39条1項による算定では評価されていない損害が生じたと認めるべき事情は、本件では認められない」。

5 商標権

［権利能力なき社団］

[10] 知財高判令元・12・19（棄却、令元(行ケ)10101号、4部）は、南三陸町飲食店組合の代表者が個人名義で出願して登録した商標「南三陸キラキラ丼」（指定商品：南三陸産の海鮮丼、南三陸産の海産物を具材として含む丼物）に関し、出願日前に同組合（より具体的には、その組合員である飲食店）により使用されて周知になっていた事実を認定したうえで、それは出願人にとって「他人」の使用ではないとして、商標法4条1項10号には該当しないとした。「被告は、権利能力のない社団である南三陸町飲食店組合の代表者として、南三陸町飲食店組合のために本件商標の商標登録出願をし、その登録を受けたこと、南三陸町飲食店組合は、本件商標の商標登録出願及びその商標登録について、総会の決議で承認していることが認められるから、本件商標権は、実質的には南三陸町飲食店組合が有しているものと認められる。そうすると、本件商標の商標登録出願及びその商標登録に関しては、被告と南三陸町飲食店組合とは同一人とみなして取り扱うのが相当であるから、……使用主体を南三陸町飲食店組合とする『南三陸キラキラ丼』の標章は、本件商標との関係では、『他人』の『業務に係る商品若しくは役務を表示するものとして需要者の間に広く認識されている商標又はこれに類似する商標』に該当するものと認めることはできない。したがって、本件商標は、その余の点について判断するまでもなく、商標法4条1項10号に該当しない」。

［他人の氏名を含む商標］

[11] 知財高判令元・8・7（棄却、平31(行ケ)10037号、3部）は、鷲が羽を広げたデザインに白抜きで「KEN KIKUCHI」と記載した商標に関し、「本願商標の構成中『KENKIKUCHI』部分は、『キクチ（氏）ケン（名）』を読みとする人の氏名として客観的に把握されるものであり、本願商標は人の『氏名』を含む商標であると認められる。」としたうえで、出願人と異なる「菊池健」という氏名の者が存在すると認定し、商標法4条1項8号に基づく登録拒絶理由を認めた。

［公序良俗違反］

[12] 知財高判令元・10・23（棄却、令元(行ケ)10073号、3部）は、サプリメントを指定商品とする商標登録に関し、公序良俗違反を理由とした無効審決を維持した。「長期間にわたり、本件被告商品の卸売りを受けて、これに被告商標と同じ『仙三七』との商標を付して販売し、利益を上げていた原告は、被告との関係において、被告が『仙三七』との商標の商標権者として、かかる商標を付して本件被告商品を販売することを妨げてはならない信義則上の義務を負っていたものということができる。…原告による本件商標の登録出願は、被告が『仙三七』との商標を付して本件被告商品を販売することを妨げてはならない信義則上の義務を負うにもかかわらず、被告商標が本件被告商品を指定商品として含まない可能性があることを奇貨として本件商標の登録出願を行い、本件商標を取得し、被告が『仙三七』のブランドで健康食品を販売することを妨げて、その利益を独占する一方で、その他の商品の取引に関する交渉を有利に進めるという不当な利益を得ることを目的としたものということができる。このような本件商標の登録出願の経緯及び目的に鑑みると、原告による本件商標の出願行為は、被告との間の信義則上の義務違反となるのみならず、健全な商道徳に反し、著しく社会的妥当性を欠く行為というべきである。そうすると、このような出願行為に係る本件商標は、商標法4条1項7号所定の『公の秩序又は善良の風俗を害するおそれがある商標』に該当するものといえる」。

［商標の使用とパブリシティ権］

[13] 東京地判令元・11・13（本訴一部認容・反訴棄却、平28(ワ)39687号等、40部）は、服飾デザイナーであるジル・スチュアートとその服飾ブランドに係る日本の商標権につき期限付き商標権譲を受け

て国内店舗を運営する会社との間の紛争に関するものである。その中で、ジル・スチュアートは、「Jill Stuart」「ジル・スチュアート」との表示の使用が、ジル・スチュアートの氏名に係るパブリシティ権の侵害に該当すると主張した。裁判所は、氏名についてのパブリシティ権の存在を認めたが、「Jill Stuart」「ジル・スチュアート」との表示の使用は、商標権の期限付き譲渡契約等において認められた範囲内ものであって権原に基づく正当な使用であると認め、パブリシティ権侵害を否定した。

6　不正競争防止法

[周知商品形態冒用]

[14] 知財高判令元・8・29（原判決変更、平31年(ネ)10002号、4部）は、医療機器に関し、原告（控訴人）の商品形態の周知商品表示性を認め、それと酷似した形態の被告（被控訴人）の商品の販売は、原告商品と混同を生じさせるものとして、混同のおそれを否定して原告の請求を棄却した原判決を変更し、被告商品の譲渡等の差止を命じた。「原告商品の形態が、控訴人によって約34年間の長期間にわたり継続的・独占的に使用されてきたことにより、需要者である医療従事者の間において、特定の営業主体の商品であることの出所を示す出所識別機能を獲得するとともに、原告商品の出所を表示するものとして広く認識されていた状況下において、被控訴人によって原告商品の形態と極めて酷似する形態を有する被告商品の販売が開始されたものであり、しかも、両商品は、消耗品に属する医療機器であり、販売形態が共通していることに鑑みると、医療従事者が、医療機器カタログやオンラインショップに掲載された商品画像等を通じて原告商品の形態と極めて酷似する被告商品の形態に接した場合には、商品の出所が同一であると誤認するおそれがあるものと認められるから、被控訴人による被告商品の販売は、原告商品と混同を生じさせる行為に該当するものと認められる」。

[形態模倣]

[15] 東京地判令元・9・5（棄却、平29(ワ)9335号、47部）は、ファン付き作業着に関し、被告による商品形態の模倣（不正競争防止法2条1項3号）が認められるか否かを検討するに際し、原告商品の形態が被告にとって「他人」の商品形態に該当するか否かが争点となった。「不競法2条1項3号の規定は、他人が資金と労働力を投下して開発・商品化した商品の形態につき、これを模倣して自らの商品として

市場に置くことにより、先行者の成果にただ乗りして顧客を獲得する行為を不正競争として禁止し、先行者の利益を保護するものであるから、同号に規定する『他人』とは、形態模倣の対象とされた商品について、自ら開発・商品化して市場に置いた者をいうと解するのが相当である。…これを本件について見るに、…①被告代表者が、ファン付きの作業服の開発を企図し、開口部を2か所あけて、服の中に空気を流すスペースを確保するという点までは独自に開発していたこと、②被告代表者が原告の関係者と意見交換をした後も、服地部分の開発を進め、平成16年の初め頃までにF号機（初の量産品となった『KU90550』と11点において共通する形態を有する試作品）を開発していたこと、③その後も、量産化に向けた試作品の作成の際に、開口部の位置やひもの位置等につき決定していたこと、④被告代表者や被告の従業員が上記『KU90550』の仕様の決定に関与していること、⑤同製品の販売の当初においては、被告が原告に生産を委託した空調服を一旦全部買取るスキームとなっており、同製品を上市する際のリスクの大部分を負担していることが認められる。これらの諸点を総合考慮すれば、被告は、上記『KU90550』（原告製品1及び被告製品1(1)と基本的に同じ形態のもの）の商品化に当たり、費用及び労力を投下して、その制作に関与した者に当たると解するのが相当であり、後続商品である『KU91400』（原告製品2及び被告製品2(1)と基本的に同じ形態のもの）についても、上記と異なる判断をするに足りる事情は特段見当たらないことからすれば、同様に解するのが相当である。そうすると、原告製品2の形態は、被告にとって『他人の商品の形態』に当たらないものというべきである」。

[ソースコードと営業秘密]

[16] 知財高判令元・8・21（原判決取消・棄却、平30(ネ)10092号、1部）は、ソースコードに関して営業秘密侵害を認めた原判決を取り消した。原審において、一審原告のソフトウェア（「本件ソースコード」）と一審被告のソフトウェアのソースコードに関して鑑定が行われ、5か所の類似箇所が抽出され、鑑定人は、そのうち4つの類似箇所について、不自然に類似・共通するものと判断し、原判決は、これら4つの類似箇所について、一審被告による本件ソースコードの利用があったものと判断していた。これに対し、本判決は、一審被告が本件ソースコードの変数定義部分を参照した可能性は認めながらも、次のように述べて、営業秘密の使用を否定した。「類似

箇所1に係る本件ソースコードは、変数定義部分であり、字幕データの標準値を格納する変数を宣言するもので、処理を行う部分ではないこと、変数は、いずれも字幕を表示する際の基本的な設定に関する変数であること、変数名は、字幕制作ソフトで使用する一般的な内容を表す、ごく短い英単語に基づくものであって、その形式も開発者の慣習に基づくこと、変数のデータの型は、マイクロソフト社が提供する標準のデータ型であること、注釈の内容も、変数名が表す字幕の意味をそのまま説明したものであることが認められる。そして、字幕表示に必要な設定項目は、原告ソフトウェアの設定メニューから把握できること、変数の定義の仕方として、変数名、型、注釈で定義することは極めて一般的であること、変数名は字幕ソフトが使用する一般的な名称であること、データの型はマイクロソフト社が提供する標準の型であること、注釈も一般的な説明であることによれば、類似箇所1に係る本件ソースコードの情報の内容（変数定義）自体は、少なくとも有用性又は非公知性を欠き、営業秘密とはいえない。一審被告らが、類似箇所1に係る本件ソースコードの変数定義部分を参照して、被告ソフトウェアのソースコードを作成したとしても、このことから他の部分を参照したことまで推認されるものではない上、それ自体が営業秘密とはいえない変数定義部分を参照したことのみをもって、本件ソースコードを使用したとも評価できないというべきである」。

7　その他

［契約の条件］

[17] 大阪地判令元・7・4（棄却、平29(ワ)3973号、21部）は、実施料請求を否定した事案である。原告と被告とは、特許権等の専用実施権及び仮専用実施権の設定契約を締結し、被告が原告に対し、実施料の一時金として4500万円を支払うものとしたが、同契約には、「契約の一体性」との見出しの下に、両当事者間で共同研究契約及び製造委託契約の締結を条件とする旨の条項が置かれていたものとされていた。原被告間では、共同研究契約等は締結されていなかったが、原告は、民法130条（2020年4月1日施行の改正民法130条1項）に基づき、被告が故意にその条件の成就を妨げたから、条件が成就したものとみなされると主張した。裁判所は、「民法130条は信義則に反する当事者の責任を重くしたも

のであるから、同条によって条件が成就したものとみなすためには、条件が成就することによって不利益を受ける当事者に『故意』があることに加え、条件を不成就にしたことが信義則に反することも要件として求められると解すべきである。」と述べたうえで、被告が原告から原告製品に係る蛍光色素の構造や合成法等の開示を十分に受けられなかったとの被告の主張や、原告の共同出願人から仮専用実施権の設定に同意を得られなかった旨の事実に言及し、「被告が原告との間で共同研究契約を締結しなかったことは、やむを得ないものであったということができ、そうである以上、製造委託契約を締結するという話に至ることもないから、製造委託契約を締結しなかったこともやむを得なかったといえる。そうすると、被告が条件を不成就にしたことが信義則に反するとはいえないから、被告が故意に停止条件を成就させなかった（民法130条）と認めることはできない。」と判断した。控訴棄却（知財高判令元・12・18（令元(ネ)10053号、1部））。

[18] 東京地判令元・10・9（棄却、平30(ワ)28211号、29部）は、1889年創業のフランス「ランバン」ブランドの保有者である原告と、原告への貸金の代物弁済として原告保有の日本の商標権を譲り受け保有していた大手総合商社である被告との間で争われたものである。原被告の間では、商標権の買戻契約が締結されており、原告は、被告に対して買戻しの意思表示を行ったとして、商標権の移転登録請求をした。しかし、当該買戻契約には、買戻後の被告による商標権の使用等について、所定の概要書に基づいた新規独占販売契約が締結されることが条件とされていたため、当該条件成就の有無が問題となった。原被告間では、新規独占販売契約に関する交渉がなされたものの、締結には至らなかった。原告は、民法130条（2020年4月1日施行の改正民法130条1項）に基づき、被告が故意にその条件の成就を妨げたから、条件が成就したものとみなされると主張したが、裁判所は、被告が新規独占販売契約の締結を故意に妨害したとはいえないとし、条件成就の擬制を否定し、原告の請求を棄却した。

（しろやま・やすふみ）

民事判例18
2018年後期

現代民事判例研究会編

日本評論社

好評発売中　定価 2,800円＋税

第1部　最新民事判例の動向

取引裁判例の動向　谷江陽介　／　担保裁判例の動向　下村信江　／　不動産裁判例の動向　野澤正充

不法行為裁判例の動向　白石友行　／　家族裁判例の動向　水野貴浩

第2部　最新専門領域裁判例の動向

環境裁判例の動向　島村　健　／　医事裁判例の動向　小西知世／　労働裁判例の動向　和田一郎

知財裁判例の動向　城山康文

第3部　注目裁判例研究

取引1——NHK受信料債権と民法168条1項前段の適用の有無（最三判平30・7・17）　丸山絵美子

取引2——通信サービスについて消費者契約法の重要事項の不実告知等により取消し、さらに不法行為が
　　　　認められた事例　（東京高判平30・4・18）　宮野　勉

担　保——滞納処分による差押え後に設定された賃借権と民法395条(明渡猶予)該当性
　　　　（最三決平30・4・17）　荒木新五

不動産——共同相続した土地上に建物を建築した共同相続人の1人は当該土地を時効取得できるか
　　　　（大阪高判平29・12・21）　松尾　弘

不法行為1——不法行為を理由とする損害賠償の一部請求につき、不法行為時から20年経過した後、
　　　　残部の請求を拡張した場合の除斥期間の適用の有無（札幌高判平30・3・15）　島戸　純

不法行為2——教師の生徒に対する懲戒権行使の範囲（さいたま地熊谷支判平29・10・23）　石井正人

家族1——ハーグ子奪取条約実施法による子の返還決定不能後の人身保護請求（最一判平30・3・15）　山口亮子

家族2——老親扶養における扶養料の算定基準と考慮要素としての扶養義務者の配偶者の収入
　　　　（広島高決平29・3・31）　冷水登紀代

環　境——東京電力福島第一原発京都訴訟第一審判決——国の賠償責任を中心として
　　　　（京都地判平30・3・15）　大塚　直

医　事——専門外の疾患に関する医師の診療契約上の専門医紹介義務が肯定された事例
　　　　（京都地判平28・2・17）　小谷昌子

労　働——休職者のリハビリと職場復帰の可否の判断を目的として行われるテスト出局について最低賃金法の適用を
　　　　認めた事例——NHK(名古屋放送局)事件（名古屋高判平30・6・26）　山中健児

知　財——著名表示の類似性の判断基準について判示した事例——JAL対南急事件
　　　　（東京地判平30・9・12）　武生昌士

今期の裁判例索引

取引|1　家賃保証業者が委託に基づき賃借人の賃貸人に対する賃料債務等を保証する契約中の諸条項と消費者契約法8条1項3号、10条、12条3項の適用

大阪地判令元・6・21
平28(ワ)10395号、消費者契約法12条に基づく差止等請求事件
金法2124号48頁、金判1573号8頁（控訴）

石田　剛　一橋大学教授
現代民事判例研究会財産法部会取引パート

●——事案の概要

　家賃債務保証業を営む登録業者Yは、住宅等の賃借人が賃貸人に対して負う賃料等債務につき、賃借人の委託に基づきYが連帯保証する旨を含む契約（以下、「本件契約」という）を締結するに際して、①賃料等及び変動費の滞納が3ヶ月以上に及ぶ場合に賃貸借契約を無催告解除する権限をYに付与する条項、②①に基づくYの無催告解除権行使につき賃借人（＋賃貸人・連帯保証人）に異議がない旨の確認をさせる条項、③Yが賃借人に対して事前の通知なしに賃貸人に対する保証債務を履行することができる条項、④Yによる事後求償権の行使に対し、賃借人及び連帯保証人が賃貸人に対する抗弁をもってYへの弁済を拒否できないことを予め承諾する条項、⑤賃借人が賃料等の支払を2か月以上怠り、Yが合理的手段を尽くしても賃借人本人と連絡がとれない状況の下、電気・ガス・水道の利用状況や郵便物の状況等から建物を相当期間利用していないものと認められ、かつ建物を再び占有使用しない賃借人の意思が客観的に看取できる事情が存するときに明渡しをしたものとみなすことができる条項を定めている。適格消費者団体Xは、上記条項①〜⑤が消契法8条1項または10条に違反すると主張して、消契法12条3項に基づき、同条項を含む消費者契約の申込み又は承諾の意思表示を行わないこと、同条項が記載された契約書ひな形が印刷された契約書用紙を廃棄することなどを求めた。

●——判旨

（一部請求認容）条項⑤にかかる請求のみ認容。
　本件契約は、「原契約（賃貸借契約）の存在を前提として、Yと原契約賃貸人との間で締結される連帯保証契約、Yと原契約賃借人との間で締結される保証委託契約および原契約賃借人のYに対する求償金債務に係るYと個人連帯保証人との間の連帯保証契約からなる複合契約」であり、原契約の帰趨にかかる条項①や原契約の債務の履行にかかる条項⑤は、「原契約に基づいて原契約当事者が負う権利義務自体に変容をもたらす原契約の特約として位置づけられる。」としたうえで、次のように判示した。
　［条項①］Yによる無催告解除を原契約の当事者間の信頼関係が破壊されていない場合にまで認める趣旨を含むものではないが、賃貸借契約の当事者でないYに契約関係を一方的に終了させる権限を与えるものであり、消契法10条1項前段に該当する。もっとも、本件契約により、原契約の賃貸人は、賃料等の支払状況について特に注意せずとも、原契約の賃貸人またはYから賃料等を確実に全額受領できる地位を取得する反面、賃借人による賃料不払を填補したYは賃借人から求償債務の支払を受けられないリスクを負担することになるところ、かかるリスクをコントロールする権限をYに与えることは不合理なことではない。また、条項①により賃借人が受ける不利益は限定的なものであるから、条項①は消契法10条後段に該当しない。
　［条項②］条項①に基づくYによる無催告解除権の行使が有効である場合につき、原契約賃借人が「異議がない」ことを確認する旨の条項にすぎない。無効な解除権の行使の効力等を争う権利を原契約賃借人に放棄させ、あるいはYに対する損害賠償請求権を免除させる条項と解釈する余地はない。よって、消契法8条1項3号・同10条前段いずれにも該当しない。
　［条項③④］Yの原契約賃借人に対する求償金請求について、原契約賃借人がYに対して「債権者に対抗することができる事由（債務の不発生・弁済・免除などの絶対的消滅事由を除く）」（改正前463条1

項・443条）を主張することを妨げ、Yが事前通知なしに弁済等をした場合でも自己の弁済を有効とみなすことを可能にし、改正前民法463条及び443条の内容に比べ、原契約賃借人の権利を制限し又は義務を加重するものであり、消契法10条前段に該当するが、消契法10条後段に該当しない。

〈賃借人に生ずる不利益〉本条項により原契約賃借人に生じる不利益は大きいとはいえない。すなわち、①原契約賃借人が賃料等の弁済をした後、Yが原契約賃貸人からの請求に応じて保証債務を履行した場合に原契約賃借人に生じうる二重払のリスクは、本件契約の建付けのもとで、関係当事者が通常とることが想定される対応がされる限り、基本的には賃料等1か月分程度にとどまる。②本件条項により、原契約賃貸人に対する反対債権（修繕義務の不履行に基づく損害賠償請求権や費用償還請求権等）を自働債権とする相殺により債権回収を図る機会が減少するという意味で原契約賃借人に不利益となるが、原契約賃借人が賃借物件を継続して使用する限り、将来発生する賃料等債務と相殺することでも回収できる。同様に賃借物件の一部滅失（使用収益不能）に基づく賃料減額請求権の行使を主張する機会が減少するという原契約賃借人の不利益も大きいとはいえない。

〈条項の必要性及び許容性〉①反復的・集団的に生ずる保証債務の履行の度ごとにYが原契約賃借人に対して事前通知を行うコストは軽視できない。②Yが保証債務の履行請求を受けた場合に、原契約賃借人が原契約賃貸人に対して対抗しうる事由を有していることは多くなく、むしろ例外的である。③賃料不払の場合、原契約賃貸人がYに対して賃料相当額の保証債務履行請求をすることは通常予測可能であるから、原契約賃借人は、原契約賃貸人に対して対抗し得る事由を有している場合、その旨を原契約賃貸人・管理会社・Yに対して通知する機会がないわけではない。④信用保証協会が個人又は事業者の債務を保証する場合の保証委託契約にあっても、同様の事前通知免除特約が存している。

［条項⑤］本条項は、続く別条項と併せてみると、「同条項に定める要件が存するときに、原契約が解除等を理由として終了したか、又は原契約終了の前提となる解除の意思表示が有効であるか否かにかかわらず原契約を終了させ、①原契約賃貸人及びYが賃借物件内に存する動産類を搬出保管することにつき、原契約賃借人において異議を述べない旨、②①の搬出の日から1箇月以内に引き取らないものについて、原契約賃借人に所有権を放棄させ、これをY

等が随意処分することにつき、原契約賃借人において異議を述べない旨、③①の「搬出に係る動産類の保管料等の費用を原契約賃借人が支払うこととする旨」を定めたものである。Y等が本件契約の諸条項に基づき、賃借物件内の動産類の搬出・保管を行うことは、「原契約が終了しておらず、いまだ原契約賃貸人に賃借物件の返還請求権が発生していない状況で、Y等が自力で賃借物件に対する原契約賃借人の占有を排除し、原契約賃貸人にその占有を取得させることに他ならず、自力救済行為であって」原則として不法行為に該当する。本条項は、「Y等による上記措置が本件契約における債務の履行に際してされた賃借人に対する不法行為に該当する場合であっても、賃借人にこれを理由とする損害賠償請求権を放棄させる趣旨」を含み、消契法8条1項3号に該当する。

●——研究

1　賃料保証業の隆盛がもたらす消費者契約法上の新たな課題

　賃料（家賃）保証会社は、その業務として、単に賃料債務等を保証するにとどまらず、賃料不払を理由とする賃貸借契約の解除やそれに続く明渡しの完了に至るまでの一連の管理業務を引き受けることが多い。そのために解除権の行使及び契約終了後の原状回復の場面で、迅速な事務処理を主導するための権限が様々な形で保証会社に付与されている。かかる賃料保証会社のサービス提供により、賃貸人は、賃料不払が続いても一定期間は賃料保証会社から確実に賃料相当額の支払を受けることができるうえ、賃貸人（又は管理会社）は自ら督促や明渡しを求める手間を省くことができるメリットをも享受している。他方、賃借人の側にも、連帯保証人の候補者となる近親者がいない場合であっても信用供与を受けることができるメリットがある。

　しかし、賃貸人に代位弁済した賃貸保証会社に対して求償金の支払ができない場合、賃借人は、債権回収のプロである賃料保証会社から比較的厳しい取立てや明渡しの請求を受けることも覚悟する必要もある。賃料保証会社は、契約が定める上限期間いっぱい（10～20カ月程度が多い？）まで代位弁済をしたとして、その分を滞納者から回収することは難しいため、早期の明渡し交渉、訴訟などが行われる傾向があるとも指摘されている[1]。また賃料を延滞中の賃借人が賃借物件内に動産類を残したまま音信不通になり、明渡しに協力しない場合等に、保証会社

が速やかに賃借人を追い出すための様々な手法についても、しばしば問題になっている[2]。

本稿においては、紙幅の都合上、本判決が判断した事項のうち、賃貸人—賃借人間の権利義務に直接かかわる条項①②⑤のみに焦点を絞って若干の考察を行うことにしたい。

2 無催告解除権付与条項・異議不存在確認条項

(1) 契約解釈——消契法10条前段該当性

まず条項①②について検討する。本判決は、本件契約を、賃貸借契約（原契約）をベースとし、これに保証委託契約、保証契約及び保証会社の賃借人に対する求償権にかかる保証契約を組み合わせた「複合契約」と性質決定している。賃料保証会社に賃貸借契約の解除権を付与し、賃料保証会社による解除権行使に債務者が一切異議を述べないという契約規範が賃貸人・賃借人・賃料保証会社の三者間合意により設定されたものと解したうえで、賃貸人が原契約を無催告解除することができる要件と保証会社が無催告解除することができる要件を共通化したものとして、条項の意味内容を確定したものと読むことができる。

すなわち、条項①は、３ケ月以上の賃料不払のみをYによる無催告解除の要件としている。他方、本件契約は、それに続く項において別途、原契約の賃貸人による無催告解除の要件を、賃借人が賃料の支払を３ケ月分以上怠り、Yが３ケ月分以上の賃料に相当する保証債務を履行したことなどにより、乙に賃料の支払能力がないことが明らかになり、原契約における信頼関係が破壊された場合と定めている。文言だけを比較する限り、Yによる無催告解除の要件が原契約賃貸人による無催告解除の要件よりも単純化され、かつ緩和されているように見える。

この点、本判決は、上記文言上の相違にかかわらず、条項①②を当事者間の信頼関係が破壊され、原賃貸借の賃貸人が賃貸借契約を解除できる場合に、Yも解除権を行使することができ、その判断につき賃貸人も賃借人も異議を唱えない旨を確認的に定めたものにすぎないという。賃貸借の無催告解除に関して信頼関係破壊の有無がその可否を決する一般的基準として確立している以上、賃貸借契約の当事者ではない保証会社による解除権行使の要件に関しても、信頼関係破壊法理による制約が取引上の社会通念に照らして当然に組み込まれているというわけである。

もっとも、条項①②の狙いが本当にそうであるなら（Yも本訴でそう主張しているのだが…）、原契約（賃貸借契約）の解除権行使につき代理権をYに付与すれば十分であった。この点につき、条項①②はそうした趣旨を明確に表現しておらず、本判決も、条項①②が解除権行使につき代理権を付与したものとは明示的に認定せずに、原契約の当事者でないYに解除権（そのもの）を付与したことを捉えて消契法10条前段に該当するものと判断している。あえてYに独立の（優先的な）解除権を付与し、解除するかどうかを賃貸人が判断する余地を実質的に喪失させる権限をYに付与したうえで、Yによる解除権の行使に異議を唱える権利を賃借人に放棄させていることを併せて考慮すると、信頼関係の破壊がないことを主張して解除の有効性を賃借人が争う可能性を封じ、「３ケ月以上の賃料不払の事実のみをもって信頼関係が破壊されたものと一方的にみなす権限をYに付与する」趣旨の条項として機能させることを狙うものとみられなくもない。

(2) 消契法10条後段該当性？

賃借人の支払能力がないことが信頼関係破壊の要素であるとすれば、３ケ月分以上の賃料不払の事実だけでは支払能力がないことの徴憑とはいえず（単なる不誠実や怠慢による場合も考えられる）、原則として賃貸人は催告解除をすべきことになろう。仮に賃料保証会社が介在しない賃貸借契約において、本件と同様に、賃貸人自らが無催告解除の要件として３ケ月以上の賃料不払を定め、かつ無催告解除権の行使につき賃借人に異議を唱えさせない旨の条項を設けた場合には、信頼関係が破壊されていない特段の事情が存在する場合が考えられる以上、当該条項は強行法規違反ゆえに無効と解されるべきことになろう[3]。そうだとすれば、条項①②についても、その内容の解釈の仕方いかんによって無効と解される余地もなくはない。

実際のところ、無催告解除権が発生したとしても、解除権者が直ちに行使するとは限らない。特に賃料保証会社の保証がある場合、賃料不払が３ケ月程度続いても賃料保証会社から所定の期間支払を受けられるのであれば、賃貸人はあまり解除を急ぐ必要もない。空室期間の発生をどうしても避けたい場合や、賃借人の特殊な状況を斟酌し、また解除権の行使及びそれに引き続く明渡しに要する費用と労力を考え、当分の間解除権の行使を見合わせる選択をすることもあるだろう。反面、賃料保証会社は支払額をできるだけ抑えるために、解除権の要件が満たされ次第できるだけ早く解除権を行使することになる。

かかる賃貸人—保証会社間の利害関係をふまえると、条項①②により賃借人が受ける事実上の不利益

は――それが法的保護に値するものとみられるかについては精密な検討を要するものの――、決して小さくないようにも思われる。

3　明渡協力条項

(1)　契約解釈――消契法8条1項3号該当性？

次に条項⑤について検討する。いわゆる賃借人の追い出し行為をめぐり、賃貸人または保証会社が、法の定める手続によらず、居室内に保管されている賃借人の私物を撤去し、処分することは賃借人の所有権を侵害する不法行為であり、損害賠償責任を生じさせるものと解されている[4]。条項⑤は、賃借人が賃料を延滞したまま賃借物件内に持ち込んだ動産類を残して音信不通となった場合に、賃貸人らによる動産類の撤去・保管・処分が違法と評価されないために設けられたものである。

本判決は、条項⑤につき、原則として禁止される自力救済を可能とし、不法行為に基づく損害賠償請求権を放棄させる趣旨の条項であり、消契法8条1項3号に違反すると解している。

もっとも、条項⑤は、本来的には賃貸借契約の終了を前提とし、賃借人が原状回復を求められる局面を念頭におき、音信不通等の理由により賃借人の協力が得られない結果、賃借物件を新たに貸し出す際の障害を速やかに除去するという、それ自体はきわめて正当な目的を有するものである。確かに、解除権の行使が有効要件を充たしていない場合や相手方への不到達により効力を生じない場合がありうることを含んだものであることは本判決の指摘するとおりである。そうであるからこそ、同条項は、解除による終了とは別の終了原因を定めるとともに、賃借物件の占有権原喪失後も賃借人は動産類の所有権及び占有権を有するところ、これらを賃貸人らが勝手に搬出・管理することは少なくとも占有権侵害となるため、契約終了後における動産類の占有移転に関してあらかじめ賃借人の同意を得ておくことで、違法な占有権侵害を回避することを目的とするものと解することができる。

(2)　消契法10条後段該当性？

本判決は条項①②の解釈に際し、賃料保証業の意義を積極に評価し、登録事業者が適正な契約条項を用いることが期待される昨今、業者が強行規範に反する内容の条項を契約に盛り込むはずはないというスタンスに立っているようである。そうであるならば、条項⑤においても、法の許容する範囲内で任意規定と異なる合意を通じて速やかに明渡しを完了させることを目的としたものとして内容を解釈するという方向もありえたのではないか。条項⑤は、解除の意思表示がなくても所定の事由が生じた場合に当然に賃貸借契約が終了する旨を定める失権約款の一種と構成することもでき、契約自由により原則として有効である[5]と考えられる。

不動産賃貸借契約における失権約款に関しては、1回でも賃料を怠ったならば催告を要しないで当然に賃貸借が解除されたものとする条項に文言どおりの効力は認められないと解されている[6]。条項⑤のままではなお問題があるとして、仮に条項⑤にいう賃料不払期間を3ヶ月以上に改め、他の要件についても客観性・正当性の観点から精査すれば、賃借人が信頼関係の破壊がないとして解除の有効性を争う可能性はおよそ考えられないから、消契法10条前段には該当しても、後段には該当しないと解する余地もあるのではないか。そのうえで占有移転に関する予めの合意の有効性が認められるのであれば、マイナーチェンジにより条項⑤の有効性を維持することもできるように思われる。

仮に、条項⑤に基づく賃貸人らによる動産類の撤去処分行為が、自力救済行為に当たるとする評価を受けることを是認するとしても、緊急性の要請に照らし、例外的に当該行為が適法と解されるための要件を確認的に定めたものと解する余地もあるだろう[7]。

（いしだ・たけし）

1）　玉城恵子「消費生活相談から見た建物賃貸借」松尾弘・山野目章夫編『不動産賃貸借の課題と展望』（商事法務、2012年）226頁。

2）　五條操「いわゆる『追い出し』契約条項の使用停止」国民生活2013・12月号（2013年）・22頁（http://www.kokusen.go.jp/wko/data/wko-201312.html）。契約終了後の明渡し遅滞につき賃料等相当額の2倍相当の損害金を支払う旨の損害賠償額予定条項が消契法10条に違反しないとしたものがある（東京地判平24・7・5判時2173号135頁、東京高判平25・3・28判時2188号57頁〔評釈として、増206牧・消費者法ニュース95号214頁、堀田親臣・判時2214号156頁、宗宮英俊・ＮＢＬ1011号81頁〕）。

3）　最三判昭35・6・28民集14巻8号1547頁は、11カ月分の賃料不払で、それ以前にもしばしば延滞があった場合でも、賃貸借契約の解除には、特段の事情がない限り催告を要するとしている。

4）　大阪高判昭62・10・22判時1267号39頁、東京高判平3・1・29判時1376号64頁、浦和地判平6・4・22判タ874号231頁。

5）　中田裕康『契約法』（有斐閣、2017年）187頁。生命保険約款につき失権約款を消契法10条違反に該当しないとした最二判平24・3・16民集66巻5号2216頁も参照。

6）　大決昭12・7・10民集16巻1188頁。

7）　明石三郎『自力救済の研究〔増補版〕』（有斐閣、1978年）394頁は、時間・経費・利便等の実用性の観点から、些細の付属物の場合には賃貸人の善管注意を前提として緊急性要件の緩和を認める。

取引 2　土地の譲受人による使用借主に対する建物収去明渡請求の権利濫用該当性と立退料の支払

東京高判平 30・5・23
平 29(ネ)4535 号、建物収去土地明渡請求等請求控訴事件
判時 2409 号 42 頁（上告受理申立）
原審：東京地判平 29・9・7 判時 2409 号 46 頁

山城一真　早稲田大学教授

現代民事判例研究会財産法部会取引パート

●——事実の概要

　Aは、昭和 40 年 2 月 23 日、その妻Bの父であるIから本件土地を取得した。A、B、BとCとの子Y₁は、昭和 52 年 4 月 15 日、本件土地上に本件建物を新築し、A、B、Y₁の持分をそれぞれ 3／13、6／13、4／13 とした。Aは、昭和 56 年 12 月 8 日、本件建物に関する持分をすべてBに贈与した。平成 16 年にBが死亡したことにより、同人の持分である 9／13 は、Bの子であるY₁およびY₂が相続した。これにより、Y₁とY₂は、本件建物につき、それぞれ 17／26、9／26 の持分を有することとなった。

　平成 26 年、Y₁は、Aが作成した遺言状を発見し、Aには認知した子Dがいることを知った。以来、AとYらとの間に諍いが生じ、平成 27 年 2 月 3 日、Aは本件建物を出てYらとの連絡を絶った。Aは、自立して生活していくため、本件土地を売却することとし、Dを介してX代表者Eを紹介され、平成 27 年 2 月 19 日、本件土地を 6400 万円でFに売却した（第一売買）。さらに、同日、Fは、Xに対して、本件土地を 6800 万円余で転売した（第二売買）。なお、本件土地の価格は、固定資産関係証明書では 1 億 5000 万円余、不動産業者における更地の価格評価では 2 億 6000 万円余であった。

　本件土地取得後、平成 27 年 2 月 24 日、Xは、Yらに対して、本件土地を購入したこととともに、建物収去費用の負担を避けるため、本件建物の買取り等につき柔軟に考えたいので回答されたい旨を連絡した。

　以上の事情において、Yらが本件土地の明渡しを拒んだため、Xは、建物収去土地明渡等を求めて本件訴訟を提起した。原審は、本件土地がAの所有に

属していたと認める一方で、Yらが本件土地の占有権原を有するとは認められないが、XからYらに対する建物収去土地明渡請求は、権利の濫用にあたり許されないとした。

　これに対して、Xが控訴した。その際、Xは、前記請求に加えて、予備的請求として、5000 万円の支払と引換えに本件土地の明渡しを求めた。

●——判旨

　請求一部認容

　1　「本件土地の所有権はXに帰属しており、Yらは本件土地上に本件建物を共有し本件土地を占有しているが、その占有権原は使用貸借であって、Xに対抗し得る占有権原を有していないから、権利の濫用に当たるとの特段の事情が認められない限り、本件土地の所有権に基づき、Xは、Yらに対し、本件建物を収去し、本件土地の明渡しを求めることができる」。

　2　「上記特段の事情が認められるか否かについて検討するに、認定事実によれば、①X及びFは、本件第一及び本件第二売買契約（以下「本件順次売買」という。）の締結に当たって、Yらが本件土地上に本件建物を所有し、Y₁が居住していることを認識していたこと、②本件土地の所有者で売主であるA（大正 9 年生）は、本件順次売買の当時、既に高齢で、意思能力には問題がないものの年相応に判断能力が低下しており、本件土地をめぐる法的な権利関係を十分に認識していなかったこと、③X及びFは、Aがそのような状況にあることを認識しつつ、Aから本件土地の利用について地代等の支払がないことを確認し、その権利関係が使用貸借であると判断し、Yらと一度も接触を図ることなく、短期間のうちに、本件順次売買の締結手続を進め、本件土地

の更地価格の三割にも満たない極めて低廉な売買価格（約6400万円）で本件土地を購入し、所有権移転登記手続を完了させたこと、④Y₁は、幼少の頃から家族と長期間にわたって本件土地上で居住してきたものであり、昭和52年から本件建物に居住し、現在は80歳を超える高齢となっており、健康状態も芳しくなく、本件建物に居住し続けるために本件土地を利用する必要性が高いこと、⑤Y₂においては、本件建物の共有持分権を取得してからもそれを親族であるAやY₁に利用させるばかりで、その対価は何ら得ていないにもかかわらず、Xの本件主位的請求が認められれば、多額に及ぶと想定される本件建物の収去費用を負担して本件土地を明け渡さなければならなくなるという不利益を被ること、⑥Yらの本件土地の敷地利用権は使用貸借に基づくものであって、Yらの地位は、本件土地の所有権を譲り受けた第三者（X）には対抗できない上、しかも、使用貸借は借主の死亡によって終了するから（民法597条3項）、Yらの年齢に照らすと、今後の使用貸借の存続期間はそう長くないこと、⑦Yらによる本件土地の利用は、Aによる本件建物の一部利用（もともと一階部分にAが居住していた。）している限りにおいて安定したものであったが、Aが本件建物から退去し、本件土地を処分することを決意したのは、Y₁のAに対する暴言等があったためであり、その時点で、本件土地の使用貸借に係るAとYらの信頼関係はかなり損なわれていたものといわざるを得ないこと、⑧本件順次売買の締結に当たってXがYらと接触を図らなかったのは、本件土地の売主であるAが、Yらに知らせないように強く希望していたことが理由となっていること、⑨本件土地の売買代金が著しく低廉なものとなったのは、Xにおいて本件土地と本件建物との占有・権利関係等に未解明の部分が存することに基因するリスクの存在を考慮する必要があったことも影響しており、X側の利益追及に向けた思惑だけが原因ではないこと、⑩Xは、Yらに対し、Yらの本件建物の収去費用の負担（2000万円程度とみられる。）に配慮して、昭和51年築（築40年余経過）の本件建物を5000万円で買い取る旨を申し出たこと、しかし、⑪Xは、Aに対し、Yから1億円で本件建物を買い受けると説明しており、Aは、それはYらにとっても良い話であると判断して、本件第一売買契約に至ったこと、等の各事情が認められる」。

3　「上記各事情を総合すると、Xは、本件土地上にYらが本件建物を所有して、Y₁が本件建物で

生活していることを認識しつつ、高齢で本件土地をめぐる権利関係を十分に把握しているとは思われないAから、極めて低廉な底地価格でもって本件土地を購入して巨額な経済的な利益を得た上、本件建物の敷地利用権が使用貸借であって対抗力を有しないことを奇貨として、本件土地の使用借人であるYらの生活等に及ぼす影響等を考慮せず、Aに対して説明した1億円での本件建物の買い取りも提案することなく、巨額な利益を保持したまま本件主位的請求をしていることになるから、権利の濫用に当たる」。

もっとも、「上記⑥ないし⑪の各事情に照らすと、Xの本件予備的請求は、引換給付の内容いかんによっては、権利の濫用になるとはいえない。

Aは、XからYらに対して1億円で本件建物を買い取るという提案がされるとの前提で、本件第一売買契約に踏み切っており、Xもそのような説明をしたところ、仮にこのような高額の立退料が支払われるのであれば、Xの利益も著しい暴利とまではいえないし、Yらの使用貸借に基づく本件土地の占有権原の予想される残存期間がそう長いものとは考えられないことからすれば、Y₂の利益は十分に保護されているとみられるし、Y₁については、本件建物での居住を継続したいとの心情は理解できるものの、客観的に見れば、残された老後の生活を維持するのに十分な資金を得られる上、そもそも今回の事態を招いたのは、自らのAに対する言動に原因があることを総合すれば、本件予備的請求は、Yらに対し1億円の支払をすることが引き換えであれば、権利濫用とはならないと考えられる」。

4　以上により、1億円の支払と引換えに本件土地の明渡しを求める限度でXの請求を認容した[1]。

●──研究

1　権利濫用の判断

本件のような紛争は賃貸借について間々みられるが、学説には、背信的悪意者排除法理による解決を説くものが少なくない[2]。しかし、判例は、権利濫用法理を適用するという解決を堅持してきた[3]。本判決は、これを使用貸借に適用したうえで、立退料の支払と引換えに明渡請求の濫用性を否定する。

使用貸借につき、立退料の支払を考慮して権利濫用を否定した先例としては、①使用貸借の当事者間での紛争（「当事者型」という）、②借用物の譲受人・使用借人間での紛争（「第三者型」という）につき、各1件の裁判例がみられる[4]。ところで、第三者型

においては、当該第三者が権利を取得しなければ濫用の問題も生じないのだから、濫用性の評価においては、権利取得の態様をも考慮せざるを得ない。そこで、以下では、権利行使（Ｘが取得した権利をＹらに対抗することの不当性）と、その前提としての権利取得（ＸＡ間の売買契約の不当性）とを一応区別し、判決が挙示する事情（そのうち、①〜⑤は濫用の評価根拠事実、⑥〜⑪は濫用の評価障害事実）に即して、第三者型紛争における濫用性の評価方法を分析する。

(1) 権利行使

本件において、Ｙらが本件土地の所有者でないことについては疑問の余地がない。Ｙらの使用権原について、地上権の成立を認めるべき事情がないとする判断にも異論はなかろう[5]。本判決は、これを使用貸借とみた。好意によって物を無償利用させる法律関係の性質については議論があるが[6]、以下では、本判決による法性決定に従って検討を行う。

土地明渡請求の濫用を扱った多くの判決と同じく、本判決も、本件土地の使用をめぐる両当事者の事情を比較衡量する。本判決が注目するのは、ⓐ本件土地の売却に至った経緯（⑦）、ⓑ本件土地を明け渡すことによるＹらの不利益（④⑤）、ⓒＹらの不利益を緩和するための方策（⑧）である。なお、⑥は使用借権の性質を説示したにすぎないが、これは、使用権者を保護すべき理由が賃貸借に比べて乏しいことを示す趣旨であろう[7]。

以上のうち、⑦は、ＡＹ₁間において使用貸借契約を終了させることの正当性を問題とするが、この点がＸによる明渡請求の適否に影響を及ぼすかは疑問である。かりに有効な使用借権があるとしても、借用物の譲受人にそれを対抗する方途はそもそもないからである。⑧もまた、契約当事者であるＡが対処すべき事情であろう。それにもかかわらず、以上の事情がＸによる明渡請求の濫用性の評価根拠事実とされるのは、ＡとＸが、ともにＹの居住の確保に配慮すべき立場にあるとみるからであろう。

(2) 売買による権利取得

Ｆ・Ｘによる権利取得の態様につき、本判決は、ⓐそれが本件土地の評価額に比して「極めて低廉な価格」で行われたこと（①②③、⑨）、ⓑその理由が、ＸからＹらに対して立退料を支払うことを前提として価格が決定された（少なくともＡはそのように認識していた）こと（⑩⑪）を重視する。

一般論として、占有者が存在する不動産の所有権を取得しようとする者が、退去を求めるのに必要な費用を見込んで売買価格を決めることには合理性がある。それを超えて、市場価格を著しく下回る代金額が設定されたときであっても、濫用は、売主たる貸主との関係で問題となるはずである。それにもかかわらず、この点の事情がＹらに対する明渡請求の濫用性の評価根拠事実とされるのは、ＡとＹらが、ともにＸによる立退料の支払を期待する立場にあるとみるからであろう。

(3) 利益調整の内容

以上のとおり、本判決は、ＸＹ間の法律関係を考察する際に、Ａについて生じた事情を考慮する。これは、論理としては奇妙であるが、次のような考慮によるものと推察される。

(a) 一方で、本件土地がＸに譲渡され、Ｙが退去を求められると、ほかに使用貸借の終了原因がない限り、Ａは、Ｙに対して損害賠償責任を負う。

(b) 他方で、Ｘが、Ａに対して、取得価格を低廉にする代わりに使用貸借をめぐってＹとの間で生じる紛争を解決する旨を約した場合において、ＡがＹから上記①の損害賠償を請求されたときは、Ｘは、Ａに対して損害賠償責任を負うとみるべきであろう。

そうすると、借用物の譲受人が使用借人に対してその明渡しを求める場合において、⑦使用貸借の当事者間において契約の終了原因がなく、かつ、⑦使用貸借をめぐる紛争を譲受人が解決することを前提として売買契約が締結されたときは、譲受人→貸主→借主という金銭給付が行われる。本件もまさにそのような事案であるが、判決は、上記各点についてＡをＸ・Ｙと同視することで、ＸからＹへと直接に金銭給付をさせた。こうした解決は、三者間合意によって行われるべきものであるが、Ｙらが明渡しに同意していない本件では、それは不可能である。そこで、権利濫用法理を便法的に活用したのであろう。

2 立退料支払の基礎づけ

以上の見方からは、本件における権利濫用法理の適用は、学説が指摘するように、当事者の行為の悪性を制裁するのではなく、金銭給付を通じてある種の調停を強制する機能を担っているといえる[8]。

権利濫用法理のこのような活用を正当化することは、容易ではない。こうした解決は、Ｙらの立場からみれば、「相当の金銭を提供すれば"その濫用性

を買い取ることができる"」という問題を孕む[9]。また、Xの立場からみて、本来は合意によるべき「調停」を、その意思によらずに強いる結果をもたらすことも看過し得ない。

後者の問題との関係では、一般論として、一定額の立退料を支払うという当事者の意思がおよそ窺われないならば、立退料支払を明渡請求の条件とする判断を下すことは許されないであろう。この観点からみると、本件には、Xが、予備的請求として立退料の支払と引換えに土地明渡しを求めたという事情がある[10]。借地借家法の適用上、正当事由の基礎づけとなるべき立退料は、賃貸人がその給付を申し出た場合に限って考慮される（借地借家6条）。使用貸借における濫用判断においても、少なくとも、明渡しを求める者が自ら立退料支払の意思を表明したという事情がない限りは[11]、立退料の支払による解決は正当化され得ないであろう。また、立退料の数額決定についても、本判決は、1億円をもって相当と認定するに際して、Xが、Aに対して、1億円の立退料をYらに支払う旨を述べていたという事情を重視する。これを当事者の意思の徴表とみることで、立退料増額の正当化を図ったものとみられる[12]。

3 別異の構成の可能性

とはいえ、以上の考慮を実現するために権利濫用法理を活用することは、適切なのであろうか。

本判決が認定するとおり、Aが旧来の使用関係を変更しないことを望んでおり、FやXもまたその事情を認識して契約締結に臨んだのであれば、賃貸借契約について学説が指摘するように[13]、使用貸主たる地位を承継する旨の合意がされたとみる余地があるのではないか。これを認めると、ＸＹ間の法律関係は明確に整理されよう。一方で、ＸＡ間の事情は、契約上の地位の承継の問題として考察され、他方で、ＡＹ間の事情は、当事者型紛争の問題として考察され得るからである。

もっとも、その場合にも、立退料の支払が「濫用性を買い取る」ことを許す結果とならないかとの疑義は残る。しかし、本来、Yらの使用借権はXには対抗し得ないものであり、使用権喪失の不利益は貸主であるＡからの損害賠償によって解決されるべきものであることからすれば、立退料支払という金銭給付によって濫用性が弱められるとみることには、賃貸借の場合以上に理由があるように思われる[14]。

（やましろ・かずま）

1) なお、本判決に対しては当事者双方から上告受理申立がされたが、既に不受理の決定がされている（最決平31・2・1平成30年（受）第1582号）。
2) たとえば、広中俊雄『物権法〔第二版増補〕』（青林書院、1987年）104頁。
3) 最二判昭38・5・24民集17巻5号639頁。本判決が掲げる考慮要素は、最三判昭43・9・3民集22巻9号1817頁のそれに類するといえよう。次注の平成5年判決につき、佐藤啓子「判批」判評431号（1995年）224頁の指摘を参照。
4) それぞれ、①大阪高判平2・9・25判タ744号121頁、②東京高判平5・12・20判時1489号118頁。本判決を含め、これらの判決を考察する論稿として、近江幸治「民法理論のいま——実務への架橋という課題（2）」判時2410号（2019年）123頁。
5) 最三判昭47・7・18集民106号475頁は、夫婦間における土地の無償使用の権原を地上権と認めるためには、当事者が何らかの理由で特に強固な権利を設定することを意図したと認めるべき特段の事情を要するとする。本件にも同様の考え方が妥当しよう。
6) たとえば、不動産登記制度研究会『不動産物権変動の法理』（有斐閣、1983年）152頁を参照。
7) このこと自体は、一般に受け容れられてきたといってよい。たとえば、加藤一郎「権利濫用・信義則」谷口知平ほか編『新版・民法演習1（総則）』（有斐閣、1978年）13頁の指摘を参照。
8) 鈴木禄弥「財産法における『権利濫用』理論の機能」法時30巻10号（1958年）20頁以下。
9) 原田純孝「判批」判タ757号62頁。
10) 前掲・平成5年判決（注4）も、立退料と引換えに土地を明け渡すことを求めた予備的請求を一部認容（提案額4200万円に代えて、5000万円の支払を命じた）した事案である。
11) 実体法上は、立退料支払の意思は、裁判上の請求によって表明される必要はないだろう。これに対して、訴訟法上、立退料との引換給付を命ずるのに明渡しを求める当事者からの申立てを要するかについては議論があり得よう（小川克介「立退料と正当事由」水本浩ほか編『現代借地借家法講座2借家法』（日本評論社、1986年）42頁以下を参照）。本判決が、立退料と引換えにする明渡請求を予備的請求と位置づけるのは、これを求める見解と親和的であるといえようか。
12) これに対して、前掲・平成5年判決（注4）においては、立退料を5000万円とする根拠を明示的に説いていない。この点につき、佐藤・前掲評釈（注3）225頁は、当事者間の利益衡量に関する認定がより詳しく示されるべきではなかったかとの疑義を示す。
13) 磯村保「賃借権の対抗力と権利濫用法理」石田喜久夫先生古稀記念『民法学の課題と展望』（成文堂、2000年）213頁。
14) 原田・前掲評釈（注9）が直接に問題とするのは、権利主張を濫用としながら、金銭の提供によって濫用性が阻却されると判断することであり、金銭の提供を濫用性判断の考慮要素とすること自体ではない。もっとも、この構成からすれば、立退料支払の申し出は、予備的請求としてではなく、権利濫用の抗弁に対する再抗弁と位置づけるのが素直であろうか。なお、後藤泰一「民法597条2項但書の類推適用による使用貸借の解約と金銭（立退料）の提供」信州大学教養部紀要27号（1993年）206頁をも参照。

担保　別個の請負契約から生じた違約金債権と請負報酬債権との相殺の可否

福岡高判平30・9・21
平30(ネ)92号、請負代金請求控訴事件
金法2117号62頁（上告、上告受理申立て）
原審：福岡地判平30・1・9金法2117号73頁

田髙寛貴　慶應義塾大学教授

現代民事判例研究会財産法部会担保パート

●——事実の概要

建設業者Aは、平成27年9月から平成28年4月にかけて、Y（県）との間で公共工事にかかるア～エの各本件請負契約を順次締結した。契約金額は、アが3852万円、イが1億3578万円、ウが212万、エが4556万円であった。

ウについては平成28年6月10日にAの工事が完了した。しかし、同月15日にAは経営不振を理由とする工事続行不能届をYに交付し、これを受けて、Yは、ただちにAに対してア・イ・エについての契約解除通知書を交付した。この時点でAが有することとなった未払報酬債権額（出来高分の報酬債権からYの前払金を差し引いた額）は、アが1626万円、イが430万円、ウが212万円であり、工事未着手のエについては、報酬前払金75万円全額の返還債務がAに生じていた。また、本件各請負契約に付されていた違約金条項により、Yは、ア・イ・エにつき契約金額の10分の1の額の違約金債権を有することとなった。

同月23日、Aにつき破産手続開始決定がされ、Xが破産管財人となった。XがYに対してア・イの出来高報酬債権、ウの完成報酬債権の支払を求めたのに対し、Yはア・イ・エの違約金債権、エの前払金剰余返還債権を自働債権とする相殺を主張した。

原審は、次のように判示し、Xの請求債権は相殺により消滅しているとして、Xの請求を棄却した。「本件相殺の意思表示に係る自働債権と受働債権は、密接な関連性を有しているといえ、注文者であるY及び請負人であるAは、本件各請負契約を締結した当時から、これらが相殺により決済されることを予期していた」。「したがって、注文者であるYは、本件相殺の意思表示に係る相殺を行うことについて、合理的期待を有していたというべきであ」る。

●——判旨

原判決取消し、請求一部認容。

「本件請負契約ア、本件請負契約イ及び本件請負契約エは、それぞれの請負契約関係において、当該請負契約に係る仕事の完成と当該請負契約に係る仕事の報酬債権は対価牽連関係にあり、相互に担保的な機能を有している」。「ある特定の請負契約関係において、当該請負契約に係る仕事の未完成により注文者に請負人に対する損害賠償請求権が発生し得ることは、民法の規定上も明らかであり、Aの他の債権者にとっても予測可能な事態である。このことからすれば、本件各違約金債権はAの支払停止をYが知った後に本件発注者解除条項に基づく解除権を行使したことにより発生したものであるが、Yが、本件各未完成請負契約に係る違約金債権をそれぞれ取得した場合に、それぞれ同一の請負契約関係においては、未完成部分に係る仕事の履行請求権が変容したものといえる当該請負契約に係る違約金債権を自働債権として、これと対価牽連関係にある当該請負契約に係る報酬債権との間で相殺することを期待することは合理的なものといえる」。

「これに対し、本件請負契約ア、本件請負契約イ及び本件請負契約エは、それぞれ工事内容を異にする別個独立の契約関係にあり、他の請負契約によって生じる債権債務とは対価牽連関係にないところ、このような対価牽連関係にない法律関係において、ある特定の請負契約に係る違約金債権を自働債権として、これと別個の請負契約に係る報酬債権との間で相殺することを期待することは直ちには合理的なものということができない」。

実際に、本件各請負契約につきAとYが締結当時に別個の請負契約から生じる報酬債権をもって違約金債権の引当てとしたとは認められず、相殺の期待を合理的なものとみるべき事情は存しない[1]。

■原判決 相殺による差引計算の結果、報酬債権は消滅

	債権	(ア)	(イ)	(ウ)	(エ)		合計	
受働債権	未払報酬	1626万円	430万円	212万円		⇨	2269万円	差引計算
自働債権	前払剰余金返還				75万円	⇨		
	違約金	385万円	1358万円		1358万円		2274万円	

■本判決 相殺による差引計算の結果、報酬債権は1378万円

	債権	(ア)	(イ)	(ウ)	(エ)		合計
受働債権	未払報酬	1626万円	430万円	212万円			
自働債権	前払剰余金返還	75万円 ◀			75万円		
	違約金	385万円	1358万円		456万円		
差引計算		⇩	⇩	⇩	⇩	⇨	
相殺後の受働債権		1116万円	——	212万円	——		1378万円
(自働債権残額)		——	928万円	——	456万円		

●——研究

1 はじめに

本件において、ＹがＡの経営不振を受けて本件各請負契約を解除し、違約金債権を取得したことは、相殺禁止を定める破産法72条1項各号のうち、支払停止を知った後に破産債権を取得した場合という3号に該当する。もっとも、同条2項2号には、自働債権の取得が相殺禁止要件が満たされる時より「前に生じた原因」に基づく場合には相殺禁止が解除される旨定められており、これに該当するのかが本件では問題となった。原審は、別個の契約から生じた債権も含めＡＹ間に生じた全債権の間での相殺を認めたのに対し、本判決は、ある契約から生じた債権と相殺できるのは同じ契約から生じた債権のみ（受働債権を発生させたのと異なる契約は同号の「原因」に含まれない）としたものである。

今般の債権法改正により、民法511条の定める差押債権者に対抗できる相殺の自働債権が「差押え前に取得した債権」のほか「差押え前の原因に基づいて生じたもの」にも拡張されたのは、この破産法72条2項2号と平仄を合わせたことによる。もっとも、民法511条の改正に際し「前の原因」の具体的解釈をめぐる議論は最後まで収束せず、そもそも破産法72条2項2号の解釈自体、従前必ずしも十分に議論されてこなかったともいわれている[2]。

このように未解決のまま先送りにされてきた問題に関わる本判決は、上述の破産法と民法の両規定の趣旨や解釈を探求する意味からも大いに注目される。本稿では、両規定における相殺禁止解除事由の解釈基準が同一となることを前提とし[3]、民法上の議論を参照する形で、考察をすすめることとしたい。

2 相殺が許容される自働債権の取得の「原因」

(1) 相殺への合理的期待

破産法72条2項2号において、破産債権の取得が相殺禁止要件の具備時より「前に生じた原因」に

よる場合に相殺が許容される趣旨は、相殺のもつ担保的機能の見地から、破産手続開始前に成立していた相殺に対する合理的期待が、抵当権が設定された場合と同様、別除権に準じて扱われるべきことに求められる。そのことをふまえ、同号については、相殺に対する期待が合理的であることが直接かつ具体的に基礎づけられるか否かで判断されるものと解されており[4]、その方向で判例法理も確立している[5]。

では、相殺への期待の合理性が直接かつ具体的に基礎づけられるとは、どのような場合をいうのか。本判決では、相殺への合理的期待に関連づける形で両債権の「対価牽連関係」の存否が問題とされている。条文に直接表れていない、従前の解釈論ではあまり見られない牽連関係という要素が持ち出されたのには、改正民法511条2項の「差押えの前の原因」に関する近時現れた有力学説が多分に影響しているようにも思われる。そこで、以下では同条項の解釈論について考察を加えることとしたい。

(2) 同一契約から生じた債権の間での相殺

自働債権が受働債権と同一の契約から生じている場合については、学説上、相殺がひろく許容されている。例えば、請負契約において請負人Ａが注文者Ｂに対して有する請負報酬債権をＡの債権者が差し押さえた場合、Ｂは、（たとえ目的物の引渡しや修補がＣの差押え後であっても）請負契約が差押え前である以上、契約不適合に基づく損害賠償請求権をもってする相殺をＡに主張できる。同様に、被差押債権が賃料債権である場合に、その債権を発生させたのと同一の賃貸借契約に基づく必要費償還請求権も相殺が許容される。

これら損害賠償請求権や必要費償還請求権の取得の「原因」が、引渡しや修補ではなく請負契約や賃貸借契約とされる理由につき、潮見教授は、これら債権が契約上の主たる給付の内容（契約利益）を金銭で価値的に実現するものだから、と説明する[6]。

なお、潮見説は、有益費償還請求については主たる給付の内容と直接に結びつくものでないから、基

本的に「差押え前の原因に基づいて生じた」債権にはならないという。後述するように、賃借人による費用支出が差押え前なら有益費償還請求権をもってする相殺も認められてよいと筆者は考えるが、潮見説が、この場合の相殺も否定し、契約の主たる給付に結びつかない債権による相殺を一切認めないものだとすれば、同説の相殺許容の要件はかなり厳格なものということになろう。

ともかくも、以上のことからすれば、同一の請負契約から生じた違約金債権等と報酬債権との相殺は、問題なく認められてよい[7]。この点では判断を同じくする原判決と本判決が結論を異にすることになったのは、別個の契約から生じた債権の間での相殺の可否であり、次にこの問題を検討する。

(3) 別契約から生じた債権の間での相殺

(a) 潮見説は、発生原因が別の契約である債権の間での相殺について、「当該事件のもつ類型的特徴から、差押え前に存在していた自働債権を生じさせた『原因』が第三債務者への相殺への期待を直接かつ具体的に基礎づける程度のものであるか否かを個別に判断するほかない」としている[8]。具体的にどのような場合がこれに該当するかは述べられていないものの、容易に相殺が許容されるわけでないことがここには示唆されているといえる。

(b) 511条2項の「前の原因」の解釈において牽連性を重視する学説として、ここでは中井説を紹介したい[9]。同説では、同一契約から生じた両債権の間でなら相殺を認めることに問題はないとしても、別契約から生じた牽連性のない債権の間の相殺では、契約が同条項の「原因」とはならないという。例えば、AがBに対して有する貸金債権をAの債権者Cが差し押さえたとき、AB間の賃貸借契約に基づき取得したAに対する必要費償還請求権をもってBがCに相殺を主張できるのは、差押え前に目的物が損傷した場合に限られるという。同債権の取得の「原因」は目的物損傷であって、賃貸借契約はこれにあたらないと解するためである。

また、同説では、当事者の合意など主観的な牽連関係を根拠として相殺を認めるのは、契約当事者が差押不能財産を創出できることになり相当でないともされている。例えば、賃借人Aが賃貸人Bに対して有する建設協力金貸与にかかる貸金債権をAの債権者Cが差し押さえたのに対して、BがAに対する貸金債権を自働債権とする相殺を主張した場合について、AB間で貸金債権の弁済原資として将来賃料が予定されていたのなら、相殺への期待、両債権の間に牽連関係はあるといえるが、それは客観的な牽連関係とはいえないから、相殺は許されないという。さらに中井説は、継続的な取引の当事者間で、複数の契約にかかる債権を一体的に決済される契約が結ばれ、各債権相互に担保視される関係がある場合でも、主観的な牽連関係にすぎない以上、これらの債権の間での相殺は認められないとも述べている。

(c) 本判決は、相殺の両債権に牽連関係を要求する点において511条2項に関する中井説と同様の姿勢をみてとることができる(ただし本判決は、別個の契約から生じた債権の間で相殺することの合意がなかったことを確認の上で相殺を否定しているため、客観的牽連関係しか容認しない中井説とはこの点で異なっている)。契約の主たる給付に結びつかない債権では相殺ができないとする潮見説も含め、こうした511条2項につき厳格な解釈を求める見解と本判決は軌を一にするものといえるだろう。

3 私見——相殺禁止解除の厳格解釈への疑問

(1) 合理的期待が必要とされる時点

結論は異なるが、原判決と本判決は、契約締結当時に相殺への合理的期待が存すべきとの前提をとっている点については一致している。もしこの前提を維持すべきというのなら、本判決の判断の方が自然といえる。なぜなら、本件各請負契約は入札等により契約の成否が決せられる公共工事にかかるものである以上、継続的な取引を前提として、爾後に結ばれる契約から生じる債権との相殺を期待し契約を締結することなど、できようはずがないからである。

しかし、果たして相殺への合理的期待が契約締結時に存在する必要はあるのか。確かに、担保と同様に扱うとするのなら、信用供与の時点で相殺の期待が生じていなければならないようにも思える。しかし、貸金債権の担保が融資の後で追加的に設定されることは幾らでもあるのであって、その効力は融資契約時に担保が設定された場合と何ら変わるところはない。そうであるならば、相殺への合理的期待は、受働債権を生じさせる契約が締結された時点で存在していなくとも、危機時期ないし差押えの時までに存在すれば足りると解すべきである。

(2) 本件における両債権の牽連性

では本件では、危機時期を迎え相殺禁止要件が具備された時点で、他の契約から生じた債権との間でする相殺につき合理的期待があったとみてよいか。

本判決は、(注1にも記したように)前払金返還請求権についてのみ他の契約から生じた報酬債権との相殺を認めているが、これは不当利得金の回収ばかりは優先的に実現されてよい、という価値判断に基

づくものとも解される。そのこと自体は理解できないではないが、では、違約金はそれとは異なる扱いがされるべきなのか。Ｙとしては、違約金についても、前払金の返還と変わりなく相殺による優先的回収の期待を有していたといえるのではないか。

同一当事者間で同種の契約が連続的ないし継続的に締結され、そこから多数の債権が生じているような場合には、客観的にみて、それら債権の決済が一体的にされるであろうという予測がたつことも大いにありえよう。最初の契約の締結時には、後に締結される（かもしれない）契約から生じる債権との相殺まで意識されていなかったとしても、契約が締結されるごとに順次、生じる各債権の間の牽連関係は形成されていくと解することができる。

本件では、危機時期において各契約から生じた一連の債権の決済をＡＹが一括して行うであろうことは、客観的に予測できることといえる。とりわけ本件各契約の締結時期は近接しており、工区を別とする一連の公共事業にかかる請負契約である可能性も高い。このように、本件では相殺を許容するに相応しい牽連関係がＡＹ間にある全債権の間に存在しているとみてよく[10]、そうすると、相殺禁止の解除事由を厳格に解する上述の学説に依拠したとしても、相殺は是認されるべきと解される。

（3）　両債権の牽連関係は必要か

しかし、そもそも相殺禁止の解除を認めるのにあたって、自働・受働両債権の牽連関係は必要なのか。

さきに掲げた差押えと相殺に関する学説が相殺の主張を抑制的に解していることには、差押債権者の利益が害されることを防ぐ意図をみてとることができる。本判決中にも、他の債権者が相殺を予測できたといえるか、ということに関連させて対価牽連関係の必要性が示されている。だが、無制限説を基調とする改正511条にしても、破産法72条2項にしても、差押債権者や破産債権者における相殺の予見可能性は要件として考慮対象とされていない。ここで求められているのは、あくまで差押えないし危機状態に至った時点において相殺の期待が保護に値するものとなっていたかの判断である。

さきに2(2)で取り上げた、差し押さえられた賃料債権と同一の賃貸借契約から生じる有益費償還請求権をもってする相殺の可否についても、差押え後に費用を支出して同請求権を発生させ相殺を主張するのは認められるべきでなく、だから賃貸借契約ではなく有益費の支出が「原因」とされるのである。逆に、差押え時にすでに費用を支出して同請求権が生じていたのなら、合理的期待ありとして相殺は許容されてよい。破産法72条2項2号や民法511条2項の基層をなす無制限説からすれば、牽連関係等をあえて条文解釈に盛り込むのは妥当とは思われない。これらの条文によって封じきれない差押債権者等を害する相殺については、相殺権の濫用をもってその効果を否定すべきこととなろう。

本判決は、差押えとの関係で相殺を限定しようとする民法511条2項の一部学説に引きずられ、条文の趣旨を逸脱した解釈を採ったと評さざるをえない。結論的には原判決を妥当なものと考える。

（ただか・ひろたか）

---

1)　本判決では、表にもあるように、エの前払剰余金返還請求権につき、アの未払報酬債権との間で相殺が認められているが、その理由は示されていない。本判決を紹介する金法のコメントでは「前払金から出来高報酬を控除した残額は単なる不当利得返還請求にすぎず、破産法72条2項1号にいう法定の原因により発生したものであるので、相殺禁止の例外に該当するという点にあるのではないか」との推察が示されている。

2)　法制審議会民法（債権関係）部会・第三分科会第6回会議の議事録（http://www.moj.go.jp/shingi1/shingi04900169.html）16頁以下。破産法72条2項をめぐる議論が手薄だった要因については、同議事録20頁〔岡発言〕、中井康之「相殺をめぐる民法改正」今中利昭先生傘寿記念『会社法・倒産法の現代的展開』（民事法研究会、2005年）723頁以下等参照。

3)　相殺に関する差押えと倒産手続の異同につき、詳しくは北居功「相殺の担保的機能」倒産手続と民事実体法（別冊NBL60号、2000年）200頁以下、潮見佳男「相殺の担保の機能をめぐる倒産法と民法の法理」田原睦夫先生古稀記念『現代民事法の実務と理論（上）』（きんざい、2013年）267頁以下等参照。なお、中井・前掲注2)730頁以下は、破産手続におけるより差押えの局面の方で相殺の主張を限定すべきとの立場をとっており、そのことが後に2(3)で紹介する厳格な解釈に反映しているといえる。

4)　山本和彦「相殺の合理的期待と倒産手続における相殺制限」金法2007号（2014年）8頁、山本和彦他『倒産法概説〔第2版補訂版〕』（弘文堂、2015年）260頁〔沖野眞己〕等。

5)　最三判昭63・10・18民集42巻8号575頁、最一判平26・6・5民集68巻5号462頁。

6)　潮見佳男『新債権総論Ⅱ』（信山社、2017年）313頁以下。

7)　同様の事例にかかる従前の裁判例として、東京高判平13・1・30訟月48巻6号1439頁、東京地判平28・6・2金法2054号60頁等がある。

8)　潮見・前掲書315頁以下。

9)　中井・前掲注2)723頁以下。方向性を同じくするものとして、中西正「いわゆる『合理的相殺期待』概念の検討」事業再生と債権管理136号（2012年）46頁以下、同「民事手続法における相殺期待の保護（上）」NBL1046号（2015年）35頁以下、岡正晶「差押え・債権譲渡と相殺」金法2054号（2016年）28頁以下等。

10)　福井俊一「本件判批」新・判例解説Watch倒産法58号（2019年）4頁は、「本件各契約のように同一当事者間で連続して締結された公共工事の請負契約では、担保設定に類する明示的合意がなくとも、契約相互間で請負人の債務不履行リスクを担保し合っていると評価し、発注者の相殺期待の合理性を肯定することも可能」であるとするが、本文で述べたところと趣旨を同じくするものといってよいであろう。

不動産　許可水利権の侵害の成否

最一判令元・7・18
平30(受)533号他、使用料請求事件
判タ1465号52頁

秋山靖浩　早稲田大学教授

現代民事判例研究会財産法部会不動産パート

●——事実の概要

　土地改良法に基づいて設立された土地改良区Xは、昭和40年以降、かんがいの目的で、A川の流水の占用について河川法23条の許可を受けている。この許可に基づいてXが取水した水が本件水路に流れており、Xの組合員は本件水路を農業用の用排水路として使用している。本件水路は、いわゆる法定外公共物として国からB市に譲与されたものであり、その一部についてB市が修繕工事や改良工事を行っているが、その全般的な維持管理は事実上、Xが行ってきた。

　Xは、その定款等において、Xが維持管理する用排水路に無断で汚水を流してはならず、当該用排水路等を使用しようとする者は、Xの承認を受け、Xとの間で使用契約を締結し、Xの定める使用料を支払わなければならない旨を定めている。

　Xの設立された地区では公共下水道が整備されていないため、地区内に居住する者は、し尿等を各自の浄化槽により処理して本件水路に排水していた。その際、Xは、Xの組合員および非組合員との間で、この排水について上記使用契約を締結して使用料を徴収していた。しかし、Yら（本件水路の周辺に土地建物を所有あるいは居住する者）は、Xの承認を受けずに本件水路に排水している（以下、この排水を「本件排水」という）[1]。

　Xは、Yらの本件排水によりXの本件水路に係る排他的管理権が侵害され、使用料相当額の利得がYらに生ずるとともに同額の損失がXに生じたと主張して、Yらに対し、不当利得返還請求権に基づき、使用料相当額および遅延損害金の支払を求めた。

　一審（徳島地判平28・3・28判例自治452号73頁）は、Yらによる本件排水によってXに損失が生じたとは認められないとして、Xの請求を棄却。これに対して、原審（高松高判平29・11・1判例自治452号77頁および高松高判平29・11・1同81頁）は、次の理由により、Xの請求を一部認容。河川法23条の許可を受けて河川の流水を占用する権利（許可水利権）は、排他的に流水を占用する物権的な財産上の権利である。本件水路にはXが同条の許可に基づいて取水した水が流れているから、Xは、本件水路の流水について排他的管理権を有し、これに基づいて第三者に対し本件水路への排水を禁止することができる。したがって、Yらの本件排水によりXの上記排他的管理権が侵害され、これによってYらに利得が生ずるとともにXに使用料相当額（の一部）の損失が生じたといえる。Yらが上告受理申立て。

●——判旨

破棄自判（Xの請求を棄却）

　「公水使用権は、公共用物である公水の上に存する権利であることに鑑み、その使用目的を満たすために必要な限度の流水を使用し得る権利にすぎないと解され（最高裁昭和36年(オ)第62号同37年4月10日第三小法廷判決・民集16巻4号699頁参照）、当該使用目的を満たすために必要な限度を超えて他人による流水の使用を排斥する権限を含むものではないというべきである。そうすると、Xは、本件水路にXが河川法23条の許可に基づいてかんがいの目的で取水した水が流れていることから、その水について当該目的を満たすために必要な限度で排他的に使用する権利を有するとはいえるものの、直ちに第三者に対し本件水路への排水を禁止することができるとはいえない。

　したがって、本件水路にXが河川法23条の許可に基づいて取水した水が流れていることから、Xが第三者に対し本件水路への排水を禁止することができるとし、Yらの本件排水により本件水路の流水についてのXの排他的管理権が侵害されたとした原審の判断には、法令の解釈適用を誤った違法がある」

（小池裁判官の補足意見がある）。

●──研究

1　はじめに

河川法23条（「河川の流水を占用しようとする者は、国土交通省令で定めるところにより、河川管理者の許可を受けなければならない」）[2]の許可は、河川管理者が、河川という公物の管理権に基づき、特定の者に対し特別の公物使用権を設定する行政行為である[3]。この許可に基づいて成立する、河川の流水のうち一定量を占用することができる権利は、一般に「許可水利権」と呼ばれている[4]。

従来の最高裁判例は、河川の流水の使用をめぐって水利権者と他の使用者とが争う事案を扱っていた（後掲最三判昭37・4・10等）。これに対して、本件は、A川の許可水利権者XとA川の流水を使用していない周辺住民Yらとの争いであり、具体的には、Xが許可水利権に基づいてA川から取水した水の流れる本件水路に、YらがXの承認を受けずに排水している事案である点に特徴が見られる。そして、原審は、Yの本件排水によって、Xの許可水利権に基づく本件水路の流水についての排他的管理権が侵害されたと評価したのに対し、本判決は、Xの上記排他的管理権が侵害されたとはいえないとして、排他的管理権の侵害を理由とするXのYに対する不当利得返還請求を否定した。

原審と本判決との間で以上の相違が生じたのは、本判決が、《許可水利権の内容》の解釈と《どのような場合であれば許可水利権（これに基づく流水の占用）の侵害を理由とする妨害排除請求が認められるか》の解釈とを結び付けた点にあると考えられる。以下では、両者の解釈を確認した上で (2)、両者の解釈を結び付けた本判決の意義 (3)、および、その妥当性と射程を探る (4)。さらに、本件を取り巻く背景事情と問題解決の方向性にも簡単に言及する (5)。

2　許可水利権の内容、および、これに基づく妨害排除請求

河川法23条にいう流水の占用とは、ある特定目的のために（①）、その目的を達成するのに必要な限度において（②）、河川の流水を排他的・継続的に利用することを意味する[5]。このことを反映して、許可水利権には、河川の流水を全面的に支配する内容までは含まれていない。すなわち、水利権は、「それが慣習によるものであると行政庁の許可によるものであるとを問わず、公共用物たる公水の上に存する権利であることにかんがみ、河川の全水量を独占

排他的に利用しうる絶対不可侵の権利ではなく、使用目的を満たすに必要な限度の流水を使用しうるにすぎない」（最三判昭37・4・10民集16巻4号699頁〔慣行水利権の事案〕）[6]。他に流水を使用する者がいるとしても、水利権者は、上記①②を超えて他人による流水の使用を排斥することはできない。

他方で、判例・学説は、水利権に基づく流水の占用が妨害されている場合や妨害されるおそれがある場合には、水利権が物権ないしは物権的な性質を有することを根拠として、水利権に基づく妨害排除請求・予防請求が認められると解している[7]。

3　本判決の意義

本判決は、「Xは、本件水路にXが河川法23条の許可に基づいてかんがいの目的で取水した水が流れていることから、その水について当該目的を満たすために必要な限度で排他的に使用する権利を有するとはいえるものの、直ちに第三者に対し本件水路への排水を禁止することができるとはいえない」と判示している。これは、許可水利権の内容が①②（上記2に記載した①②を指す。以下同じ）の範囲に限定されていることを確認した上で、この内容を水利権に基づく妨害排除請求の判断にも反映させたと理解することができる。換言すれば、①②に基づく許可水利権の内容を保護するために必要な範囲でのみ、水利権に基づく妨害排除請求を認めたといえる。

このような解釈は、地役権に基づく物権的請求権の解釈に既に見られる。最三判平17・3・29判時1895号56頁は、「通行地役権は、承役地を通行の目的の範囲内において使用することのできる権利にすぎないから、通行地役権に基づき、通行妨害行為の禁止を超えて、承役地の目的外使用一般の禁止を求めることはできない」と述べて、一定の幅員・積載量以下の車両の通行を妨害してはならない旨を求める限度で、通行地役権者の通行地役権に基づく請求を認めた。これは、その目的の範囲内で承役地を使用しうるという地役権の内容を踏まえて、地役権に基づく物権的請求権もその範囲内で行使できるにとどまることを明らかにしたと解される。

ある権利に基づく妨害排除請求等の可否や範囲がその権利の内容に即して定まることは、その権利を保護するために妨害排除請求等が認められる以上、当然の理であると考えられる。以上のことを確認した点に、本判決の意義が見出される。

4　本判決の妥当性と射程

(1)　上記3で確認したことを本件に当てはめる

と、Xの許可水利権は、かんがいの目的のために（①）、その目的を達成するのに必要な取水量等の限度において（②）、A川の流水を使用する内容にとどまるところ、このような内容が許可水利権に基づく妨害排除請求の判断にも反映されることになる。

したがって、例えば、第三者がXの取水場所の上流でA川の流水を大量に取水したりA川の流れを変えるなどしたために、Xが許可された量の取水をできなくなった場合には、第三者の行為がXの許可水利権の内容に関わっているがゆえに、許可水利権（それに基づく流水の占用）が侵害されており、Xの水利権に基づく妨害排除請求が認められる[8]。

これに対して、本件では、Yらは、Xが許可水利権に基づいて取水した水を流している本件水路に排水しているにすぎない。Yらのこのような行為は、Xの取水量を減らしたりXの取水を妨げたりしているわけではなく、Xの許可水利権におけるかんがい目的のための流水の使用（①）にも、その目的を達成するのに必要な限度での流水の使用（②）にも関わっていないから、Xの許可水利権（それに基づく流水の占用）を侵害しているとはいえない。この点に関する本判決の判断は妥当である[9]。

（2）もっとも、本件におけるYらの行為は、し尿等を自己の浄化槽によって処理して本件水路に排水する行為であった点に注意する必要がある。

例えば、(i) 第三者が未処理の排水を本件水路に流して流水を汚染し、その流水をXが使用せざるをえない場合には、汚染された流水の使用はかんがい目的（①）に適合せず、その目的を達成すること（②）もできないことから、Xの許可水利権（それに基づく流水の占用）を侵害しており、水利権に基づく妨害排除請求として排水の禁止を請求することができると解されよう[10]。

また、(ii) 第三者が汚染されていない排水を本件水路に流している場合であっても、その排水が大量であり、本件水路から溢れ出すなどの事態によってXの流水の使用に支障を生じさせているような場合も、かんがい目的を達成するのに必要な限度での流水の使用（②）が妨げられていると評価され、Xの許可水利権の侵害が認められるであろう[11]。

以上によると、Yらが本件水路に排水する行為は、それ自体では、Xの許可水利権におけるかんがい目的のための流水の使用（①）にも、その目的を達成するのに必要な限度での流水の使用（②）にも関わらないことから、Xの許可水利権（それに基づく流水の占用）を侵害しているとはいえない。しかし、上記(i)や(ii)のような事情が加われば、Xの

許可水利権（それに基づく流水の占用）の侵害に当たり、許可水利権に基づく妨害排除請求・予防請求が認められる場合もあると解される。本判決が「Xは、……直ちに第三者に対し本件水路への排水を禁止することができるとはいえない」（下線部は評者）と判示したのは、上記のような事情が加われば妨害排除請求・予防請求が認められる可能性があることを排除しない趣旨であると理解される。

5　本件を取り巻く背景事情とその解決

本件の背景には、農業水利権を取り巻く次のような諸事情があったと考えられる[12]。

1949年に制定された土地改良法は、農業水利施設（用水路・排水路等）の機能・目的を農業上の利用増進に特化すること、農業者を組合員とする土地改良区に農業水利施設の管理が引き継がれること、その管理の費用も農業者が負担することなどの方策により、農業者が農業水利施設を独占的・排他的に利用できるようにした。ところが、戦後の高度経済成長や都市化・混住化に伴い、農業水利施設である用排水路が下水道等の目的でも農外利用され、非農業者が家庭雑排水を用排水路へ排水する事態が増加した。他方で、農業不振などにより、土地改良区の財政事情が悪化していた。

以上の諸事情の下で、農業水利施設から利益を受けている非農業者の費用負担のあり方が議論されており、本件の紛争も、そのような文脈で理解することが可能である。すなわち、土地改良区は従来から、非農業者（土地改良区の非組合員）との間で、用排水路に排水することについて使用料を支払わせる旨の使用契約を結び、使用料を徴収するという形で非農業者の費用負担を実現していた（本件でもXはそのようにしていた）。しかし、地域社会で多数を占めるようになった非農業者の中に、使用契約を結ばない者が増加した。その結果、農業水利施設（本件水路）に排水することによって利益を受けている非農業者（Yら）に費用を負担させる観点から、本件のような紛争が生じたと見ることができる[13]。

このような背景事情に照らすと、Xが事実上維持管理する本件水路に排水することによって利益を受けているYらに、Xが使用料相当額を支払わせたいと考えることは理解できなくはない。

しかし、上記2〜4で検討したように、許可水利権の法理による限り、《Xの許可水利権（それに基づく流水の占用）の侵害あり》→《Yに使用料相当額の不当利得あり》という結論を導くことは困難であるといわざるをえない[14]。むしろ、一審が既に指

摘していたように、Xの意図を実現するには次の制度に依拠するべきであったと考えられる。(i) 土地改良法は、都道府県知事の認可などの要件の下で、土地改良事業（農業用排水路の設置・管理など）により著しく利益を受けている非農業者から、その事業に要する経費の一部を徴収することができるとする制度を設けている（特定受益者賦課制度。同法36条9項、同法施行規則28条の2）。この制度の活用により、非農業者に費用負担させることが可能である[15]。さらに、(ii) 土地改良法は、農業用排水路等の土地改良施設を下水道等の用に兼ねて供することが適当であると認められるに至った場合には、当該施設の管理方法や管理費用の分担等の必要事項について、関係地方公共団体等と協議をすることができる（協議が調わない場合には都道府県知事が裁定をすることができる）とする制度を設けている（同法56条2項～6項）。この制度に基づく地方公共団体との協議により、地方公共団体から土地改良区への公的補助等が行われる可能性もある[16]。

（あきやま・やすひろ）

1) 一審が判示しているように、土地改良法その他の法令には、Yらに対し、Xとの間で使用契約を締結して使用料を支払うことを義務付ける規定は存在しない。したがって、YらがXとの間で任意に使用契約の締結に応じない限り、XはYに対して使用料の支払を請求することができない。

2) 前提として、「河川の流水は、私権の目的となることができない」（河川法2条2項）。また、河川法にいう「河川」とは、国土交通大臣が指定する一級河川、および、都道府県知事が指定する二級河川をいう（同法3条1項・4条・5条）。

3) 金沢良雄『水法』（有斐閣、1960年）73頁、河川法研究会編著『改訂版〔逐条解説〕河川法解説』（大成出版社、2006年）132頁等。

4) これに対して、慣行に基づき社会的承認を得て成立する同様の内容の権利は、一般に「慣行水利権」と呼ばれる。以上について、金沢・前掲注3)82-83頁、川島武宜＝川井健編『新版注釈民法(7)物権(2)』（有斐閣、2007年）579頁〔中尾英俊＝江渕武彦〕、宮崎淳『水資源の保全と利用の法理』（成文堂、2011年）10-11頁等参照。

5) 河川法研究会・前掲注3)133頁、七戸克彦「わが国の水利権をめぐる新たな問題状況について」公営企業42巻5号（2010年）2頁等。これを受けて、許可水利権では、水利使用の目的、取水量、取水口等の位置、などの許可内容が水利使用規則として具体的に指定される。

6) 一連の判例および学説について、宮崎・前掲注4)137-140頁参照。なお、水利権の性質が公権と私権のいずれに当たるかが、かつては争われていた。しかし、今日では、公権私権の重畳的性格を有するとか、その性質を議論する実益は乏しい（公権・私権いずれであっても結論は同じになる）などと指摘されている（詳しくは、川島＝川井・前掲注4)585頁〔中尾＝江渕〕、金沢・前掲注3)83-85頁等参照）。

7) 慣行水利権に関する判例・学説の分析として、奥田進一『共有資源管理利用の法制度』（成文堂、2019年）116-126頁、宮崎・前掲注4)156-169頁、川島＝川井・前掲注4)586頁〔中尾＝江渕〕等参照。慣行水利権について確立した解釈は、許可水利権にも当てはまると解されている（河川法研究会・前掲注3)134頁参照）。

8) 広島高判昭55・3・12判時965号75頁参照（第三者が慣行水利権者の流水取入口の上流に取水施設を設置して取水することにより、水利権者の水利権が現に侵害され、将来侵害されるおそれがあることを理由に、水利権者は、第三者に対し、水利権に基づく妨害排除請求・予防請求として上記取水施設の撤去および水利権者の用水の妨害となる施設の設置禁止を求めることができる）。

9) 原審は、Xが許可水利権に基づいて取水した流水についての排他的管理権の侵害を肯定するに当たり、大判大正11・5・4民集1巻235頁を引用していた。同判決は、県知事より堤防敷地および河川敷地の占用許可を受けた者は、その許可の範囲内で上記敷地を私益のために占有使用することができる権利を有しているから、上記敷地を不法使用してその占用権を侵害する者に対し、その侵害の排除を請求することができると判示したものである。河川の堤防敷地の場合には、それを第三者が使用すれば、堤防敷地等の占用権を侵害している（それゆえに妨害排除請求等が認められる）と容易に評価することができる。これに対し、河川の流水の場合には、水利権者の取水口の上流で第三者が取水しているが、水利権者の流水の使用に軽微な影響しか生じていないときや、（本件のように）水利権に基づいて取水した流水に排水を流しているときなど、水利権を侵害しているといえるかについて微妙な判断を迫られるケースが少なくないと考えられる。したがって、堤防敷地等の占用権の侵害について判断した同判決を、本件の解決のために引用するのは適切でないと思われる（本判決の判タ囲み記事53頁も参照）。

10) 宮崎・前掲注4)139頁は、②には、その目的を達成するのに必要な水量だけでなく水質も含まれることを強調する。

11) 奈良地葛城支判平11・3・24判タ1035号190頁参照（第三者のゴルフ場建設工事を続行させるとゴルフ場に設置予定の調整池からかなりの程度の溢水が発生するような場合に、慣行水利権者が流水の適正な使用を妨げられるおそれがあることを理由に、水利権者は、第三者に対し、水利権に基づく妨害予防請求としてゴルフ場建設工事の差止めを求めることができる）。

12) 以下の叙述については、本判決の判タ囲み記事53-54頁、一審の判示（判例自治452号76-77頁）の他、加藤徹＝倉島栄一「今後の地域用水の管理組織と費用負担について」農業土木学会誌68巻11号（2000年）1143-1144頁、勝山達郎「土地改良区が管理する農業水利施設の多面的機能の発揮と管理費用の負担に関する研究」農業土木学会論文集229号（2004年）94-95頁等参照。

13) Xは、本件水路への排水によって本件水路の維持管理の負担が増大していること、その排水について、地区内の住民の多くはXとの間で使用契約を締結して使用料を支払っているにもかかわらず、Yらが使用料相当額の支払を免れるのは不公平であること、などを主張していた。

14) 研究会では、許可水利権の侵害などといった構成を介在させなくても、YらがXの財産および労務（本件水路の維持管理）によって利益を受け、そのためにXに損失を及ぼしている点を直截に捉えて、XのYに対する不当利得返還請求を構成すればよかったのではないか、との意見が出された。もっとも、一審は、Xが本件水路の維持管理を行っているものの、Yらの本件排水により、これがされない場合と比べて具体的にどの程度本件水路の維持管理等の費用負担が増大したかについて、Xが何ら主張立証していないことから、Yらの本件排水によってXに損失が生じたとは認められないと判断していた。Xの損失についての主張立証が難しいことを推測させる。

15) 勝山達郎ほか「農業水利施設の管理における多様な主体の参加と特定受益者賦課に関する考察」農業農村工学会論文集280号（2012年）349-354頁は、特定受益者賦課制度を活用するための課題と具体的な方策を検討する。

16) 加藤＝倉島・前掲注12)1145頁は、農業用排水路が公益的機能を果たしている部分について、市町村が土地改良区に公的補助をするべきであると主張する。さらに、公益機能分の費用を地域住民に負担させる観点から、市町村が地域住民に対して水利地益税（地方税法5条6項2号）を賦課することも考えられるとする。

不法行為 1

いわゆる 23 条照会（弁護士法 23 条の 2 第 2 項）と報告義務確認請求訴訟の適否

最二判平 30・12・21
平 29(受)1793 号、損害賠償請求事件
民集 72 巻 6 号 1368 頁、裁時 1715 号 29 頁、判時 2410 号 28 頁、
判タ 1460 号 51 頁、金判 1567 号 8 頁、金法 2118 号 80 頁
第一審：名古屋地判平 25・10・25 判時 2256 号 23 頁
差戻前控訴審：名古屋高判平 27・2・26 判時 2256 号 11 頁
第 1 次上告審：最三判平 28・10・18 民集 70 巻 7 号 1725 頁
差戻後控訴審：名古屋高判平 29・6・30 判時 2349 号 56 頁

古田啓昌　弁護士

現代民事判例研究会財産法部会不法行為パート

●——事実の概要

債権者Aの代理人弁護士Cは、債務者Bに対する強制執行の準備のため、所属する愛知県弁護士会（以下「X」という）に対し、B宛ての郵便物についての転居届の提出の有無、届出年月日、転居届記載の新住所及び電話番号について、郵便事業株式会社（以下「D」という）に弁護士法 23 条の 2 第 2 項に基づく照会（以下、同条に基づく照会を一般に「23 条照会」という）をすることを申し出た。Xは、Cの申出を適当と認め、Dに対し 23 条照会（以下「本件 23 条照会」という）をしたが、Dは「本件照会には応じかねる」旨を記載した回答書をXに送付した。

AとXは、Dに対し、本件 23 条照会に応じなかったことはA及びXに対する不法行為を構成するとして、損害賠償請求訴訟（以下「本件訴訟」という）を提起した。その後、日本郵便株式会社（以下「Y」という）がDを吸収合併し、本件訴訟を承継した。第一審は、A及びXの請求を共に棄却したが、差戻前控訴審は、Aにつき控訴を棄却し、Xにつき損害賠償請求を一部認容した。なお、Xは、控訴審において、「Yが、弁護士法 23 条の 2 に基づきXがした本件 23 条照会について、Xに対し報告する義務があることを確認する」との予備的請求（以下「本件確認請求」という）を追加したが、差戻し前控訴審は、主位的請求が一部認容されたので予備的請求について判断する必要はないとした。

Yの上告受理申立を受けた第 1 次上告審は、原判決を破棄してXの主位的請求を棄却した上、予備的請求について更に審理を尽くさせるため、原審に差し戻した[1]。差戻し後控訴審は、本件確認請求を一部認容した（電話番号に係る報告義務の確認請求は棄却）。Yが上告受理申立。

●——判旨

破棄自判（訴え却下）

「弁護士法 23 条の 2 第 2 項に基づく照会（以下「23 条照会」という。）の制度は、弁護士の職務の公共性に鑑み、公務所のみならず広く公私の団体に対して広範な事項の報告を求めることができるものとして設けられたことなどからすれば、弁護士会に 23 条照会の相手方に対して報告を求める私法上の権利を付与したものとはいえず、23 条照会に対する報告を拒絶する行為は、23 条照会をした弁護士会の法律上保護される利益を侵害するものとして当該弁護士会に対する不法行為を構成することはない」

「これに加え、23 条照会に対する報告の拒絶について制裁の定めがないこと等にも照らすと、23 条照会の相手方に報告義務があることを確認する判決が確定しても、弁護士会は、専ら当該相手方による任意の履行を期待するほかはないといえる。そして、確認の利益は、確認判決を求める法律上の利益であるところ、上記に照らせば、23 条照会の相手方に報告義務があることを確認する判決の効力は、上記報告義務に関する法律上の紛争の解決に資するものとはいえないから、23 条照会をした弁護士会に、上記判決を求める法律上の利益はないというべきである。本件確認請求を認容する判決がされれば上告人が報告義務を任意に履行することが期待できることなどの原審の指摘する事情は、いずれも判決の効

力と異なる事実上の影響にすぎず、上記の判断を左右するものではない」。

「したがって、23条照会をした弁護士会が、その相手方に対し、当該照会に対する報告をする義務があることの確認を求める訴えは、確認の利益を欠くものとして不適法であるというべきである」。

●──研究

1 照会先の報告義務の法的性質

一般に23条照会の制度は、裁判所の行う真実の発見と公正な判断への寄与という公共的性格を有し、その照会権限は弁護士会にある（個々の弁護士は照会申出権があるにとどまり、照会権限はない）と解されている[2]。また、照会先は23条照会に対する報告義務を負うが、それは弁護士会に対する「公法上の義務」であるとの理解が一般的である[3]。

では、照会先の報告義務が「公法上の義務」であるということの意味（解釈論的帰結）は何であろうか。中川丈久教授は、「行政上の義務」は、「民事上の義務」ないし「私法上の義務」に対比されるものであり、学説・法令いずれでも、「公法上の義務」という意味で用いられているとする[4]。そうだとすると、「公法上の義務」については、「私法上の義務」に対応する「私法上の権利」が存在せず、民事訴訟において給付請求の対象とならないという解釈論的帰結が導かれるのであろうか[5]。

確かに、一般に「公法上の義務」とされるものを概観すると、各種の納税義務、健康保険料・年金保険料の納付義務については国税徴収法による滞納処分が、民事訴訟における証人義務や第三者の文書提出義務（民訴法190条、220条）、出生届・婚姻届提出義務（戸籍法49条、74条）、転入届・転出届の提出義務（住民基本台帳法22条、24条）については訴訟費用の負担、過料及び罰金又は拘留の制裁が、使用者の差別禁止義務・合理的配慮義務（障害者雇用促進法35条、36条の2）については厚生労働大臣による助言・指導・勧告が、それぞれの法令上予定されているが、民事訴訟における調査嘱託に対する回答義務（民訴法186条）や文書送付嘱託に応じる義務（民訴法226条）、医師の診療義務（いわゆる応召義務）（医師法19条）については、特に制裁等の規定はない（ただし、医師の診療義務違反が医師7

条2項の「医師としての品位を損する行為」に該当するとして、厚生労働大臣が戒告その他の処分をする可能性はある）。上記のうち、当該義務の存否が私人間の権利義務関係として問題となり得るのは医師の診療義務と使用者の差別禁止義務・合理的配慮義務）であるが、前者は医師の国に対する公法上の義務であって、患者が私法上の診療請求権を有するわけではないとされ[6]、後者は直ちに私法上の効果を有するわけでは無いが、公序（民法90条）、信義則・権利濫用（労働契約法3条）、不法行為（民法709条）といった私法上の一般条項を介して私法上の意義と効果を有するとされる[7]。いずれにせよ、いずれも民事訴訟による直接的な履行強制は予定されていないように見える。

だとすると、23条照会についても、照会先の報告義務が「公法上の義務」であるとしたときは、報告義務の履行ないし確認を民事訴訟において求めることができるのかが、まず問題となる。

2 「公法上の義務」と民事訴訟──本件確認請求は「法律上の争訟」か

戦前においては、行政執行法（明治33年法律第84号）と（旧）国税徴収法（明治30年法律第21号）により自己完結的な行政的執行が可能だったことを背景に、行政行為によって課された公法上の義務については、その履行確保のために民事訴訟を用いることはできないとされていた[8]。その後、1948年に行政執行法が廃止され、代替的な作為義務についてのみ行政代執行法が制定された後は、非代替的な作為義務及び不作為義務に係る行政的執行の一般法は存在しないこととなった。これを受けて、学説上は、行政上の義務の履行を求める訴訟は「公法上の当事者訴訟」（行訴法4条）として認められ得るとの見解が一般的であった[9]。

しかし、最三判平14・7・9民集56巻6号1134頁（宝塚市パチンコ店建築規制条例事件）は、「国又は地方公共団体が提起した訴訟であって、財産権の主体として自己の財産上の権利利益の保護救済を求めるような場合には、法律上の争訟に当たるというべきであるが、国又は地方公共団体が専ら行政権の主体として国民に対して行政上の義務の履行を求める訴訟は、法規の適用の適正ないし一般公益の保護を目的とするものであって、自己の権利利益の保護

救済を目的とするものということはできないから、法律上の争訟として当然に裁判所の審判の対象となるものではな」いと判示した。これを本件に当てはめると、第1次上告審判決によれば、「弁護士会が23条照会の権限を付与されているのは飽くまで制度の適正な運用を図るためにすぎない」のであるから、本件確認請求は、「法規の適用の適正ないし一般公益の保護を目的とするもの」であって、「自己（すなわち弁護士会）の財産上の権利利益の保護救済を目的とするものということはできない」（したがって、そもそも「法律上の争訟」とはいえない）ことになりそうである。

　しかるに、本判決は、（訴訟要件の問題として、確認の利益よりも根源的な問題である）法律上の争訟に該当するか否かを検討すること無く、確認の利益の有無を検討している。のみならず、本判決は、本件確認請求に係る判決の効力は、報告義務に関する「法律上の紛争」の解決に資するものとはいえないとする。本判決は、本件確認請求が「法律上の争訟」であることは当然の前提としているようにも思われるが[10]、最三判平14・7・9との整合性を如何様に整理しているのか（その先例的価値を事実上否定する趣旨なのか）は[11]、必ずしも明らかではない。

3　本件確認請求における確認の利益
（即時確定の利益）の有無

　本判決は、「確認の利益は、確認判決を求める法律上の利益である」とした上で、本件確認請求に係る確認判決の効力は報告義務に関する法律上の紛争の解決に資するものとはいえないから、Xに確認判決を求める法律上の利益はないとした。その理由として、本判決は、Yの報告拒絶はXに対する不法行為を構成することはないこと、確認判決が確定してもXは専らYによる任意の履行を期待するほかはないことを挙げ、「本件確認請求を認容する判決がされればYが報告義務を任意に履行することが期待できることなどの原審の指摘する事情は、いずれも判決の効力と異なる事実上の影響にすぎず、上記の判断を左右するものではない」とした。そうすると、本判決のいう「確認判決を求める法律上の利益」とは、相手方が確認判決を遵守しなかった場合に、裁判所が関与する「次の一手」（たとえば、雇用契約上の地位確認判決の存在を前提に給与支払請求の後訴が

提起され、あるいは、遺言の無効確認判決を前提に遺産分割審判が行われ、確認判決の効力が後行手続の裁判所を拘束する）が想定されることを意味し、23条照会については、そのような場面が想定できない（第1次上告審判決によればYの報告拒否はXに対する不法行為を構成せず、また現行法上はYの報告を強制する間接強制の申し立てもできないので、裁判所が関与する後行手続は存在しない）ということだと整理できよう。従前、確認の利益（とりわけ「即時確定の利益」）に要求されていたのは原告の権利ないし法律関係に現実の不安ないし危険が生じていることであり[12]、裁判所が関与する「次の一手」が想定されることまでは（少なくとも明示的には）求められていなかった。その意味で、本判決は即時確定の利益に新たな要件を加重したものと言える。もっとも、これまでに最高裁が即時確定の利益を認めた類型は[13]、いずれも相手方が確認判決を遵守しなかった場合に裁判所が関与する「次の一手」を想定できるように思われ、本判決が過去の最高裁判例と齟齬するわけではなさそうである。

　しかし、裁判所が関与する「次の一手」の存在は、果たして「即時確定の利益」の必須要件なのであろうか。従前、即時確定の利益は、紛争の成熟性（原告の法的地位に生じている危険・不安が即時の除去・解消を必要としているか）の観点から議論されてきた[14]。本件確認請求につき「次の一手」が想定できないことは、むしろ紛争の成熟性（後行手続が想定できない以上、今ここで本件確認請求につき確認判決をする以外にXの法的地位に生じている危険・不安を除去・解消する術が無い）を基礎づける事になるのでは無いだろうか。

　また、「専ら当該相手方による任意の履行を期待するほかはない」との点については、たとえば給付請求権について不執行の合意がある場合でも、最高裁は本案の給付判決をすることを認めている[15]。給付訴訟については、相手方の任意の履行を期待するほかない場合（不執行の合意がある場合）も（訴えの利益はあるとして）本案判決をするのに、確認訴訟については、相手方の任意の履行を期待するほかないことを理由に（訴えの利益が無いとして）本案判決をしないことは、合理的に説明できるのであろうか。

我が国では、すべて司法権は、最高裁判所及び法律の定めるところにより設置する下級裁判所に属し（憲法76条）、裁判所は、「一切の法律上の争訟」を裁判する権限を有する（裁判所法3条）。本判決のいう「報告義務に関する法律上の紛争」が「法律上の争訟」に該当するならば、いずれかの段階で実体判断を行うのは、裁判所の権限であると同時に、責務なのではないだろうか。学説上も、本判決に対する批判は強い[16]。

脱稿後に加藤新太郎「弁護士会照会最高裁判決を考える」三木浩一ほか編『加藤哲夫先生古稀祝賀論文集 民事手続法の発展』（成文堂、2020年）所収に接した。

（ふるた・よしまさ）

1) 『民事判例15（2017年前期）』〔白石友行〕。
2) 日本弁護士連合会調査室編著『条解弁護士法〔第5版〕』（弘文堂、2019年）172頁。
3) 第1次上告審判決における岡部喜代子裁判官の補足意見参照。ただし、第1次上告審判決の法廷意見も本判決も「照会先に報告義務がある」とは明言していない。
4) 中川丈久「国・地方公共団体が提起する訴訟――宝塚市パチンコ条例事件最高裁判決の行政法論と憲法論」法学教室2011年12月号92頁、95頁。
5) 最一判平16・11・25民集58巻8号2326頁は、放送法9条1項所定の訂正放送制度について、「放送事業者に対し、自律的に訂正放送等を行うことを国民全体に対する公法上の義務として定めたものであって、被害者に対して訂正放送等を求める私法上の請求権を付与する趣旨の規定ではない」として、被害者から放送事業者に対する訂正放送請求を認容した原判決を破棄している。「弁護士会に23条照会の相手方に対して報告を求める私法上の権利を付与したものとはいえ」ないとする。
6) 東京地判昭56・10・27判タ460号142頁、手島豊『医事法入門〔第5版〕』（有斐閣、2018年）56頁、前田和彦『医事法講義〔新編第3版〕』（信山社、2016年）32頁、加藤良夫編著『実務医事法〔第2版〕』（民事法研究会、2014年）520頁。
7) 土田道夫『労働契約法〔第2版〕』（有斐閣、2016年）95頁。
8) 宇賀克也・判批・判タ1125号（2003年）268頁。
9) 小早川光郎『行政法 上』（弘文堂、1999年）243頁；高木光・判批・ジュリスト1246号（2003年）47頁。
10) もっとも、前掲・中川108頁は、最高裁判例を見る限り、「法律上の争訟」は処分性や原告適格といった訴訟要件の「上位概念」としてではなく、むしろ「独立概念」として機能させられているように思われるとする。
11) なお、最三判平14・7・9における「法律上の争訟」の理解（特に「自己の権利利益の保護救済」を目的とすることを必須要件とみている点）は、学説から厳しい批判を受けてきたところである。人見剛・判批・淡路剛久ほか編『環境法判例百選』（有斐閣。2004年）219頁。前掲・中川93頁は「宝塚市事件の最高裁判決は、行政法学説から激しい反発を呼び、そのロジックが正面から否定されている。」とする。
12) 高橋宏志『重点講義 民事訴訟法 上〔第2版補訂版〕』（有斐閣、2013年）378頁、秋山幹男ほか『コンメンタール民事訴訟法III〔第2版〕』（日本評論社、2018年）80頁。
13) 最二判平25・1・11民集67巻1号1頁（医薬品ネット販売の権利確認）、最一判平24・2・9民集66巻2号183頁（国歌斉唱義務の不存在確認）、最三判平23・10・25民集65巻7号2923頁（健康保険受給権確認）、最二判平22・10・8民集64巻7号1719頁（定額郵便貯金債権が遺産に属することの確認）、最三判平17・11・8集民218号263頁（宗教法人の檀信徒総会決議の不存在確認）、最大判平17・9・14民集59巻7号2087頁（特定の選挙において投票できる地位の確認）、最大判平17・1・26民集59巻1号128頁（地方公共団体の管理職選考の受験資格確認）、最二判平16・12・24集民215号1081頁（医療法人社団の社員総会決議の不存在確認）、最一判平11・1・21民集53巻1号1頁（敷金返還請求権の存在確認）、最三判平3・4・23集民162号547頁（団体交渉を求め得る地位の確認）、最三判平3・2・5集民162号85頁（労働者の配転無効確認）、最一判昭61・3・13民集40巻2号389頁（遺産の確認）、最三判昭52・12・13民集31巻7号1037頁（譴責処分の無効確認）、最三判昭47・2・15集民26巻1号30頁（遺言の無効確認）、最二判昭40・9・17集民80号383頁（建物所有権確認）、最一判昭39・11・26民集18巻9号1992頁（商標権の不存在確認）、最大判昭32・7・20民集11巻7号1314頁（日本国籍の取得原因の確認）など。
14) 兼子一ほか『条解民事訴訟法〔第2版〕』（弘文堂、2011年）778頁。
15) 最一判平5・11・11民集47巻9号5255頁。
16) 加藤新太郎「弁護士会照会最高裁判決と「それではどうしたらよいか」問題」自由と正義2019年11月号14頁、伊藤眞「弁護士会照会運用の今後――最二判平30・12・21が残したもの」金法2115号（2019年）14頁。

不法行為 2

自動車運転中のてんかん発作による事故と家族の運転制止義務

京都地判平 30・9・14
平 27(ワ)3147 号、損害賠償請求事件
判時 2417 号 65 頁（確定）

宮下修一　中央大学教授

現代民事判例研究会財産法部会不法行為パート

●——事実の概要

　A（30歳）は、2003年の交通事故で生じた脳挫傷により、外傷性てんかんの後遺症を負った。以後、主治医から抗てんかん薬の服用を指示され、それを服用した状態でも自動車の運転をしないようにとの指導がなされていた。その後、Aは、2回にわたりてんかんの発作を起こしたが、そのつど医師からは車の運転を禁止する旨の指示を受けていた。Aは、母B及び父Y₁と同居していたが、Bはその病状を理解しており、また、Y₁もAが医師から車の運転を禁止されていることは知っていた。

　Aは、Y₃株式会社（2016年破産）に、2008年9月に試用社員、また2009年2月に正社員として採用され、社用車での商品の配達等を担当していた。Y₃の代表取締役であるY₄は、2008年10月頃、Aから大学生の時に交通事故で頭部に大けがをしたことを聞き、また、Aが有名大学を卒業したのに仕事の覚えが悪く、物忘れも顕著であったことから頭部のけがの影響を疑ったが、Aからは大丈夫といわれるのみで詳しいことはわからなかった。また、Y₄は、2009年12月にY₃の健康診断を受けたAに関する報告書で脳挫傷の既往歴があることを知り（ただし、Aがてんかんを発症していることについては記載がなかった）、その後遺症がないか気にかけるようになった。もっとも、Y₄はAのけいれんや意識障害またはその兆候は見たことがなく、Aが運転する自動車に同乗した際にも危険を感じたことはなかった。その後、Aは自己の判断で抗てんかん薬の服用を中止していた2010年6月の仕事帰りにてんかん発作を起こして救急搬送されたが、同行していた従業員CはAに口止めされ、Y₄やY₃の者にはそのことを伝えなかった。2011年11月のY₃の健康診断の際にY₄はAに病院を受診して後遺症がないことについて診断書を提出するよう求めたが、応じてもらえな

かった。また、Y₄は、Aの主治医に面会を申し入れたが、Aの病状を聞くことはできなかった。

　この間、Bは、Aに対して運転をしないように再三注意をしたが、Aは聞き入れなかった。Aは、2012年3月3日・4日に、抗てんかん薬を定量通り服用していたにもかかわらず、続けててんかん発作を起こした。そこでBは、自動車の運転をしないように注意したが、自分は薬を飲んでいる等として聞き入れない態度を示した。翌5日に病院を受診し、医師からは薬を飲んでいてもいつ発作が起こってもおかしくないと伝えられた。診察後に、Aは運転免許の更新に行くと述べたためBは反対したが、Aから身分証明書として必要であるし1人でも行くと言われ、免許センターまで自動車で送った。帰宅後、Bは、Aに対しててんかんのため車の運転はできないと勤務先に伝えるように求め、Aが言わないのであればBが言いに行くと告げたところ、Aは、自らY₄らに伝えると述べた

　翌6日にY₃に出勤したAは、Y₄と話をし、日報に「本日は仕事中に一昨日の自分のことなどたくさんお話をしてすみませんでした。」と記した。同日夜に帰宅後、Aは、Bに対し、勤務先で社長（Y₄）にてんかんのことを話したこと、その結果、自動車の運転をしなくてもよい内勤になったと述べた（なお、Y₃には外勤・内勤という区分はない）。その際、AはY₄から「一筆書いてもらわなあかん。」と言われたと述べたが、誰が何を一筆書くのかについてはわからないと述べ、そのままとなった。

　2012年4月12日、Aは抗てんかん薬を服用してから出かけたが、Y₃の配達業務として自動車を運転中にてんかん発作による意識障害を生じて、多数の横断歩行者をはねた後自動車に追突し、D・E・Fら7名を死亡させ、12名に重軽傷を負わせるとともに、自らも死亡した（以下「本件事故」という）。Dの子X₁、Eの両親X₂・X₃、Fの兄X₄は、Y₁と

B（2018 年に死亡したため、Y₁ と A の姉 Y₂ が訴訟承継）に対しては勤務先である Y₃ に A がてんかんであることを通報して運転を制止する義務を怠ったとして 709 条または 714 条類推適用に基づく損害賠償請求、Y₄ に対しては Y₃ の業務として A に自動車の運転をさせない義務を怠ったとして 709 条または 714 条類推適用に基づく損害賠償請求等をそれぞれ行った。なお、X₂・X₃・X₄ は、Y₃ との間で自動車保険を原資とする示談が成立していることから、固有の慰謝料請求のみを行っている。また、Y₁ と B は、A の死亡後にその相続を放棄した。

● ──判旨

　X₁ の Y₃ に対する請求（3 で後述）のみ認容。その余は請求棄却。
　まず、B の運転制止義務（勤務先通報義務）の存在について、次のように述べて否定した。上記の事実からすると、「B としては、……A が、勤務先から業務として指示された場合には、自動車を運転することがあることを認識していたし、少なくとも認識可能であったと認められる」。もっとも、「被用者であり、てんかん患者本人である A から、『勤務先に対し、てんかん発作で自動車の運転ができないことを伝えた結果、勤務先では、自動車の運転の業務はしなくてよいことになった。』旨告げられた家族としては、脳挫傷の後遺症で理解力・記憶力にはやや難があったものの、会社勤めができる程度の判断力を有する 30 歳の A を差し置いて、A の雇用主である Y₃ に対し、A に自動車の運転をさせると危険であることを直接通報しなければならない法的義務があるとまではいえない」。続いて、Y₁ の運転制止義務（勤務先通報義務）の存在についても、「Y₁ は、A が勤務先で自動車を運転する可能性があることを認識していたといえる」としながら、B と同様の理由からやはり否定した。
　さらに、Y₄ の A に自動車の運転をさせない義務についても、次のように述べて否定した。「3 月 6 日、帰宅した A が、B に対し、『Y₄ に対し、自分のてんかんの病状を伝え、その結果、自動車の運転をしなくてよい内勤に替えてもらった。』旨述べた事実が認定できる……。そして、……A は、同日（てんかんの発作を起こした日の翌々日）に『一昨日の自分のこと』を Y₄ らに話した旨日報に記載しているから、同月 6 日に、A が、Y₄ に対し、てんかん発作のことや自動車の運転ができないことを伝えた可能性が指摘できる。また、Y₄ は、捜査機関に対し、前記日報の A の話に関し、よく覚えていないと

か、……曖昧な供述をしており……、必ずしも得心のいく説明はしていない。／しかしながら、前記日報の記載は『一昨日の自分のこと』といった抽象的なものであり、A が……事故の脳挫傷の後遺症で意識障害を伴うてんかん発作が起き得る病状であるとか、これまで業務として勤務先の自動車を運転してきたが、実は医師からは運転を禁止されていたとか、服薬では発作を管理できておらず、医師からいつでも発作が起きると言われたとか、深刻かつ重大な事実が含まれていることは窺われない」。したがって、「Y₄ が、本件事故時までに、A がてんかんであること、及び、てんかん発作の意識障害により自動車を制御できない状態となる可能性があることを知っていた事実は認めることはできない」。

● ──研究

1　不作為の不法行為における作為義務

　本判決では、責任追及の前提として、①B・Y₁ の運転制止義務（勤務者通報義務）の存否と②Y₄ の A に自動車の運転をさせない義務の存否が争われ、いずれも否定されている。
　これらは、従来から不法行為法で議論されてきた「不作為の不法行為における作為義務」に属するものである。この作為義務は、一般に、法律[1]、契約または慣習・条理を根拠として発生するとされる[2]。
　そしてこの作為義務の有無については、①支配領域基準、②先行行為基準という 2 つの基準によって判断されると説明される。①は、自己の支配領域に権利・法益の侵害へといたる流れがある場合に、その当該因果系列に介入して権利・法益侵害を回避するための作為義務が発生するという基準である。例えば、交通事故で搬送された患者に医師が CT 検査を行わなかった場合が挙げられる。また、②は、権利・法益を危険にさらす先行行為（先行状況）により権利・法益侵害に向かう因果系列を設定した場合に、その危険が現実化しないように、この因果系列に介入して権利・法益侵害回避のための作為義務が発生するという基準である。例えば、鉄道の線路に置き石をした場合が挙げられる[3]。
　本判決で問題となった B と Y₁ の運転制止義務（勤務者通報義務）は、いずれも先行行為の存在が認められないことから、その有無は①の基準で判断されることになる。もっとも、具体的な義務の有無は、B と Y₁ が本判決の事情の下で、本件事故の被害者の権利・法益侵害を回避することができたか否かによって決せられることになる。

2 B・Y₁の運転制止義務（勤務者通報義務）

(1) てんかんの発症による事故と不法行為責任

本判決の事案と同様に、自動車の運転者がその運転中にてんかんを発症し、事故を発生させた場合に、運転手本人の709条に基づく不法行為責任を認める判決は複数あり[4]、本判決でもA自身の709条に基づく不法行為責任は肯定されている（判旨の引用は省略）。もっとも、Aの相続人であるBとY₁が相続放棄をしたため、Aの責任が認められても被害者の遺族は実際には損害賠償を受けられない。

それゆえ本判決では、加害者の家族の不作為による不法行為の成否が争われたが、管見する限り、同種の事案でその点について判断されているのは、家族の勤務先通報義務違反を肯定した宇都宮地判平25・4・24判時2193号67頁・判タ1391号224頁（以下「宇都宮地裁判決」という）のみである。以下では、同判決の概要を紹介することにしたい[5]。

(2) 宇都宮地裁判決の概要と判旨

甲は、勤務先の乙が保有するクレーン車を運転して道路を走行中にてんかん発作を起こし意識を喪失して同車を転倒させ、通学中の児童6名を死亡させた。甲は、かねてからてんかんの持病を有し抗てんかん薬の投薬治療を受けており、てんかん発作で人身事故や物損事故を起こしたことが数回あったため、医師から自動車、特に重機など大型特殊自動車を運転しないように厳しく指導を受けていた。また、甲は、前夜に抗てんかん薬の服用を失念し、睡眠不足や疲労からてんかんの予兆を感じていたにもかかわらず運転を行っていた。

そこで、児童の遺族らは、甲・乙に加えて（甲・乙の責任は肯定）甲の母親で、本件事故当時甲と同居していた丙に対して民法709条に基づき損害賠償を求めたところ、裁判所は次のように述べて請求を認容した。「丙は、甲が免許の欠格事由……に該当することを認識していながら、甲に対して原動機付自転車を買い与え、運転免許が必要な車両を運転する契機を作出したのみならず、……甲が実際にてんかんの発作に起因する交通事故を起こして自動車を破損させてもなお、甲に自動車の運転を断念させるのではなく、自動車を買い与え、運転免許が必要な車両の運転を継続することに積極的に加担してきた。……これら甲に対する加担行為に加え、丙は、甲と一緒になって、甲が免許の取消事由に該当することが第三者に発覚し、免許が取り消されることのないように振る舞うことによって、第三者をして甲に運転を断念させる機会をも喪失させてきた。……このように、丙は、甲による自動車運転の開始及び

その継続について、甲に対する加担行為に加え、第三者に対してそのことが露見する機会を甲と一緒になって消滅させてきたことにより、処方された抗てんかん薬を処方どおりに服用していない状態での甲による運転行為により生じる危険を、甲とともに引き受けたということができる」。「したがって、丙は、遅くとも甲が自宅を出た本件事故当日の午前7時ころまでには、前日の夜に抗てんかん薬を処方どおりに服用しなかった甲による自動車の運転行為により歩行者等の生命、身体及び財産に対する重大な事故が発生することを予見することができた一方で、乙に通報すれば乙において漫然と甲をクレーン車の運転に従事させることはなく、本件事故の発生を防止することができたものと認められ、甲が自宅を出た直後に丙が乙に通報することは容易であったことからすれば、丙が通報しなかったことには違法性が存するというべきである」。

(3) 宇都宮地裁判決と本判決の相違点

上記のように、宇都宮地裁判決では、運転者甲の母丙が、①甲が自動車を運転すると認識していたというだけではなく、②甲の免許取得・運転に協力・加担し、③甲が事故前に抗てんかん薬を服用していなかったことを認識し、④同居しており勤務先への通報が容易であったにもかかわらずそれをしなかったこと[6]を、丙の責任を肯定する根拠としている。

これに対して本判決では、運転者Aの父Y₁と母Bは、①Aが勤務先であるY₃の指示があれば自動車を運転する可能性があることは認識しつつ、Aの言動により、そのような事態を回避できたと認識しており、②Aの免許更新のため免許センターに車で送ってはいるものの、再三にわたり運転をやめるように告知していた。また、③Aが事故前に抗てんかん薬を服用しており（ただし、BとY₁は、Aがそれを服用していても発作を起こす可能性があることは認識していた）、④実際に通報をするとAに告げたものの、Aの言動によりそれをしなかった。これらの事情をふまえて、BとY₁について運転制止義務（勤務者通報義務）の発生自体を否定している。

(4) 本判決の論理構造——事実認定の影響

ところで本判決で興味深いのは、Aの運転可能性に関するBとY₁の認識についての判断である。本判決は、まずAによる運転の「一般的な可能性」について、Y₃の指示があれば自動車の運転を行うつもりであると認識していたとして肯定する。

これに対して、Aによる運転の「具体的な可能性」については、運転ができないことがAからY₃・Y₄に伝達され、Aは自動車の運転をする業務から外れ

たと認識していたとして否定する。本判決がBとY_1にこのような認識があったとしたのは、①Y_2が事故直後の取材に対して、Aは会社に誓約書を書くように言われていた等と述べた、②Y_1が、事故直後の電話でY_4に対してAに自動車の運転をさせたことを責めて怒鳴った、③Aが地方出張の際には公共交通機関を利用していた[7]、という事実認定を前提としている。このように、本判決では、被告による事実の丹念な主張・立証が功を奏したということがいえるであろう。

(5) 同居の有無の考慮

ところで、本判決も宇都宮地裁判決も、運転者と同居していた親族の作為義務の有無が争われている。これらの判決とは事案を異にはするが、一般的に不作為の不法行為における作為義務違反の有無が問題となるケースでは、同居の有無が大きな意味をもつことが多い[8]。

本判決では、BとY_1のY_4に対する通報の必要性について、自らが車の運転ができないことを告げた旨のAの言動に関する事実認定がその判断に大きな影響を与えている。もっとも、仮にBとY_1がAによる運転の可能性について具体的に認識していたとしても、Aが十分であるとはいえないまでも一定の判断能力を有していることを考慮すれば、Aの意思に反してでも勤務者に通報する義務を負うと安易に判断することはできないであろう。換言すれば、宇都宮地裁判決のように、単なる認識にとどまらず、「協力・加担」したとまで評価される状況でなければ、そのような義務の発生を認めるべきではない。もっとも、本判決の事案では、仮に義務が発生したと考えたとしても、(3)と(4)の事実認定を考慮すれば、

それは尽くしたと評価できるように思われる。

3 Y_4のAに自動車の運転をさせない義務

本判決の事案では、Aの使用者であるY_3には民法715条に基づく使用者責任または自動車損害賠償保障法3条に基づく運行供用者責任が認められ[9]、Y_3が破産していることから破産債権の確定請求も認容されたものの（判旨の引用は省略）、実際にX_1らが損害賠償を受けることは困難である。

そこでX_1らは、Y_4には自動車の運転をさせない義務があるのにこれを怠ったとして、709条に基づく損害賠償責任を追及したが[10]、本判決は次の理由から認めなかった。まず、Y_4は、Aが頭部のけがの影響で理解力が不足し、物忘れが多いことに関心をもち、Aに診断書を求めたり、Aの主治医への面談を申し入れたりしたものの、Aがてんかんであるとは認識していなかったとした。次に、Aが日報に「一昨日の自分のこと」を話したと記載した点についても、Y_4は曖昧な供述をしているものの、Aが虚偽の事実を述べた可能性が否定できないとした。

いずれも、事実認定の問題ではあるが、裁判所は、AのてんかんについてY_4が認識していたという心証を十分に得られなかったのであろう。もっとも、少なくともAに理解力不足や物忘れがしばしば見られたという事実認定を考慮すれば、Y_4がAを自動車運転業務に従事させるにあたっては、Aのてんかんに関する認識の有無にかかわらず、より慎重な判断が求められたといえよう。その意味では、Y_4は、使用者として注意義務を果たしたとはいえないと評価する余地は十分にあったように思われる。

（みやした・しゅういち）

---

1) 例えば、子の監護義務（820条）や扶養義務（877条）である。
2) 不作為不法行為と作為義務の関係については、加藤雅信『新民法大系Ｖ　事務管理・不当利得・不法行為〔第2版〕』（有斐閣、2005年）161-163頁、潮見佳男『不法行為法Ｉ〔第2版〕』（信山社、2013年）347頁、吉村良一『不法行為法〔第5版〕』（有斐閣、2017年）110-113頁、前田陽一『債権各論Ⅱ　不法行為法〔第3版〕』（弘文堂、2017年）18-19頁、橋本佳幸ほか『Legal Quest 民法Ｖ〔第2版〕』（有斐閣、2020年）154-157頁、等を参照。
3) 以上は、吉村・前掲注2)110-111頁の整理による。
4) 大阪地判平29・6・13交民集50巻3号743頁、等。
5) 宇都宮地裁判決の評釈としては、上机美穂「判評」交通事故判例百選〔第3版〕（別冊ジュリスト233号）70-71頁（34事件）がある。
6) もっとも、宇都宮地裁判決では、甲が丙に暴力を振るったことがあるという事実が認定されており、本当に通報が容易であったといえるかは疑問である。
7) もっとも、③についてはBとY_1は認識していなかったのではないかと考えられる。
8) 例えば、京都地判平28・12・16交民集49巻6号1510頁は、運転者がてんかんを患っていた事案ではないが、無免許運転を繰り返して交通事故を起こした未成年者に対する同居する父の監督義務違反を認めたものである。なお、本判決とは関係しないが、責任無能力者との身分関係や日常の接触状況次第で親族に法定の監督義務者に準ずべき者として監督義務が発生する可能性を一般論として肯定した最三判平28・3・1民集70巻3号681頁（JR東海事件）も、同居する親族の責任を考えるうえでは参考になる。
9) なお、以前もてんかん発作で脱輪事故を起こしたタクシー運転手が、その乗務中にてんかん発作で意識を喪失し、背後から衝突して歩行者を死亡させた事案で、運行供用者責任を認めたものとして、神戸地判平23・11・30交民集44巻6号1503頁がある。
10) なお、会社の業務として貨物自動車運転中に、てんかん発作を起こして意識を喪失し、自転車に乗り歩道上で信号待ちをしていた者に衝突して死亡させた事案で、勤務先会社の代表取締役に代理監督者の責任（715条2項）を認めた裁判例がある（横浜地判平23・10・18判時2131号86頁）。もっともこの事案は、家族経営の会社で運転者が代表取締役の長男で、同居していたという特殊性がある。しかしながら、会社経営は実際には長男に委ねられており、代表取締役は会社では電話番と顧客対応のみをしていたという事実が認定されており、現実に監督が可能であったか否かについては強い疑問が残る。

家族 1 　離婚等請求訴訟の係属中に夫婦共有の不動産についてされた共有物分割請求と権利の濫用

東京地判平29・12・6
平29(ワ)20564号、共有物分割請求事件
判タ1464号208頁

青竹美佳　大阪大学准教授

現代民事判例研究会家族法部会

●──事実の概要

　原告X男と被告Y女は平成22年12月に婚姻し、その間に長男A（平成24年1月生）がいた。X・Yは、平成25年5月に自宅用の本件不動産を購入し、X・Yの持分を各1/2とする共有者全員持分全部移転登記をした。本件不動産の購入においては、不足額についてYが実母から1000万円を借り入れ、またXは勤務先から1000万円を借り入れ月収から分割払で返済していた。X・Yは平成27年11月にYがAを置いて自宅を出る形で別居することとなった。別居の理由は主にXの暴力とYの不貞行為（平成27年8月に生まれた長女Bについて嫡出否認が確定）であった。Xは、平成28年3月に、Yに対してAの親権者をXとすることを前提として協議離婚する和解案を提示し、本件不動産については、住宅ローン債務をYが全て負担することなどを条件に、Yに分与することを提案した。これに対し、YはAの親権者をXとすることには同意できないものの、本件不動産についての案には同意すると回答した。

　Yは、平成29年2月に、Xに対して財産分与の申立てを含む別件離婚等請求訴訟を提起した。これに対して平成29年6月にXが本件不動産について共有物分割を求めて提起したのが本件訴訟である。Yは、子A・Bと同居するために本件不動産の単独取得を希望し、本件不動産は財産分与の対象となる財産であり、夫婦共有財産全体の財産的評価を明らかにして行うべきであるから、離婚が成立していない段階で本件不動産のみを取り出して本件訴訟を提起することは信義則に反し許されないと主張した。これに対して、Xは、財産分与請求が可能である場合であっても、共有物分割請求は禁止する規定がない以上は可能であり、また離婚の成立までには長期間かかり、その間住宅ローン債務をXにおいて負担しなければならないところ、本件不動産の換価分割がされれば離婚による財産分与の前に債務の負担を免れることができるから共有物分割請求には理由があると主張した。

●──判旨

　Xの請求を棄却。

　1　本件不動産はX・Yの共有名義の登記がされているが、実質的には夫婦共有財産である蓋然性が高く、財産分与の対象になりうる。財産分与では、Yがこれを単独取得する可能性があるのに対し、共有物分割手続では、資力に乏しいYが全面的価格賠償の方法で単独取得する余地はないため、本件不動産での生活を希望するYにとっては酷な結果が生ずる。

　2　他方、Xにおいて本件不動産の共有状態を続けることは、借入金の分割払等の経済的不利益となるが、別件訴訟の提起前には、Yが住宅ローン債務を負担することを条件にYが本件不動産を単独取得することをX自らが提案していたことから、Xの経済的不利益はYによる債務引受又は履行引受により容易に回避しうるから、共有物分割手続による必要性は必ずしも高くない。むしろ、本件不動産の帰属を財産分与手続で決めた方が、夫婦共有財産の清算、過去の婚姻費用の分担および離婚後扶養などを含めて総合的に解決しうるという点でX・Y双方にとって利益がある。

　3　もっとも、別件訴訟においてYの離婚請求が認容されなければ財産分与手続が進まない。この点について検討すると、X・Y双方に有責性が認められること、双方に離婚それ自体に異議がないことから、別件訴訟において離婚請求が認容されて離婚に伴う財産分与手続が進められる余地が十分にある。

4　「以上のような、先行して係属する別件訴訟の財産分与手続によらずに、本件訴訟の共有物分割手続によって本件不動産の帰すうが決せられることによりXの受ける利益とYの被る不利益等の客観的事情のほか、本件訴訟の共有物分割手続において本件不動産の帰すうを決することを求めるXの意図とこれを拒むYの意図等の主観的事情を総合考慮すれば、別件訴訟においてYの離婚請求が棄却されるなど本件不動産の帰すうが財産分与手続によっては決することができないことが確定する前に、Xがあえて本件不動産の共有物分割を請求することは信義則に違反し、また、権利の濫用に該当するものとして許されないというべきである」。

●――研究

1　はじめに

　本件は、離婚手続が係属中の夫婦が共有する居住用不動産につき、夫が自己の共有持分権に基づいて物権法上の分割請求をしたことが権利の濫用に当たるとされた事案である。別産制の原則に基づけば[1]、夫婦は各自の特有財産についての権利を行使することができるはずであり、本件不動産について夫の特有財産に属するとみられる共有持分権[2]に基づく分割請求は本来妨げられない。仮に特有財産についての権利行使を容易に制限することを認めれば、夫婦の財産的独立性を図る別産制の趣旨に反することになろう。他方で、夫婦各自の特有財産は、離婚時には財産分与を通して清算されることが予定されているところ[3]、夫婦各自の特有財産の権利行使を貫徹することは、財産分与の対象となる財産を減らすこととなり、夫婦の財産関係の清算について不公平な結果をもたらすことになりうる。とくに居住用不動産が対象になっている場合には、夫婦の一方の特有財産についての権利行使は他方の居住の場を失わせ、財産分与における離婚後扶養の要請に沿わない結果が生じる。そこで、別産制に基づく特有財産についての権利行使の自由と、財産分与による財産の清算や離婚後扶養の確保をどのように調整するかが問題になる。この問題への対応の仕方の1つは、夫婦の一方の特有財産に属する共有持分権に基づく分割請求を権利の濫用として認めないとする方法である。本判決がこの方法をとっている。いま1つは、財産分与の手続を優先し、特有財産に属する共有持分権に基づいて権利行使することを不適法とし、財産分与の手続によらなければならないとすることである。以下では、この2点について検討する。

2　権利の濫用への該当性について

(1)　裁判例

　夫婦または元夫婦の一方が双方の共有財産について分割請求をしたことが権利の濫用に当たるか否かについては、下級審において立場が分かれる。

(a)　肯定例

　大阪高判平17・6・9判時1938号80頁は、別居して一方が離婚調停を申し立てていたX・Y夫婦の共有する自宅用の本件不動産につき、Xが共有物分割を求めた事案である。夫婦の間の長女が統合失調症であったこと、Xが自宅を出てからYに対し婚姻費用をほとんど負担していないこと、Xには税理士としての収入があり資産として本件不動産の1/2の持分があるが、金融機関からの債務を被担保債権とする抵当権が設定されていた事実が認定されている。本判決は、財産分与手続によれば本件不動産をYが取得する可能性が高いこと、Xが相当額の収入を得ているのにYや長女を置き去りにして別居して婚姻費用をほとんど負担していないこと、Yらが本件不動産を退去せざるを得ないことになれば経済的にも苦境に陥ることなどから、Xの共有物分割請求は権利の濫用であるとの判断を示した。

　また、東京地判平29・9・11（LEX/DB25539498）は、夫Xの不貞行為を原因として別居に至った夫婦が共有する本件不動産について、Xが民法258条1項に基づき競売による分割を求めた事例である。妻Yは本件不動産に持分1/3を有し、現に病を患う子と共に居住していた。XおよびYは訴訟の時点で60歳を超えていたが、Xの収入はYの収入よりも圧倒的に多く、Xは本件不動産の住宅ローンおよび固定資産税等を支払い続けてきた。本判決は、本件不動産は夫婦の実質的共有財産であることから本来離婚の際の財産分与手続に処理が委ねられるべきであり、同手続によればYが本件不動産を単独で取得する可能性がある一方、共有物分割の場合には、Yによる単独取得の可能性が奪われるとし、X・Yの収入や主観的態様を考慮し、Xによる分割請求は権利の濫用であるとの判断を示した。

(b)　否定例

　前掲大阪高判平17・6・9の原審である大阪地堺支判平16・12・13判時1938号86頁は、Xが共有物分割請求をするのには、本件不動産を処分して負債を整理しようとするもので相応の理由があり、本件不動産は担保権が設定されていて処分を予定していない財産とはいえず、別居の原因がXのみにあるとはいえないことなどから、Xの共有物分割請求は権利の濫用に当たるとはいえないと判断してい

る。

また、東京地判平29・10・31（LEX/DB25539321）は、Xが元妻であるYに対して、X・Yが1/2ずつの共有持分権を有する本件不動産について共有物分割を請求した事案である。離婚成立後、Yは本件不動産に居住し、居住の継続を希望していた。X・Yは本件不動産の扱いについてやり取りを行ったが協議は成立せず、両者の意向に隔たりが大きく協議の成立の可能性が低い状況であった。婚姻の破綻はXの不貞行為によるものであったが、YはXに対して損害賠償請求をせず財産分与の申立てもしなかった。Xは離婚後も本件不動産にかかる管理費や固定資産税等を負担していた。本判決は、婚姻関係の破綻についてXに非があること、共有物の分割によりYが本件不動産を失う可能性が高いことを斟酌しても、Xによる共有物分割請求が権利の濫用に当たると認められないとし、本件不動産を競売に付して売却代金を1/2の割合で分割することを命じた。

（2）学説

学説において、夫婦の共有する財産の分割請求を権利の濫用とする裁判例は、夫婦が共有する不動産上に居住する夫婦の一方が他に居住する場所をもたない場合には原則として他方の分割請求を否定するという基準を築くものと評価されている[4]。もっとも、権利の濫用の法理では、夫婦の一方の居住を法律上明確に確保できるわけではないという欠点が指摘されている[5]。

また、裁判例は夫婦による共有の特殊性を示すものと捉える見解が示されている。たとえば、上掲大阪高判平17・6・9では、問題とされた不動産は本来離婚の際の財産分与手続にその処理が委ねられるべきとされたことから、同判決は個人主義的な性質を有する物権法上の共有に比して夫婦による共有が密接な親族関係を前提とする点で特殊であることを示すものであるとの指摘がある[6]。

3　訴訟の適法性について

本判決は夫からの共有持分権に基づく物権法上の分割請求を権利の濫用としているが、夫婦の一方による共有持分権に基づく物権法上の分割請求の訴訟自体を不適法とする可能性があるかが問題となる。そこで次に夫婦の共有する財産の分割は財産分与手続と共有物分割手続のどちらによるべきかについての裁判例と学説をみておくことにする。

（1）裁判例

東京地中間判平20・11・18判タ1297号307頁は、別居し離婚を争っている夫婦の共有するマンション（夫4/5、妻1/5）について、夫Xが妻Yに対し共有物分割を請求したところ、Yは、本件マンションは財産分与の対象となる財産であるから財産分与の請求を家庭裁判所にすることはできるが、地方裁判所に共有物分割訴訟を提起することは許されないと主張した事案である。Yがこのように主張することの根拠として挙げているのは、遺産分割と共有物分割の関係についての判例である。つまり、判例は、共同相続の開始後に生じる遺産共有を物権法上の共有と同じであるとしながら（最三判昭30・5・31民集9巻6号793頁）、手続については、遺産共有の状態にある目的物を分割するには共有物分割請求は認められず遺産分割の手続によらなければならないとの判断を示している（最三判昭62・9・4家月40巻1号161頁）。そして、遺産共有の状態と夫婦が財産を共有する状態が似ているのであるから、本件でも遺産共有の場合と同様にXからの共有物分割請求は認められず財産分与の手続によらなければならない、というのがYの主張である。

同中間判決は、夫婦の共有財産についての共有物分割請求は可能であるとの判断を示した。その理由として、遺産分割は、相続分の割合が基本的に明らかな上に相続財産の範囲について遺産確認の訴えによって既判力をもって確定することができるのに対して、財産分与はそのような前提を欠き、共有物分割を否定すると不都合を伴うということを挙げている。さらに同判決は、夫婦の一方からの離婚請求が有責性などにより認められない場合に共有物分割の途が閉ざされるのは不当であるということも挙げている。

（2）学説

夫婦間における共有物分割請求を認める東京地中間判平20・11・18の結論については、学説において支持されている[7]。もっとも、同判決には重大な問題があると指摘されている。たとえば、夫婦共有の財産が夫婦の一方の唯一の財産である場合に、分割請求を認めることで将来における他方の財産分与請求の実現が困難になり、これはとくに夫婦の一方の離婚後の居住を確保する要請に反するとの指摘がある[8]。

そこで、立法論上夫婦が共有する財産の分割の手続を財産分与の手続に一本化することが提唱されている[9]。しかし、現行法の枠内で夫婦間における共有物の分割は必ず財産分与の手続によらなければならないとみることの当否については判断が分かれる。否定する立場からは、必ずしも財産分与の手続によらなくてよいとしながら、共有物分割と財産分

与が同時に請求されている場合には財産分与を優先させる見解が示されている[10]。これに対して、必ず財産分与の手続によらなければならないとする立場は、分割すべき財産を売却しないよう考慮する必要が生ずるという点での遺産分割と財産分与の類似性を論拠にする。むしろ、離婚時の財産分与では、生活の基盤となる家屋の売却を避けるなど当事者の生活を考慮するべき必要性は遺産分割に比べてより一層高く、分割は必ず財産分与手続によるべきであるとの見解が示されている[11]。

なお、財産分与手続と比較される遺産分割手続についての学説は、遺産分割手続が共有物分割手続の特別手続であるということ[12]、遺産は906条の分割基準に基づいて個々にではなく全体として分割されるべきであることから[13]、遺産分割は共有物分割訴訟によることができないとする上掲最三判昭62・9・4を支持する。

4　分析と課題

権利の濫用に該当するか否かについて判断した裁判例には、別産制に基づく個人主義的な物権法上の共有物分割請求手続と、実質的に夫婦の共有とみられる財産の清算と離婚後の扶養とくに居住の保護を図る財産分与手続の対立の調整に対する試みがみられる[14]。裁判所はこの重大な問題に権利の濫用により柔軟に対応しているが、一方の事例では権利の濫用を肯定し、他方の事例ではこれを否定するなど、権利の濫用の法理では居住の確保への対応として確実ではないという状況がみられる。

そこで権利の濫用の法理に委ねる前に、夫婦の共有財産について共有物分割の訴えを提起することが許されないとして財産分与の手続で解決を図るという判断もあり得るのではないかが問題となる。ここで遺産分割手続について共有物分割の特別手続であると捉えられていることを参考にすると、夫婦による共有は、共同相続人による遺産共有と同様に、清算や扶養などの要素を考慮した分割が求められるという点で特殊な共有であるとみれば、遺産分割と同様に常に特別な分割手続に服させることが正当化されよう。もっとも共有物分割の途を閉ざすことは、別産制による個人主義的な財産権の行使を制限することになる。しかし、別産制は、離婚時には財産が清算されるべきことを前提としてのみ正当化されることからすれば[15]、夫婦の共有財産について財産分与の手続を尊重することは重視されよう。本判決は、離婚手続中の夫婦の共有財産の特殊性を重視し、財産分与の手続を尊重する帰結を導いたものといえるが、権利濫用の法理で対応しているに過ぎない。より確実に財産分与によって清算や扶養、居住を考慮した解決が図られるよう手続面で対応することの可否が今後の検討課題となろう。

（あおたけ・みか）

---

1)　762条は別産制を定めたものとみるのが通説的見解である。有地亨『新版家族法概論〔補訂版〕』（法律文化社、2005年）104頁、二宮周平編『新注釈民法(17)』（有斐閣、2017年）258頁〔犬伏由子〕、鈴木禄弥『親族法講義』（創文社、1988年）32頁。

2)　目的物を取得するための原資を夫婦のいずれかが負担したかによって当該目的物が夫婦のいずれの特有財産に帰属するかが決まる（最三判昭34・7・14民集13巻7号1023頁）。本件不動産について原資を誰が負担したかについて、不足分を夫婦各自が借り入れていたという事実が示されるまで必ずしも明らかとはなっていないが、各1/2の共有持分権について夫婦各自の特有財産と捉えられている。

3)　別産制は、特有財産が離婚時の財産分与や一方の死亡時の相続により清算されることを前提として正当化されている。有地・前掲注1)110頁、窪田充見『家族法〔第4版〕』（有斐閣、2019年）71頁。最大判昭36・9・6民集15巻8号2047頁は、夫婦相互の協力寄与について財産分与請求権や相続権により清算されるとの前提のもとで、別産制を憲法24条に反するものではないと判断している。

4)　櫻井弘晃「判批」九国14巻3号169頁。

5)　原田純孝・判タ1312号21頁。

6)　前田陽一「判批」リマークス35号73頁。

7)　原田・前掲注5)21頁、床谷文雄・判タ1312号40頁。

8)　原田・前掲注5)21頁。

9)　床谷・前掲注7)40頁。

10)　窪田充見＝佐久間毅＝沖野眞已編著『民法演習ノートⅢ家族法21問』（弘文堂、2013年）62頁〔沖野眞已〕。

11)　大村敦志＝道垣内弘人『民法解釈ゼミナール⑤親族・相続』（有斐閣、1999年）58頁。

12)　吉本俊雄「遺産分割と共有物分割との関係」谷口知平ほか編『現代家族法体系5』（有斐閣、1979年）23頁、佐藤義彦「判批」法セ400号101頁。

13)　高木多喜男「判批」『家族法判例百選〔第5版〕』185頁。

14)　常岡史子「財産分与をめぐる近時の課題」深谷格ほか編『大改正時代の民法学』（成文堂、2017年）583頁は、本来財産分与によって解決すべき問題が財産法上の問題として争われた裁判例を分析し、とりわけオーバーローンの場合に不動産が財産分与の対象から外れ、個別に権利関係が争われることの問題を指摘する。

15)　有地・前掲注1)110頁、窪田・前掲注3)71頁、前掲最大判昭36・9・6。

家族2　特定の相続人が一定の相続債務を全て承継する旨の遺産分割協議が相続債権者との法的対応を当該相続人に包括的に授権する趣旨であったと解された事例

東京地判平 30・1・24
平 29(ワ) 37334 号、抵当権設定登記抹消登記手続請求
事件（確定）
判タ 1464 号 205 頁

中川忠晃　岡山大学准教授

現代民事判例研究会家族法部会

●──事実の概要

被相続人Ａとその配偶者であるＸは、昭和 51 年 5 月 18 日に不動産を売買により取得した（本件不動産）。その際、ＡとＸは、Ｙから利息年 12％、損害金年 24％、最終弁済期を昭和 56 年 7 月 31 日とする約定で 280 万円を借り入れた（本件被担保債権）。そして、同日、それを担保するために、ＡＸとＹは本件不動産について抵当権設定契約を締結し、同年 6 月 15 日にその旨の登記を了した（本件登記）。

その後、昭和 56 年 8 月 1 日に本件被担保債権の最終弁済期から 5 年が経過し、商事消滅時効が完成した（商法 522 条）。

平成 28 年 12 月 31 日にＡの死亡により相続が開始した。相続人は、Ｘ、ＡとＸの子であるＢとＣの 3 名である。共同相続人全員による遺産分割協議が平成 29 年 4 月 19 日付でなされ、Ｘが本件不動産のＡの持分を全て取得することとなった（第 1 遺産分割協議）。これによって、本件不動産はＸの単独所有となった。そして、本件被担保債権に係るＡの債務についても、平成 30 年 1 月 1 日付で共同相続人全員によってなされた遺産分割協議で、Ｘがこれを負担することとされた（第 2 遺産分割協議）。

Ｘが、本件被担保債権が商事消滅時効によって消滅しているとしてそれを援用する旨の意思表示をして、担保物権の附従性により本件抵当権も消滅しているとして、その抹消登記手続をＹに対して請求したのが本事件である。

本事件において、第 2 遺産分割協議の趣旨について、Ｂ、Ｃが本件被担保債権に係るＡの債務のうち、Ｂ、Ｃの相続分についての商事消滅効を援用することを授権することを含む趣旨であるとし、Ｘによる商事消滅時効の援用の意思表示は、本件被担保債権に係るＸの債務（本件被担保債権に係るＡの債務のうちＸの相続分を含む）だけでなく、本件被担保債権に係るＡの債務のうちＢ、Ｃの相続分についても、その商事消滅時効を援用する趣旨であると主張したのに対し、ＹはこれらのＸの主張を不知または争うとした。このため、本事件においては、本件被担保債権に係るＡの債務のうち、ＢとＣの相続分についてＸがその商事消滅時効を援用することの可否が争点となった。

●──判旨

請求認容

1　「遺産分割協議による相続債務についての相続分の指定は、相続債務の債権者（相続債権者）の関与なくされたものであるから、相続債権者に対してはその効力が及ばない結果、各相続人は、相続債権者から法定相続分に従った相続債務の履行を求められたときには、これに応じなければならず、相続債権者に対し、指定相続分に応じて相続債務を承継したことを直ちに主張することはできない。」

2　「しかしながら、上記のような遺産分割協議をした共同相続人の合理的意思としては、特段の事情のない限り、共同相続人間において相続債務を単独で承継することとされた特定の相続人に相続債権者との法的対応を包括的に授権する趣旨であったと解され、上記特段の事情の認められない本件においても、Ｂ、Ｃは、本件被担保債権に係るＡの債務のうちＢ、Ｃの相続分についての商事消滅時効を援用することを含めて、相続債権者であるＹへの法的対

応をXに包括的に授権したものと解されるから、Xは、本件被担保債権に係るAの債務のうちB、Cの相続分についての商事消滅時効も援用することができるというべきである。そして、Xの上記援用の意思表示が、本件被担保債権に係るXの債務（本件被担保債権に係るAの債務のうちXの相続分を含む。）だけでなく、本件被担保債権に係るAの債務のうちB、Cの相続分についても、その商事消滅時効を援用する趣旨であったことは明白である。」

●──研究

1 法定相続分と異なる割合で相続債務を分担する旨の遺産分割協議の対外的効力

相続人は、相続開始の時から、被相続人の一身に専属したものを除いて、被相続人の財産に属した一切の権利義務を承継するので（896条）、本件被担保債権が相続債務として相続の対象となることにつき全く問題はない。しかし、本件金銭債務のような可分債務が共同相続される場合には、相続開始と同時に相続分に応じて当然に分割されて各相続人に帰属することになるため[1]、相続債務は遺産分割の対象とならない。しかし、実際の遺産分割協議においては、具体的相続分を超える財産を取得する代わりに、債務も単独で、あるいは多くの割合を承継する旨の合意をすることはしばしば見られる。相続人間においては、このような協議も有効である。

もちろん、相続債権者は、その協議内容を承認して、遺産分割協議で定められた負担割合に応じた相続債務の履行を請求することも可能であるけれども、このような協議は相続債権者の関与なくしてなされたものであるから、その効力は相続債権者には及ばないと解されており[2]、相続債権者は、法定相続分に従った相続債務の履行を求めることができ、各相続人はこれに応じなければならない。このことは、機能的に類似する免責的債務引受が、債権者と引受人となる者の契約の存在あるいは債務者と引受人となる者の契約につき債権者が引受人に対して承諾することを要件としていること（新472条2,3項）に鑑みても妥当である。判例[3]も、相続人の1人に対して財産全部を相続させる旨の遺言がなされていた事案においてではあるが、特段の事情のない限り、当該相続人が相続債務もすべて承継したものとしつつも、「上記遺言による相続債務についての相

続分の指定は、相続債務の債権者（以下「相続債権者」という）の関与なくされたものであるから、相続債権者に対してはその効力が及ばないものと解するのが相当であり、各相続人は、相続債権者から法定相続分に従った相続債務の履行を求められたときには、これに応じなければならず、指定相続分に応じて相続債務を承継したことを主張することはできない」としている。本判決もこのような見解を採っていることは、判旨1から明らかである。ゆえに、本判決は、遺産分割協議によって法定相続分と異なる債務の帰属状態が内部関係において生じていたとしても、それは遺言によって生じている場合と同様に対外的には効力を及ぼさないという、通説に沿った新たな類型を示したと評価することができる。ただし、この見解を前提とすると、遺産分割協議において相続債務の全てを承継するとされた者が消滅時効を援用したとしても、その効力はその者の法定相続分の割合にしか及ばず、その他の部分は債務消滅の効果が確定しないために裁判所はその消滅を認めることおよびそれを前提とする判断ができないことになる[4]という問題が生じる。

2 遺産分割協議における当事者意思の合理的解釈と親族間での包括的授権

本判決は、このような遺産分割協議は対外的には効力を及ぼさないとしても共同相続人間という対内的には有効であるという性質に着目し、本件遺産分割協議においては、本件被担保債権に係る被相続人の債務のうち他の相続人の相続分についての商事消滅時効を援用することを含めて、相続債権者への法的対応を包括的に授権したものと構成することで解決を試みたものである。

包括的授権自体は判例が認めるところであるけれども[5]、親族間における包括的授権を認めたどころか、それに言及したものすら存在しない。

下級審裁判例では、否定するものと肯定するものがある。

(1) 否定するもの（東京地判平9・11・27 金判1037号49頁）

母が、未成年時に親権者として相続財産を管理していたことの延長として、子が成年に達した後もその実印・印鑑登録カードおよび本件不動産の権利証を保管していた。その母がそれらを利用して子が所

有する不動産に家族外の法人に対する債権の担保の
ために根抵当権を設定して登記を経由し、上記法人
から受領していた保証料の一部が生活費に充てられ
ていたという事案である。これに対して、このよう
な印鑑や権利証の保管は、同居する親子の関係とし
て一般的によく見られるものと考えられ、包括的代
理権の授与というのは、親子関係であっても世上一
般的に行われているとまでは言えないものであるこ
となどに照らせば、成人後において個別の授権がな
くてもおよそ子の財産を自由に管理し、処分する広
範な代理権を授与されていたとは未だ認めがたいと
し、上記の物上保証は自宅に根抵当権を設定するも
のであり、将来にわたり子に多額の責任負担を課す
内容のものであるから、保証料の一部が生活費に充
てられていたことをとらえて包括的代理権の授与を
認めることはできないと判示した。

(2) 肯定するもの（東京高判平29・4・27金
　　判1530号24頁およびその原審（水戸地判平
　　28・11・29金判1530号31頁））

被相続人が末期の肝臓がんに罹患していることが
判明し、入院後は1人で外出することが困難になっ
ていた。被相続人は自分の財産を整理することにし、
範囲は不明だが、その事務処理を娘に委任したほか、
それと並行して、その娘の夫（当時、郵便局貯金課
長代理であり、窓口業務の責任者）に対して、自己
名義の定額貯金証書を交付し、それを解約する等し
て孫らの名義で定額貯金の契約手続に係る事務処理
を依頼した。娘も、被相続人から同様のことを言わ
れ、夫に対し、被相続人名義の通帳と届出印を交付
して同様の手続を依頼した。その後、夫がそれらの
解約や払戻しを行い、その結果、被相続人名義の預
金と2件の貯金はいずれも残高が0円となったとい
う事案である。これに対して、まず原審が、被相続
人作成の委任状等、授権があった事実を直接裏付け
る書証はないがその他の認定事実から、これらの残
高を0円にしたことは、被相続人の生前の意思に基
づき、財産を整理する手段として、預貯金を全額払
戻して現金化しておくことであるところ、娘とその
夫は実際にそれを忠実に履行しているのであって、
娘の預金払戻し行為が被相続人の意思に基づくもの
であるならば、夫が2件の貯金にした払戻しについ
ても、それと同様の趣旨に基づくものと解するのが
相当であると判示した。その控訴審においても、原

審の見解を支持している。

3　本判決の位置付けと評価

包括的授権を否定する(1)において、その前提と
して、包括的代理権の授与というものは世上一般に
行われていないと明言されている。包括的授権を認
めた(2)も、相続事案ではなく、かつ、認める前提
として本人による何らかの明示的個別的授権が存在
する。少なくとも、相続事案で、何らの明示的授権
もないのに親族間における「黙示的」包括的授権を
認めたものは本事件が初めてである。

本判決では遺産目録が公表されていないため、本
件不動産と本件相続債務以外に相続財産があったの
かや、各共同相続人が第1遺産分割協議によって本
件不動産と本件相続債務以外にどのような財産を取
得したのかは不明である。推測ではあるが、おそら
く、本件不動産と本件債務だけが遺産である、ある
いは他にもあるが度外視してよい程度に少額であ
り、X以外は何らの財産も取得しない、いわゆる「事
実上の相続放棄」をしていると考えられる。この場
合は、遺産を生存配偶者であるXに集中させること
によって、遺産によるXの生活保障を図るという意
図もあるかもしれないけれども、遺産を取得しな
かった相続人には、積極財産も消極財産も一切いら
ない、とにかく遺産に関する（面倒な）ことに関わ
りたくないという意図を見出すことは強ち不可能で
はない。おそらく、事実上の相続放棄をした相続人
の実際の意思は、相続債務も承継しないということ
であろうけれども、この遺産分割協議の効力は内部
関係にとどまり、相続債権者には及ばないため、残
念ながら、その相続人の意図とは反する状態となっ
ている。しかし、この状態を前提として単純に考え
ると、他の共同相続人が相続放棄した結果、1人の
相続人が単独相続した場合と大きく異なる結果とな
り、結果の妥当性に疑問が生じる。他方で、法定相
続分を大きく超える財産を取得することになった相
続人は、その引き換えに相続財産に関する様々な負
担を引き受けたのであろうし、仮にその真意はいか
なるものであったとしても、少なくとも、そのよう
に考えていたとみられても仕方のない状態にある。
このように当事者の意思を推測できる状態にあるこ
とが、本判決で述べられたような相続債権者への法
的対応を（黙示的かつ）包括的に授権し（、かつ、他
方はそれを受任し）たと遺産分割当事者の意思を合

理的に解釈することの妥当性を担保する前提にあるように思われる。

このように考えると、遺産分割協議の当事者の合理的意思を相続債権者への法的対応を包括的に授権したと解することが妥当であると思われるのは、本件のような生存配偶者の生活を遺産で保障するために遺産を生存配偶者に集中させた場合のほか、家産を長男が単独承継する場合、事業承継が問題となっていて、事業用財産を事業承継者が集中的に取得する引き換えとして、事業に係る相続債務につき、相続債権者への法的対応を包括的に授権しているとみてよい場合があると思われる。このように考えてみると、当事者意思の合理的解釈によって包括的授権が認められる場合というのは、相続全体からみても決して多くはないのではないかと思われる。

本判決は、本件のような遺産分割をした共同相続人の合理的意思を、特段の事情のない限り、相続債権者への法的対応を包括的に授権したと解するとしているが、ここにいう「特段の事情」として具体的にどのようなものが考えられるのであろうか。少なくとも、現時点では評者には思いつかない。むしろ、平成9年東京地裁判決のように、包括的授権というのは、家族関係においては世上一般的に行われているとまでは言えないとして、特段の事情のない限り認めないとしたうえで、本事件のような事案や長男による家産の単独承継事案、事業承継のような事案を「特段の事情あり」として、例外的に包括的授権があったと構成する方が妥当なのではないだろうか。

このように、本判決においてXの請求が認められたという結果自体には賛成するけれども、その理論構成については問題があるように思われる。

（なかがわ・ただあき）

1）　潮見佳男編『新注釈民法(19)』〔潮見佳男執筆部分〕（有斐閣、2019年）56頁。
2）　二宮周平『家族法〔第5版〕』（新世社、2019年）405頁。
3）　最一判昭30・9・29民集9巻10号1472頁、判タ53号34頁。
4）　不確定効果＝停止条件説。最二判昭61・3・17民集40巻2号420頁。
5）　最一判昭38・9・19集民67号609頁、最二判昭40・7・16集民79号883頁参照。

環境　住民団体の不同意等を理由とする土地開発行為不同意処分の適法性

東京高判平 30・10・3
平 30(行コ) 9 号、不同意処分取消請求控訴事件
判例自治 451 号 56 頁
第一審：甲府地判平 29・12・12 判例自治 451 号 64 頁

島村　健　神戸大学教授

環境判例研究会

●──事実の概要

　本件は、株式会社 H（原告・被控訴人。以下「X」という）が、山梨県富士河口湖町（被告・控訴人。以下「Y」という）の区域内の土地に太陽光発電設備を設置してこれを第三者に売却する事業（以下「本件事業」という）を行うにあたり、富士河口湖町土地開発行為等の適正化に関する条例（平成 15 年条例第 130 号。以下「本件条例」という）4 条の規定に従い、開発行為の計画について、富士河口湖町長（以下「町長」という）に協議をし、その同意を得ようとしたが、町長から同意をしない旨の処分（以下「本件不同意」という）を受けたため、Y を被告として、本件不同意の取消しを求める訴訟を提起したという事案である。

　本件条例の目的は、「土地利用の規制に関する法令に定めるもののほか、富士河口湖町における開発行為の適正化と秩序ある土地利用を図り、もって良好な環境の確保に寄与すること」とされている（1条）。一定規模以上の開発行為（本件の太陽光発電設備を設置する土地は約 6197㎡ であり、これにあたる）をしようとする者（開発者）は、あらかじめ町長に協議し、その同意を得なければならない（4 条）。なお、本件条例に基づく規則（以下「本件規則」という）3 条及び様式第 1 号は、本件条例 4 条 2 項 3号に基づき協議書の様式及びこれに記載すべき事項を定めるとともに、協議書の提出に当たっては、開発行為の事業計画書等のほか、隣地土地所有者の同意書を添付すべき旨を定めている。町長は、この協議があったときは、6 条に定める「審査基準」に従って審査し、同意の可否を決定する（5 条）。「審査基準」としては、開発区域内外の道路等の公共施設が、災害の防止、通行の安全その他健全な生活環境の確保に支障のないような構造及び規模又は能力で適正に配置されるように措置されていること、排水施設が、いつ水、汚水等による被害が生じないような構造又は能力で適正に配置されていること、開発者の資力、信用及び土地の性状等からして当該開発行為の遂行が不可能でないこと（6 条 1 項 1 号〜4 号）が規定されているほか、「町長が町民の適正な生活環境の確保のため特に必要と認める基準を満たすものであること」（同 5 号）が掲げられている（以下「5 号要件」という）。なお、5 号にいう「特に必要と認める基準」は、一般的なかたちで定められてはいない）。町長は、町長の同意を得ず、又は同意の内容若しくはこれに付した条件に適合しない工事を施行している開発者に対し、工事の停止、当該同意の撤回、原状回復その他必要な措置を命ずることができる（13 条 1 項）。また、本件条例 7 条は、「開発者は、開発行為の計画について、開発区域周辺の住民等の意見を十分尊重し、説明等を行ったうえで、地域及び開発区域周辺の住民等の同意を得なければならない」（1 項）、「開発者は、開発区域周辺に影響を及ぼすおそれのある開発行為の計画について、利害関係者の同意を得なければならない」（2 項）とする定めを置いている。

　町長は、本件事業について、同意をしない旨の処分（本件不同意）をし、原告に書面で通知した。そこでは、その理由として、地元富士ヶ嶺区（以下「区」という）から、当該地域は牛乳の大規模生産地であり人工の工作物は受け入れ困難であり、酪農を中心とした産業の発展を目指していることから、同地域における開発行為は地域に好ましくないと考え、不同意とする旨の書面が出されており、町として、現時点で地元地域から同意を得られない事業について

許可することはできないとされていた。Yは、原審において、Xが区の同意を得るために十分な努力をしていないこと、本件事業は周辺に大きな影響を及ぼすおそれがあること、区は酪農を中心とした産業の発展を目指しており、本件事業は地域とのバランス上好ましくないものであることを考慮すると、5号要件を充足しないと主張している。

原判決（甲府地判平29・12・12判例自治451号64頁）は、本件不同意は本件条例7条の「審査基準」に従ってされたものとはいえないとして、本件不同意を取り消した。Yが控訴。本判決は、原判決を取り消し、Xの請求を棄却した。Xは、上告及び上告受理申立てをしたが、最一決平31・2・28LEX/DB25563035は、上告棄却・上告不受理。

●──判旨

原判決取消し、請求棄却。
　1　本件不同意の処分性
　原判決と同様、本件不同意の処分性を肯定した。
　2　本件不同意の適法性
　(1)　「本件条例は、Yの区域における開発行為の適正化と秩序ある土地利用を図り、もって良好な環境の確保に寄与するとの目的を達成するため、開発者が一定の開発行為の計画について町長に協議をしてその同意を得るための手続上の要件として、事前に、当該計画に係る開発区域の周辺の住民等に説明等を行い、必要な調整を図ることを求めるとともに、上記の開発区域の周辺に影響を及ぼすおそれのある事業計画については、原則として、事前に利害関係者の同意を得ることを求めて、開発者と上記の開発区域の周辺の住民等、とりわけ上記の利害関係者との間において利害の調整がされることを図った上で、町長が同意についての可否を判断するに当たっては、そのような手続が履践されていることを前提に、町民の適正な生活環境の確保のため特に必要と認める基準を満たしていること等の一定の事項を勘案してするものとしているものと解される。

Xは、本件条例7条1項にいう「開発区域周辺の住民等」やその意見を十分に「尊重」すること等の意味内容が不明確であり、同条は開発者の努力義務を定めたものにすぎない旨の主張をするが、上記に述べたところに照らし、採用することができない」。

(2)　「Xは、Yの担当者から、本件開発区域の周辺の住民に本件事業の計画について説明し、富士ヶ嶺区の区長の同意を得て、その同意書の提出をするように求める行政指導を受けたにもかかわらず、同区の区長であるCに対し、電話で説明の機会を得るための接触を試みたり、本件事業に関する資料とともに同意書のひな型を送付したりしただけで、上記のような本件開発区域の周辺の住民等に対する説明の機会を設けるなどのための具体的な行動は見られないままであったところ、このような中で、同区から本件事業の計画について不同意とする書面の送付を受けたものであって、Xは、町長に本件事業に係る開発行為の計画について協議をするに当たって、本件条例が求める手続を履践せず、その提出した開発行為協議書に所定の隣接地等利害関係者の同意書を添付することができなかったものと認めるのが相当であ」り、Xによる同意申請は「形式上の要件に適合しないものであったと評価することができる…。

そして、Xは、Cの同意書を得られなかった経緯を記載した「経緯書」と題する書面を提出し、町長に対して同意についての可否の決定を求めていたところ、町長は、上記の状況の下で、Xに対し、補正を求めることなく、本件不同意をしたものであって、…町長が補正を求めなかったことにその手続上の裁量権の範囲からの逸脱又はそれの濫用があったと認めることはできない」。

●──研究

本件不同意が処分であることに異論はないと思われるため、以下では、判旨2について検討する。

1　「形式上の要件」充足性──本判決
原判決（後述4）は、Xからの同意申請について、5号要件を充足していないということはできないと判断して、不同意処分は違法であるとした。これに対し、本判決は、本件不同意を適法としたが、5号要件を充足していないと判断したからではなく、Xの申請は、申請にかかる「形式上の要件」に適合しないということがその理由とされている。

本判決は、本件条例は、町長の同意を得るための手続上の要件として、事前に周辺住民に説明等を行い、必要な調整を図ることを求めるとともに、周辺に影響を及ぼす計画については、原則として、事前に利害関係者等との利害調整がされることを求めている、と解している。しかし、そのような解釈については、疑問がある。

本件条例7条1項は、開発行為の計画について、周辺住民等の意見を尊重すること、説明等を行うこと、地域及び周辺住民等の同意を得ることを求め、同条2項は、周辺に影響を及ぼすおそれのある開発計画について、利害関係者の同意を得ることを求めている。また、以上とは別に、開発者は、町長に対する協議の際に、隣地土地所有者の同意書を添付することとされている（本件規則3条・様式第1号）。これらの規定と合わせて読むと、7条1項・2項に定める措置をとることが、町長に対し同意にかかる申請をするための手続的要件であると解することも不可能ではない。しかし、次に述べるように、開発者等に対して、地域・周辺住民・利害関係者の同意の取得を要求することは許されず、このような解釈を採ることはできないと考える。

2　住民同意制の許否

まず、前提として、法令（条例を含む）の根拠がないにもかかわらず、施設等の設置許可審査の際に、周辺住民の同意書を求めることは認められない[1]。議論があるのは、条例上、嫌忌施設等の設置の際の許可等の要件として、周辺住民等の同意書の取得を求めている場合である。名古屋高判平15・4・16裁判所HPは、三重県生活環境の保全に関する条例に基づく委任命令が、廃棄物の処理及び清掃に関する法律（以下「廃掃法」という）に基づく産業廃棄物処理施設の設置許可申請に先立ち、周辺住民の同意を得ることを申請者に求めていたところ、申請者たる原告が、上記委任命令に定める同意取得手続や、事前協議などの手続を履践しなかったことから、知事が申請を却下したという事案について、条例の定めは地域特性に応じて制定されたものであって適法であると判断した。もっとも、同判決は、住民同意制の許否について、明示的な判断はしていない。要綱レベルで住民同意制を定めている例は相当多いと思われるが、嫌忌施設等の設置に際し、条例により周辺住民等の同意の取得を求める例も、上記の例や本件の例に限らず、少なくないようである[2]。

他方、学説においては、周辺住民等の同意がないことのみを理由として施設等の設置を認めないという法制度は、違憲・無効であるとするのが多数である[3]。周辺住民等による不同意の理由は合理的なものであるとは限らず、住民同意制は、施設設置者の財産権及び営業の自由を、不合理な理由により制約する可能性があるものであり、不当な財産権・営業の自由の侵害として、違憲・無効と言わざるをえないであろう。判旨2は、学説の批判を顧みず住民同意制を追認するもののようにも見え、賛成できない。

3　本件条例の別の解釈

本件についても、地域及び周辺住民または隣地土地所有者等の利害関係者の同意のないことのみを理由に不同意処分をすることは認められないと解される。もっとも、本件条例は、住民同意制を採るものではないと解釈する余地もある。すなわち、本件条例7条1項に定める「開発区域周辺の住民等の意見を十分尊重し、説明等を行」う義務（のみ）を、町長に対する同意申請の手続的要件と解し、このような手続的義務が履行されない場合には、町長に対する当該同意申請は「形式上の要件」を欠くものとして、却下することができる、と解するのである（規則の様式第1に定められている添付書類の一つ「隣地土地所有者の同意書」も、それがなければ同意申請が不適法になるものではない、と解釈する）。判旨2は、周辺住民等の同意を取得することを含めて「形式上の要件」としているようにも読めるが、そうではなく、周辺住民等の意見を尊重し、事業計画について十分に説明を尽くすことが、町長への同意申請をするにあたっての手続的要件である（最終的に周辺住民等の同意を得ることは必須ではない）、とするものと捉えれば、本判決の結論を維持することも不可能とはいえないであろう。もっとも、本件条例7条3項が、開発者は、開発行為により第三者に与えた損害について賠償の責めを負わなければならないと規定していることからしても、7条各項は、全体として法的拘束力のない責務規定と解するのが自然であり、そうであるとすると、7条1項の定めが町長への同意申請の際の法的拘束力を伴った手続的要件であると解するのは、やや無理がある解釈であるように思われる。

4　5号要件該当性——原判決

（1）　以下では、Xによる周辺住民等への説明の努力が不十分であったこと等を、5号要件該当性の判断の中で考慮することはできないか、検討する。

原判決は、本判決と異なり、本件不同意は違法であるとしてXの請求を認容した。原判決は、本件不同意は区の不同意を主な理由とするものであることから、区の不同意が本件条例6条に定める「審査基準」において勘案しうる事項となるか否かについて

検討を行い、結論として、「本件審査基準には、「開発区域周辺の住民等」に対する説明等の有無や「利害関係者」の同意の有無を、町長が同意についての可否を決定するに当たって勘案することを定めた規定はない」と判断した。5号要件については、①本件条例6条1項5号に掲げる事項を勘案して不同意処分をするためには、「原則としては、「町民の適正な生活環境の確保のため特に必要と認める基準」の内容が更に定められていることが必要であって、町長において、ある事項が「町民の適正な生活環境の確保のため特に必要と認める基準」に当たるという判断をすれば、それが当然に本件審査基準において勘案し得る事項となるものではない」とした。また、②「例外的に、本件審査基準において定められていない事項について、町長が、「町民の適正な生活環境の確保のため特に必要と認める基準」を満たしていないとして、そのことを勘案して同意の可否について決定することができる場合があるとしても、その事項が「町民の適正な生活環境」を害することが客観的に明白である場合に限られる」と判示した。そして、実際に、「特に必要と認める基準」の内容を定めた規定は存在せず、また、（区は本件事業に同意していないものの）Xが本件事業を行うことにより、「町民の適正な生活環境」を害されることが客観的に明白であるとの主張立証もないとして、本件不同意は違法であるとした。

（2）　上記(1)①の点に関し、施設等の設置を許認可等にかからしめ、生活環境の保全上の支障がないことを要件とする場合の立法技術としては、一般に、当該事業による生活環境への支障の有無を行政庁に直接判断させる場合（たとえば、廃掃法8条の2第1項2号。行政庁が審査基準を設けることはありうるが、一般的な基準の定立を必須とはしない）と、下位の基準を設けることを予定し、当該基準に従った処分を行わせる場合（たとえば、廃掃法9条の8

第1項1号）とがあるが、本件条例の5号要件の文言からすると、後者のタイプの規定と読むのが自然であり、原判決の判示は妥当と思われる。

（3）　次に、上記(1)②に関し、町長が別段の定めを置くことなしに5号要件の不充足を理由に不同意処分をすることができると解したとしても、5号の文言から、その際の考慮事項は「適正な生活環境の確保」に関わるものに限られる。原判決は、適正な生活環境を害されることが「客観的に明白」であることが必要であるとするが、いずれにしても、5号の文言からすると、適正な生活環境の確保のために不同意をすることが「特に必要」と認められるような場合でなければ、同意を拒むことはできないと解される。

　Yは、処分時ないし訴訟時に、本件不同意の理由として、(a)説明会を行わず、区の同意を得るための十分な努力をしておらず、最終的に区の同意が得られていないこと、(b)本件事業の規模からして周辺に大きな影響を及ぼすおそれがあること、(c)牛乳の大規模生産地である同区は、酪農を中心とした産業の発展を目指しており、大規模工作物の設置は、地域とのバランス上好ましくないことを挙げている。(a)の事実は、「適正な生活環境」を害するおそれに直結するものではなく、(b)(c)については、同区には既に4箇所の太陽光発電所が設置されている（本件事業の2〜3倍の規模のものを含む）ことからすると[4]、町長は、「町民の適正な生活環境の確保のため」に不同意とすることが「特に必要」である理由を示さないかぎり、本件事業について不同意をすることは認められないと解される。以上の理由から、筆者は、原判決の結論に賛成する。

（しまむら・たけし）

1）　参照、札幌地判平9・2・13判タ936号257頁、同控訴審・札幌高判平9・10・7判時1659号45頁、大阪高判平16・5・28判時1901号28頁。
2）　他の例につき、北村喜宣『自治体環境行政法〔第8版〕』（第一法規・2018年）219頁参照。
3）　北村喜宣『環境法〔第4版〕』（弘文堂・2017年）509頁、横内恵「名古屋高判平15・4・16判批」阪大法学58巻1号（2008年）197頁（208頁（注24））、戸部真澄「大阪高判平16・5・28判批」自治研究83巻1号（2007年）97頁（101頁）、大塚直「廃棄物・リサイクルをめぐる法的問題」細田衛士＝室田武編『循環型社会の制度と政策』（岩波書店・2003年）71頁（93頁以下）、村松勲「津地判平9・7・17判批」環境法研究25号（1999年）149頁（154頁）、牛嶋仁「廃棄物処分場設置と住民参加」法律のひろば1997年6月号（1997年）29頁（32頁）、阿部泰隆「住民同意の行政指導」判例地方自治78号（1991年）103頁（104頁以下）等。
4）　Xは、このことから、平等原則違反を主張している。

医事　中国で腎移植手術を受けた患者のフォローアップ治療を拒否したことが正当化された事案

静岡地判平 30・12・14（D1-Law.com 判例体系）
東京高判令元・5・16（D1-Law.com 判例体系）
静岡地裁平 28(ワ)362 号、東京高裁平 31(ネ)272 号、
損害賠償請求事件
（最高裁上告不受理決定[1]・未公刊）

三谷和歌子　弁護士

医事判例研究会

●——事案の概要

本件は、中国において腎移植手術を受けた患者 X が、住所地に近い Y 病院（国立大学法人 Y 大学医学部附属病院）に腎移植手術後の継続治療（フォローアップ治療）を求めて受診したところ、Y 病院から拒否されたことから、X が Y 大学に対し損害賠償を求めた事案である。

X は、平成 27 年 1 月 22 日（その後断りない限り平成 27 年）、中国において腎移植手術を受け、2 月 1 日に帰国後、甲病院に同月 3 日から 5 日まで入院し治療を受けた。

4 月 1 日、X は、甲病院乙医師の紹介状を持参して、Y 病院を受診した。Y 病院で血液検査・尿検査を受けた後、A 医師の問診により、X が中国で腎移植手術を受けたことが明らかとなった。ところで、Y 病院では、臓器取引と移植ツーリズムの禁止を宣言するイスタンブール宣言[2]の趣旨に則り、「中国において臓器売買（臓器ブローカー）の絡むような腎移植をした者に対しては、診察・診療を行わないものとする。」とする申合せ（本件申合せ）が作成されていた。そのため、A 医師は、X に対し、診療を継続することができない旨を伝え、診療を拒否した（本件対応）。

その後、X は、4 月 2 日に甲病院を再度受診し、甲病院での担当だった乙医師が丙病院に異動したため 6 月 18 日に丙病院を受診し、その後も 2 ヶ月に 1 回程度丙病院に通院して治療を受けている。

この事実関係のもとで、X は、Y 大学に対し、診療の拒否は、応招義務（医師法 19 条 1 項）に違反して不法行為を構成し、仮に、X と Y 病院との間で診療契約が成立していて応招義務が適用されないとしても、Y 病院の診療拒否は X にとって不利な時期における診療契約の解除に当たり、解除についてやむを得ない事由はないから Y 大学は債務不履行責任を負う（民法 651 条、656 条）などと主張して、不法行為または債務不履行に基づき損害賠償を請求した。

●——判旨

1　第一審（静岡地判平 30・12・14）
請求棄却

静岡地裁は、応招義務違反と不法行為の関係について、応招義務違反の事実は「患者の生命・身体の侵害ないしその危険の程度と違反行為の態様によっては、民法上の不法行為の要件である違法と評価され得る」としたうえで、応招義務の対象を「診療契約締結前に新規に患者が医師に対して診療開始を求めた場合」に限定した。そして、本件では、X と Y 病院との間に X の腎臓移植後の継続的フォローアップに関する包括的な診療契約が成立していた（応招義務が適用される場面ではない）として、応招義務の違反による不法行為の成立を否定した。

その一方で、診療契約の成立後は、診療契約が準委任契約と解されることから、医療機関が「患者の医師に反して診療契約の目的達成前に同契約を解除する場合には、患者に不利な時期に解除する場合に当たり、「やむを得ない事由」があると認められない限り」、損害賠償責任（債務不履行責任）を負うものとした。そして、「やむを得ない事由」の有無の判断には、「当該患者の症状に対する緊急の診療の必要性、他の医療機関による診療の可能性（代替性・転院の指示等）、当該医療機関の性質、患者と医療機関との信頼関係形成可能性の有無（患者側からの診療に必要な情報の入手の状況を含む。）等を総合考慮するとともに、（中略）契約成立から契約解除に至る経過を考慮して検討する」ものとした。本件では、X が Y 病院で資料を受けなければならない緊急の必要性が存在しておらず、他の医療機関による診療の可能性（代替性）があった、イスタンブール宣言の遵守が求められる大学病院であり、本件申合せ

を遵守しようとすることは一定の合理性があり、X
が中国において臓器売買（臓器ブローカー）の絡む
ような腎移植をした者に当たるとの疑いを払拭でき
なかったことから「当該医療機関の性質を踏まえた
患者と医療機関との信頼関係形成可能性という見地
から」「やむを得ない事由」の存在を基礎づけられる、
本件対応による診療契約の解除は「診療契約の成立
直後の問診の結果初めて判明した事実に基づき、同
契約の成立と同日に行われたものであり」、XのY
病院における診療の期待の程度は未だ低いものに
とどまる、として、「やむを得ない事由」を認定し、
債務不履行責任も否定した。

　2　控訴審（東京高判令元・5・16）
　控訴棄却（請求棄却）
　東京高裁は、応招義務と不法行為の成否について
「医師法19条1項の規定の趣旨も踏まえて、Y担当
医師の本件対応が社会通念上是認されるものであっ
たか否かという観点から、不法行為該当性を判断す
れば足りる」とし、本件対応の不法行為該当性は、
「〈1〉（中略）緊急の診療の必要性、〈2〉他の医療
機関による診療の現実的可能性、〈3〉Y病院にお
いて診療を拒否した目的・理由の正当性の有無及び
程度」を総合考慮して判断するものとした。そして、
緊急の診療の必要性がないこと、本件対応後紹介元
の甲病院を受診していること・フォローアップ治療
は内科・泌尿器科を標榜する一般病院であれば対応
することが可能であることから、他の医療機関で診
療を受けることも十分に可能であったこと、さらに、
本件申合せの趣旨、目的は正当であり、Xが「臓器
売買の絡むような腎移植をした者」である疑いがあ
ると判断したことは十分な理由があったため、診療
拒否には相応の合理的な理由が存在した、として、
診療拒否は「社会通念上正当として是認できるもの」
として不法行為の成立を否定した。
　債務不履行責任についても、同様にこれを否定した。
　3　最高裁（未公刊）
　上告不受理決定（請求棄却）

●──研究

　1　はじめに
　本件は、診療拒否の正当性が争われた裁判である。
　診療拒否については、医師法19条1項が医師に
対して応招義務を課し、正当な事由のない診療拒否
を禁止しているが、必ずしも医師とは限らない医療
機関開設者に対し、どのように民事責任である不法
行為や債務不履行責任を基礎づける違法性を問うこ
とができるのか、また、そもそも応招義務が適用さ

れる場面はどこなのか、については、必ずしも議論
が深まっていないところである。
　また、診療拒否の正当性は、かつては救急医療の
場面で争われ、近時は、迷惑患者に対して争われた
事案が目立つ。しかし、本件は、渡航移植患者に対
し臓器売買や移植ツーリズムの禁止を目的とする病
院内の申合せを理由に診療拒否をしており、従前想
定されてこなかった理由によるところに特殊性が
ある。
　以上から、本件は、応招義務の適用場面、応招義
務と民事責任の関係、診療拒否の理由の広がりとい
う観点から、注目に値する判決である。

　2　従前の議論の状況
　応招義務ないし診療拒否に関しては、従前、いか
なる場合に診療拒否が正当化できるか、という観点
からの解釈論が展開されてきた[3]。
　(1)　応招義務の解釈
　応招義務には、その違反に対する直接の刑事罰は
なく、行政処分は法律上可能であるもののその実例
はなく、裁判上応招義務そのものの解釈が争われた
ことがないため、応招義務そのものの解釈としては、
行政解釈しか発出されていない。
　主な行政解釈としては、昭和24年・昭和30年の
各通知があり、診療拒否の正当性については、昭和
24年通知[4]では「社会通念」、昭和30年通知[5]では「事
実上不可能」という規範により判断が導かれていた。
　近年、医師の働き方改革の検討の中で応招義務の
再検討が試みられ、筆者も研究協力者として参加し
た研究[6]を受けて、令和元年12月25日に応招義務
に関する新通知[7]（新通知）が発出され、応招義務
に関する行政解釈は同通知に一本化された。同通知
の中では、これまでの通知・裁判例が整理され、診
療拒否の正当性の判断基準・判断要素が明確化され
た。
　(2)　裁判例の概観
　診療拒否の違法性が争われた裁判例には、大まか
に分けると、救急医療における診療拒否と迷惑患者
に対する診療拒否がある。
　救急医療の場面では、君津中央病院事件（千葉地
判昭61・7・25判タ634号196頁）他において、診
療拒否の正当性を認めるに当たり医療機関に極めて
厳しい判断が下されてきた。一方で、迷惑患者に対
する診療拒否については、比較的緩やかに判断され
ており、（患者の迷惑行為の程度が強い事案ばかりで
あることも相俟って）医療機関が敗訴した判決は見
当たらない。

3　応招義務の適用場面

応招義務の適用場面について、多くの裁判例ではおよそ患者が診察治療を求める場面全般とする（診療契約の時期や内容を問わない）見解を前提としており、新通知でも限定していないが、これに対し、診療継続中の患者が診療を求めた場合には適用されないという見解もある。

本件第一審は、応招義務の適用場面について、「診療契約締結前に新規に患者が医師に対して診療開始を求めた場合」に限定し[8]、本件は応招義務の問題ではないとしている。第一審によれば、診療契約成立の前後で応招義務の適否がわかれ、新規診療契約の成立前は応招義務の問題となり、他方、診療契約の成立後は診療契約解除の問題となる[9]。

第一審は、米村説[10]をベースとしていると思われる。米村説は、診療継続中の患者が診療を求めた場合にこれを拒否したことの正当性について、高度に医学的な判断を含む実質判断は行政庁による判断になじまず、一方で、診療中の場合は診療契約の治療義務違反として事後的な司法判断によれば足りるとして、診療継続中の患者が診療継続を求めた場面は含まれないものとしている。ただし、米村説は、応招義務の本来の趣旨を「傷病者が何らの診断も応急処置も受けずに放置される事態を防止する」ものとして、「義務内容は初期診療行為に限定すべき」としているものであって、必ずしも、契約締結の前後で分けるとは限らないことが窺われる。もっとも、このように考えても、米村説によれば、やはり、本件は、初期診療行為の場面ではなく、応招義務の適用場面から外れることになろう。

4　診療拒否による医療機関の民事責任と応招義務との関係

正当と認められない診療拒否により、診療拒否をした医療機関が患者に対して損害賠償責任を負う枠組みについては、統一的な見解がない。多くの見解は、応招義務が医師に対する公法上の義務であって、直接的に患者に民事上の権利を与えるものでないこと、また、医療機関を直接の名宛人としていないことを前提としている。にもかかわらず、従来の裁判例は、応招義務の存在を踏まえ、医療機関に患者に対する民事責任を認めている。

多くの裁判例は、応招義務と同様の枠組みをとり、診療拒否に正当事由がないかぎり医療機関の民事責任を認めている（前記君津中央病院事件他）。

この点、本件控訴審は、不法行為の成否について、医師法19条1項の規定の趣旨も踏まえて、社会通念上是認されるものであったか否かという観点から、不法行為該当性を判断するものとしている。すなわち、応招義務の存在を、不法行為の「違法」を判断する社会通念の1つとして加味しているものといえ、判断枠組みとして参考に値するものだろう（控訴審は契約解除の「やむを得ない事由」と応招義務の関係は明示していないが、「やむを得ない事由」の一要素として判断されることになろう）。

5　診療拒否が正当化される判断基準・要素

診療拒否が正当化される判断基準・要素としては、従来の裁判例では、救急医療の場面では、「事実上不可能」といった厳格な基準が用いられている一方、それ以外の通常医療の場面では、社会通念や社会的相当性といった柔軟な基準が用いられている。また、新通知も、緊急性の有無で基準を分けている。本件は、救急医療の場面ではなく、第一審は各要素の「総合考慮」、控訴審は「社会通念上」の基準を用いている。

そして、正当性の判断要素として、第一審は「緊急の診療の必要性、他の医療機関による診療の可能性、医療機関の性質、患者と医療機関との信頼関係形成可能性の有無等の総合考慮、契約成立から契約解除に至る経過」を挙げ、控訴審は「〈1〉緊急の診療の必要性、〈2〉他の医療機関による診療の現実的可能性、〈3〉診療を拒否した目的・理由の正当性の有無・程度」としている。従前の裁判例では、正当性の判断要素としては、緊急性、他の医療機関の代替可能性、診療拒否をする理由・目的、患者と医療機関との信頼関係などが挙げられてきた。新通知でも、緊急性がない場合には、医療機関の専門性・診察能力、医療提供の可能性・設備状況、医療の代替可能性、患者と医療機関の信頼関係等が考慮されるものとしている。

本件では、第一審・控訴審では、言い回しにおいて違いはあるが、判断基準においても判断要素においても、その実質は大きな違いはなく、従来の判断基準・要素を踏襲したものと考えられる。

6　本件の特殊性

本件の特殊性としては、イスタンブール宣言を受けた本件申合せを理由とするところにある。2008年、国際移植学会が「臓器取引と移植ツーリズムに関するイスタンブール宣言」を採択し、臓器取引と移植ツーリズムの禁止を宣言したが、それ以前から、臓器売買への関与（その疑い）をもって診療拒否がなされるケースは相応にあったようである[11]。

第一審も控訴審も、本件申合せについて、臓器売買に関与した患者を診療しないことで臓器売買を間接的に抑制することになるとして、その合理性・相当性を認めている。そのうえで、いずれの判決でも、Ⅹの病状につき緊急性が高くないこと、他の病院での治療を受けられる（実際受けている）ことを踏まえて、診療拒否を正当化している。

この点、そもそも、臓器売買に関与したことを診療拒否の「正当な事由」（または契約解除の「やむを得ない事由」）とすること自体に反対する見解がある[12]。同見解は、イスタンブール宣言の目的は正当としても、それを達成するために、診療を拒否して患者個々人の生命・健康を脅かすことは許されない（臓器売買が禁止されるべきものであることと、臓器売買による移植を受けた患者を診療することは別である）し、臓器売買の禁止という目的は政治的判断となるが、そもそも政治的判断をもって「正当な事由」と認められてきた事案・解釈は見当たらないとする[13]。以上から、臓器売買禁止という目的により、患者の生命・健康を脅かすことは「社会通念」上認められないと主張するものである。

反対説にも傾聴すべき点はあるが、本件では、最高裁が上告不受理決定を下したことで、臓器売買の抑制を目的とする診療拒否が正当と認められる余地があることが確定した。

本件の事実関係のもとでは、Ｙ病院がⅩの診療を拒絶することを正当とすることに、違和感がないかもしれない。しかし、本件の結論を受けて、臓器売買に関与した（または疑われる）臓器移植を受けた患者の診療拒否の方針をとる（または、堂々と公表する）医療機関が増えることがあるかもしれない。その結果、日本全国の病院が臓器売買に関与した臓器移植を受けた患者の診療を拒否するという方針を立てた場合、当該患者の治療はどうなるのであろうか。従前議論されてきた事由、たとえば、迷惑行為が理由の場合、今後迷惑行為を行わないと約束することで診療の途が開けることもあろう。これに対し、臓器売買に関与した臓器移植を受けた患者の場合、過去の事実は変えられないため、（重篤な容態になるまで）診療を受けることはできないのだろうか。それとも、何らかの基準で、どこかの病院が診療する義務を負うことになるのだろうか。本件では、Ｙ病院の公的性格が本件申合せの合理性を基礎付けるものとして主張されているが、逆に、公的病院だからこそ、患者を選ばずに診療しなければならないのではないか。今後さらなる問題が発生することが予想される。

7　さいごに

本件は、中国での臓器移植を受けた患者のフォローアップ治療という、極めて特殊な事案であり、多くの患者には無関係な事態であろう。

しかし、もう少し俯瞰的にみると、本件により、診療拒否を正当化する理由が広がる余地があることが明らかになった。本件の結果を受けて、今後、これまで想定されてこなかったさまざまな理由による診療拒否の方針が掲げられる可能性もある。医師の働き方改革が検討される中で応招義務が改めて注目され、新通知が発出されたこともあり、さらなる展開が予想されるところである。

（みたに・わかこ）

---

1) 患者は、控訴審判決に対し、上告受理申立はしたが、上告はしなかったようである。
2) 2008年5月2日に国際移植学会が中心となって採択した宣言。臓器取引と移植ツーリズムの禁止を内容とする。http://www.asas.or.jp/jst/pdf/istanblu_summit200806.pdf
3) 従来の行政解釈・裁判例については、三谷和歌子＝吉峯耕平＝大寺正史「応招義務と「正当な事由」の判断基準の類型的検討―診療契約の締結・終了の場面における行政解釈・裁判例」日本医師会雑誌第145巻第8号に整理しているので、参照されたい。
4) 昭和24年9月10日医発第752号厚生省医務局長通知
5) 昭和30年8月12日医収第755号厚生省医務局医務課長回答
6) 平成30年度厚生労働科学研究費補助金健康安全確保総合研究分野地域医療基盤開発推進研究「医療を取り巻く状況の変化等を踏まえた医師法の応召義務の解釈に関する研究について」（研究代表者　岩田太）
7) 「応招義務をはじめとした診察治療の求めに対する適切な対応の在り方等について」（令和元年12月25日医政発1225第4号）
8) これに対し、控訴審は、応招義務の適用場面について明言を避けた。
9) 水沼直樹「中国で腎移植を受けた患者からフォローアップ治療を求められた医療機関がこれを拒否したことは、応招義務違反にあたらず不法行為責任が成立せず、診療契約の解除として「やむを得ない事由」があるとされた事例」医療判例解説Vol80（2019年）140頁
10) 米村滋人『医事法講義』（日本評論社、2016年）47-48頁
11) 宍戸圭介「応招義務を巡る今日的問題」岡山大学法学会雑誌第68巻第3・4号（2019年）565頁
12) 前掲宍戸582ページ
13) もっとも、新通知では、医療機関の機能分化という政策的な観点からの転院の実施が正当化されるとされている。

労働　労働協約・労使合意による賃金の支払猶予と債権放棄
——平尾事件

最一判平 31・4・25
平 29(受)1889 号、未払賃金等、地位確認等請求事件
集民 261 号 233 頁、裁時 1723 号 1 頁、判タ 1461 号 17 頁、
労判 1208 号 5 頁、労経速 2385 号 3 頁
控訴審：大阪高判平 29・7・14
第一審：神戸地判平 28・5・10

石井妙子　弁護士
労働判例研究会

●——事実の概要

　貨物自動車運送等を業とする株式会社の被上告人
Ｙ（一審被告・被控訴人）には、事業所として「レ
ミコン営業所」と「サービスステーション」があ
り、前者は生コン、後者はセメントを扱っていた。
上告人Ｘ（一審原告・控訴人）は、Ｙの元従業員（平
成 27 年 3 月 20 日定年退職）であり、Ｙに在籍当時、
Ｙのレミコン営業所に所属して、生コンクリートを
運送する業務に従事していた。レミコン営業所の従
業員は 7 名であり、Ｘを含む 3 名が全日本建設交
運一般労働組合関西支部（以下「建交労組」という）
に加入し、4 名は別の組合に加入していた。
　平成 25 年 8 月 28 日、Ｙと建交労組及びその神
戸中央合同分会（以下「建交労組等」という）が労
働協約を締結した（以下「第 1 協約」という）。なお、
このとき、Ｘも交渉に同席していた。第 1 協約の内
容は、①経営状態悪化により賃金の 20％ をカット
する、②その期間は平成 25 年 8 月支払分から 12 か
月間とし、その後の扱いは労使協議の合意により決
定する、③Ｙは、カット分賃金のすべてを労働債権
として確認する、④労使協議会を設置して経営改善
に関する協議を行う、⑤本協定に定めのない事項は、
Ｙと建交労組等が事前に協議し、合意をもって行う、
というものであった。
　平成 26 年 9 月 3 日、Ｙと建交労組等は労働協約
（以下「第 2 協約」という）を締結し、賃金カットの
期間を 12 か月延長した。
　平成 26 年 12 月 14 日、Ｘは、第 1 協約、第 2 協
約によるカット分を請求して未払賃金の支払を求め
る本件訴えを提訴し、その後、平成 27 年 3 月 20 日、

定年退職となった（なお、Ｘは、定年後の継続雇用
契約が成立している旨主張して、地位確認請求等の訴
えを提起し、上記賃金請求と併合審理されているが、
本稿ではこの争点についてはとりあげない）。
　平成 27 年 8 月 10 日、Ｙと建交労組等は、労働
協約（以下「第 3 協約」という）を締結し、賃金カッ
トの期間をさらに 12 か月延長した。なお、この段
階で、平成 28 年 5 月 10 日、本件一審判決が言い渡
され、賃金カットの趣旨は支払猶予であり、弁済期
が到来していないとしてＸの請求は棄却された。
　平成 28 年 12 月 31 日、Ｙは、Ｘが所属していた
部門を閉鎖し、レミコン営業所に勤務していた建交
労組の組合員 2 名も退職したが、その際、Ｙと、建
交労組間で、第一協約、第二協約によりカットされ
た賃金債権の扱いについて協議し、放棄する旨を合
意した（以下「本件合意」という）。
　平成 29 年 7 月 14 日、原審の大阪高裁は、本件合
意により、労働協約で支払が猶予されていた賃金債
権が放棄されたとして、Ｘの請求を棄却した。

●——判旨

　一部破棄自判、一部破棄差戻し、一部棄却
　1　本件合意による放棄について
　Ｘの賃金債権が放棄されたというためには、本件
合意の効果がＸに帰属することを基礎付ける事情を
要するところ、本件においては、この点について何
ら主張立証はなく、建交労組がＸを代理して具体的
に発生した賃金債権を放棄する旨の本件合意をした
など、本件合意の効果がＸに帰属することを基礎付
ける事情はうかがわれない。

2　賃金支払猶予の労働協約について

(1)　労働協約の遡及適用の否定

「具体的に発生した賃金請求権を事後に締結された労働協約の遡及適用により処分又は変更することは許されない。」そうすると、Xによる特別の授権がない限り、第1協約の締結日以前に具体的に発生したもの、第2協約の締結日以前に具体的に発生したものについて、労働協約により支払が猶予されたということもできないというべきである。

(2)　猶予された賃金債権の弁済期

本件各未払賃金のうち、第1協約により支払が猶予されたものについては第2協約及び第3協約が締結されたことにより、第2協約により支払が猶予されたものについては第3協約が締結されたことにより、その後も弁済期が到来しなかったものであり、これらについては、第3協約の対象とされた最後の支給分（平成28年7月支給分）の月例賃金の弁済期であった同月末日の経過後、「支払が猶予された賃金のその後の取扱いについて、協議をするのに通常必要な期間を超えて協議が行われなかったとき、又はその期間内に協議が開始されても合理的期間内に合意に至らなかったときには、弁済期が到来するものと解される」。

ただし、この点につき、支払猶予が無効とされる賃金請求権の額、労働協約締結時のXによる特別の授権の有無、平成28年7月末日以降、支払が猶予されていた賃金についての協議の有無等について原審は認定しておらず、弁済期を確定することはできない。

もっとも、本件各協約は、経営を改善するために締結されたものというべきであるところ、平成28年12月31日にYの生コンクリート運送業務を行う部門が閉鎖された以上、その経営を改善するために同部門に勤務していた従業員の賃金の支払を猶予する理由は失われたのであるから、遅くとも同日には、第3協約が締結されたことにより弁済期が到来していなかったXの賃金についても弁済期が到来したというべきである。

よって、Xの請求のうち、本件各未払賃金の元本を請求する部分は認容すべきであり、本件各未払賃金に対する遅延損害金を請求する部分については、その遅延損害金の起算日について更に審理を尽くさせるため、同部分につき本件を原審に差し戻すこととする。

●——研究

1　労使合意による債権放棄について

平成28年12月31日、Yと建交労組等とは、賃金債権の放棄に関する本件合意をしたが、労働協約を締結したわけではない。たとえ、労使の交渉により、労働条件等に関する合意が成立したとしても、書面に作成され、かつ両当事者がこれに署名し又は記名押印しない限り、労働協約とはならない（労働組合法14条、都南自動車教習所事件最三判平13・3・13民集55巻2号395頁）したがって、本件合意につき、労働組合法16条の規範的効力はなく、Xによる建交労組への代理権授権等がない限り、債権放棄についてXに効果が及ばないのは自明の理である。

2　労働協約による支払猶予について

(1)　20%カットの文言解釈

本件労働協約の「年間一時金を含む賃金カットに応じる。カット率は、家族手当、食事手当及び交通費を除く総額から20%とする。」との文言は、「減額」あるいは「放棄」とも解されうるものである。しかし、一方で「カット分賃金の全てを労働債権として確認する。カットした金額は賃金明細に記載する」としているので、これらを矛盾なく解釈するために、支払猶予の趣旨であると認定したのは、苦肉の策であり、合理的意思解釈として肯定しうるものである。

(2)　既発生の賃金請求権の支払猶予

協約自治の限界として、組合員個々人のすでに発生している権利の処分などは、労働組合の一般的な労働協約締結権限の範囲外であり、当該個々人の特別の授権が必要であるとされる[1]。

最高裁判例は、従前よりこれを「遡及適用」の問題として整理している。例えば、香港上海銀行事件（最一判平元・9・7判時1383号164頁）は、既に発生した具体的権利としての退職金請求権を、事後に締結された労働協約の遡及適用により処分、変更することは許されないとしている。本件判例は、既発生の賃金債権の支払猶予についても、賃金債権の変更として、労働協約の遡及適用は許されない旨を明示したものである。

なお、既発生の時期について、給与支給日なの

か、労務提供の時なのか問題となりうる。原審は、第1協約が8月末日の給与支給日前、8月28日に締結されていることから、支払期日は到来しておらず、遡及適用ではないとしており、給与支給日を賃金債権発生時と解している。しかし、具体的賃金請求権は、日々の労務提供により、その都度発生すると考えるべきであり（労基法25条参照）、本件判例も、労務提供時に賃金請求権が発生するとの立場である。

（3）将来の賃金請求権の支払猶予

本件判例は、前記のとおり、各労働協約締結時点で未発生の賃金債権について、労働協約により支払猶予することの効力を認めている。しかし、協約自治の限界のひとつとして、強行法規違反も指摘されるところであり、支払猶予は、労基法24条の全額払原則や一定期日払の原則に抵触するのではないかという点が検討される。

賃金の減額（不利益変更）であれば、労基法24条の問題ではないので、同条抵触の疑義はない。特定の組合員をことさら不利益に取り扱うことを目的とするなど労働組合の目的を逸脱して締結されたものでない限り、有効とされる（朝日火災海上保険（石堂）事件・最一判平9・3・27労時1607号131頁）。しかし、支払猶予は、不利益変更ではなく賃金の遅配の問題なので、事情は異なるはずである。もっとも、賃金債権の放棄も、自由な意思による場合には労基法に抵触しない（シンガー・ソーイング・メシーン事件・最二判昭48・1・19民集27巻1号27頁）とされることに照らすと、支払猶予であれば、放棄よりも不利益性は少ないこと、かつ本件は一部の支払猶予にとどまり、また労使対等が確保されていれば、個別合意の場合と異なり、交渉力格差や情報の質・量の格差が指摘されにくいので、「自由な意思」によるものとして、労基法による規制が及ばないとされうる一場面と解される。

なお、退職後は労基法23条の問題を生じるとの指摘もある[2]。

3　賃金の弁済期について

（1）労働協約締結時に既発生の賃金債権について

支払猶予の効力が生じていないので、本来の支払期日が弁済期である。

（2）労働協約による支払猶予が有効とされる賃金債権について

労働協約締結日以後に発生する賃金については、支払猶予が有効であり、弁済期が順次、延長されている。これらについては、前述のとおり、最後の支給分の月例賃金の弁済期の経過後、支払が猶予された賃金のその後の取扱いについて、協議をするのに通常必要な期間を超えて協議が行われなかったとき、又はその期間内に協議が開始されても合理的期間内に合意に至らなかったときには、弁済期が到来するものと解釈されている。

使用者としては、部門廃止の際には、支払猶予分を支払うという趣旨だったのか、経営状況が改善された場合に支払うという趣旨ではなかったのかという疑問もあるが、本来、労基法24条は、賃金を一定期日に全額支払うよう定めており、支払うべき金額の一部を支払猶予により留保していたとする以上、合理的意思解釈として判示のような解釈になるのもやむをえないであろう。

4　実務上の問題点

（1）本件判例と労働組合の統制力への影響

本件の紛争当事者は、元従業員のXと会社（Y）であり、使用者が敗訴しているのであるが、この判決により実質的にダメージを受けるのは訴外の労働組合である。労使で経営難の状況を乗り越えようと、労使交渉の柔軟性や労働組合として統制力を求められる場面おいて締結した労働協約について、このように効力を狭め、労使自治を制限する方向の判断をするのは、組合の交渉力を阻害する結果に繋がりかねない。

一般論として、使用者としては、労働協約を締結すれば、組合員に対する拘束力があり、集団的処理ができると考えるからこそ、経営難の局面で、労働組合との困難な交渉に尽力し、それなりの譲歩もして労働協約を締結するのであり、後から効力が覆されるようでは、交渉への取り組みや譲歩の意欲が削がれることになる。本件は、理論的に整理された判決ではあるが、労使交渉の意義を弱める結果につながるものとして、難点があると思われる。

近年では、山梨県民信用組合（差戻審）事件（東京高判平28・11・24労判1153号5頁）も、法人の存続がなるかどうかの瀬戸際における労働協約締結

について、執行委員長の権限に関して、組合の規約には、同組合を代表しその業務を統括する権限を有する旨が定められているにすぎないから、執行委員長に本件労働協約を締結する権限を付与するものと解することはできないとしている。執行委員長が本件労働協約を締結する権限を有していたというためには、本件職員組合の機関である大会又は執行委員会により権限が付与されていたことが必要であるが、本件労働協約は、職員組合内部での協議等を経ずに作成したものであることが認められ、組合大会や執行委員会が、執行委員長に本件労働協約を締結する権限を付与した事実は認められないとしている。理論的には、もっともな判断であるが、本件判例と合わせ、最高裁の姿勢として、労働組合に厳しいということは言えそうである。

(2) 労働協約締結時の実務上の留意点

① 既発生の賃金請求権について

既発生の賃金請求権に関して、労働組合として、賃金カットへの合意や支払期日を猶予する場合には、個別同意あるいは特別の授権（具体的には組合員からの「委任状」）を取得すべきである。本件Xは、第1協約の交渉時には、その場に同席していたというのが、地裁判決の認定であり、そうであれば、みずから交渉に参加していたか、少なくとも黙示的に、支払猶予に同意していたと言えそうである。しかし、同席の点は重視されていないようであり、単に同席したというだけでなく、書面で明確に、個別同意ないし特別の授権を取得しておくべきであった。

もっとも、本件のように本人が交渉に同席している場合は別として、一般的には、経営難に際して賃金カットの労働協約を締結するといった場面で、個々の組合員の委任状を集めるのは難しいことも多いと推察される。

そこで、既発生の賃金請求権の放棄等に関して労働協約を締結する場合には、例えば、組合大会において3分の2以上の賛成を得るなど、特別決議で対応すべきであるとの見解もある。しかし、既発生の賃金債権の処分・変更に関しては、個人の権利であることが重視されて、労働協約による自治の範囲外とされているものである。したがって、あくまで個別の同意・授権が必要であり、組合大会の特別決議では不足というべきであろう

② 将来発生する賃金に関する労働協約締結上の留意点

協約の文言は、矛盾なく整理されているのが望ましい。本件のような紛争の種を残さないためにも、労働協約の文言は明確に、一義的なものにすべきである。給与額減額（労働条件の不利益変更）なのか、放棄なのか、支払猶予だとすれば弁済期はいつなのか、後日、経営難を脱した場合には一時金等でカット分の補てんをするのか等、定めておくべきである。

しかし、経営難を乗り切るために、労使ぎりぎりの交渉の中で、人件費負担減を求める使用者側と、これに協力する意向はあるが、万一の倒産等の場合には労働債権として優先的弁済を得たいという組合側の要請の双方を盛り込むと、賃金カットなのに、労働債権が残っているという、本件のような曖昧な部分を含む文言になることもありうる。曖昧だからこそ、双方、折り合えるという場面もあるのが労使の現実であり、裁判所にはそういった実態も踏まえて文言解釈をしてもらいたい。

（いしい・たえこ）

1) 菅野和夫『労働法〔第12版〕』（弘文堂、2020年）931-932頁。
2) 岩出誠「労使の債権放棄合意と弁済期延期等の労働協約の効力」ジュリスト1540号（2019年）99頁。

知財 専用実施権者の実施義務

知財高判令元・9・18
平31(ネ)10032号、損害賠償請求控訴事件
裁判所HP
原審：大阪地判平31・2・28（平29(ワ)1752号）

木村耕太郎 弁護士
知財判例研究会

●──事実の概要

原告（控訴人）Xは不動産関連の賃貸業等を目的とする株式会社であり、発明の名称を「稚魚を原料とするちりめんの製造法及びその製品」とする特許権（特許第4686669号）（以下「本件特許権」といい、本件特許権に係る発明を「本件発明」という）を訴外第三者から平成23年7月6日に譲り受けた者である。

被告（被控訴人）Yは漁業及び水産養殖業、水産物の加工及び販売を営む会社である。

Xは、平成26年3月28日、Yとの間で、本件特許権について、次の内容の「特許専用実施権許諾契約」（以下「本件契約」という）を締結し、被告を専用実施権者とする専用実施権の設定登録がされた。

（ア）権利の許諾（第1条）
甲（X。以下「X」と表記する）は本件特許権についてその範囲全部にわたる専用実施権を乙（Y。以下「Y」と表記する）に許諾する（第1項）。
（イ）対価及び支払方法（第3条）
本契約第1条に定める専用実施権の許諾の対価として、Yは、Xに次に定めるイニシャルペイメント及びランニング実施料を支払うものとし、これらに消費税を加算してXの指定する銀行口座に振込んで支払う。なお、銀行振込手数料はYの負担とする。
　　a　イニシャルペイメント　0円
　　b　ランニング実施料
　　(a)　販売した本件特許権に基づく製品（以下「本製品」という）の販売価格のうち2％～5％の額とし、日産販売数が
　　　　5000個未満の場合　2％

　　　　5000個以上1万個未満の場合　3％
　　　　1万個以上の場合　5％とする。
　　※　(a)のランニング実施料は2年間とし3年目よりX及びYは誠意を持って協議して見直す事とする。
　　(b)　Yは、支払期日までに前項の実施料を支払わないときは、支払日の翌日から支払済に至るまでその日数に応じ、年6％で計算した延滞金をXに対して支払わなければならない。但し、本延滞金の定は第15条によるXの解除権を妨げない。
　　　　支払期日　毎月末日限り、前月分を支払う。
（ウ）実施報告（第4条）
　　a　Yは、毎月末日限り、その前月末日までに販売した本製品の形式、単価、販売数量、販売先、総販売額、実施料及び消費税を記載した実施報告書をXに送付するものとする（第1項）。
　　b　Yは、当該期間に本製品の販売実績がない場合も、その旨を記載した報告書をXに送付しなくてはならない（第2項）。
（エ）表示（第7条）
　（略）
（オ）契約の解除（第15条）
　　a　Xは、Yが本契約に違反したとき、及びYにおいて次の事由が生じたときは何らの催告を要せず本契約を解除することができる。YがXの書面による承諾なしにその営業を停止した場合も同様とする（第1項）。
　　(a)　手形、小切手の不渡事故を起こしたとき。
　　(b)　（以下略）
　　b　X及びYは、相手方が信頼関係を著しく損なう行為を行ったときは、それぞれ何らの催告を要せず本契約を解除することができ

る（第2項）。

　(カ)　損害賠償（第16条）

　　a　X及びYは、相手方の本契約違反により損害を被った場合、相手方に対して損害の賠償を請求することができる（第1項）。

　　b　前項においてYの本契約違反が第1条、第8条（注：秘密保持）、第9条（注：改良技術）、第14条（注：権利化の禁止）、第15条、第17条（注：解除による契約終了後の義務）の各違反である場合、Xの損害額は、金壱千万円と予定する。但し、Xの被った損害額が同金額より大きい場合、Xがその差額の請求をすることを妨げない（第2項）。

　(キ)　契約期間（第18条）
　本契約の有効期間は、本契約締結の日から本件特許権の消滅の日までとする。

　本件は、本件特許権を有するXが、その専用実施権を設定する旨の契約（本件契約）の相手方であるYは、本件契約上専用実施権者に義務付けられた特許発明の実施をせず、また、実施に係る報告もしなかったとして、債務不履行による損害賠償請求権に基づき、本件契約第16条第2項による約定損害金1000万円及び遅延損害金の支払を求めた事案である。

　本件の経緯は複雑であるが、外形的に見れば、Yが本件特許権の実施品である（実施品であるか否か自体に争いがあるが、原審、控訴審とも実施品であると認定しており、本稿では論点として取り上げない）「オレの惚れたしらす丼セット」（以下「被告製品」という）の製造を開始したのは平成27年3月、販売を開始したのは同年4月であり、本件契約の締結から約1年後であった。もっとも、この間、Yは何もしていなかったわけではなく、例えば平成26年5月には製造機械のメーカーを訪問しているし、平成26年11月までには取次商社に販売の取次を依頼するなどしている。

　Xは、本件特許権が実施されていないことを理由として平成27年1月以降、数度にわたり、内容証明郵便をもって本件契約の解除の意思表示をしている。Yは、それまで販売実績がなかったことから、Xに対してはその旨を口頭で報告するにとどめ、実施報告書の送付をしておらず、ランニング実施料の支払もしていなかったが、平成27年4月から販売実績が生じたことから、同年5月及び6月、Xに対

し、本件契約に基づくランニング実施料を現金書留で送付した。しかし、Xは、本件契約を解除したことを理由にそれを受領せず、Yに送り返した。Yは、Xに対し、解除の効力を争う旨を伝えるとともに、従来どおり本件特許を実施するとして、ランニング実施料については受領拒絶と判断し、供託することを伝えた。

　原審大阪地裁は「本件契約の当事者であるXとYが置かれる以上のような状況を踏まえると、専用実施権者であるYは、本件特許の実施が可能であるのに、それを殊更に実施しないとか、その実施に向けた努力を怠るなどということは許されず、信義則に基づき、本件特許を実施する義務を一定の限度で負うと解すべきである。」としながら、「もっとも、上述したように、本件契約ではYの実施義務に関係する条項は何ら設けられず、またランニング実施料の金額も販売価格に一定割合を乗じた額とするにとどめられており、Yとしては製品が販売できた場合にのみ実施料の支払負担が発生するにとどまるというリスク負担を前提に本件契約を締結したものであるから、本件特許を実施した製品を製造販売するための努力の程度についてYに過大な義務を負わせることは相当でない。」「以上のような本件の事情を考慮すると、Yが本件特許の実施義務を負うといっても、本件特許を実施するために必要な事項等を踏まえつつ、その時々の状況を踏まえ、特許の実施に向けた合理的な努力を尽くすことで足りると解するのが相当である。」として、結論において、「製造販売への努力を不当に怠ったということはできない。」「製造販売の準備行為に時間を要したことによって製造開始が遅れたとまで認めることはできないし、平成27年3月からの製造開始となったことがYの努力が足りなかったことによるものと認めることもできない。」「販路拡大のための努力を不当に怠っていたと認めることはできない。」として、Yの実施義務違反を否定した。また報告義務違反については、債務不履行と評価する余地があるとしながら、本件契約第16条2項（損害賠償額の予定）に第4条（報告義務）違反が含まれていない、Yの行為は本件契約第15条2項の「相手方が信頼関係を著しく損なう行為を行ったとき」にもあたらないとして、報告義務違反に基づく損害賠償責任も否定した。

●──判旨

控訴棄却。

1　Yの実施義務について

「Yは、本件契約に基づき本件特許の専用実施権を取得し、本件発明を独占的に実施し得る地位を取得する。一方、Xは、自ら実施することができないのみならず、Y以外の者に実施の許諾をして実施料を得ることができないにもかかわらず、特許維持費用を負担する義務を負う。Xは、Yが本件発明を実施して製品を顧客に販売することができなければ、実施料の支払を全く受けられない。このような当事者双方の法的地位に照らすと、本件契約においては、本件特許の許諾を受けたYにおいてこれを実施する義務を負う旨の黙示の合意があるものと認めるのが衡平にかない、また、Yにおいて本件発明を実施する義務を負うこと自体は、Yも争っていない。

もっとも、このように解したとしても、実施義務の具体的内容、言い換えれば、Yにおいて何をすれば義務を履行したといえるか、あるいは、不完全な履行に対してどのような効果が付与されるかについて、一義的に定まるわけではない。

そうすると、本件契約の趣旨に加え、実施品の製造及び販売に係るYの態度を具体的な事情の下で総合的に検討することにより、本件契約違反に基づく損害の賠償請求の可否を判断するのが相当である。」

2　実施義務違反の有無について

若干の補正をするほか判断の基礎となる事実関係について原判決を引用し、「本件事実関係の下において、被告製品の製造販売が実施義務の履行として十分なものでなかったと評価することはできない。」とした。

3　報告義務違反に基づくYの責任について

Yの報告義務違反については、「本件事実関係の下において、Yに本件契約上の報告義務の不履行は認められるが、これによるXの損害は認められない。」「なお、仮に、本件契約第16条第2項の賠償額の予定によるのでなく、債務不履行による損害賠償の一般原則によるとしても、本件において報告義務違反による何らかの損害が生じたことを認めるに足りない。」とした。

●──研究

1　専用実施権者の実施義務の有無

「専用実施権者は、設定行為で定めた範囲内において、業としてその特許発明の実施をする権利を専有する。」（特許法77条2項）との規定の解釈として、専用実施権を設定した特許権者は第三者に対して専用実施権を設定または通常実施権を許諾することができないことに加えて、特許権者自らも実施することができないと解されており、この点は異論を見ないと思われる。

他方で、専用実施権設定契約に明示的な定めがない場合であっても、専用実施権者が特許発明を実施する一般的な義務を負うかという点については、これまで判例・学説上ほとんど議論されていない。本件では、原審が「本件契約には、Yの実施義務を定めた条項は設けられておらず、Yが本件特許の実施に努めることさえも規定されていない」と認定したとおりの事実関係のもと、本判決は、Yの実施義務を認めなければXは実施料収入を得ることができないにもかかわらず特許維持費用を負担し、自ら実施することも第三者に実施させることもできないという当事者双方の地位に照らすと、本件契約においては、Yが実施義務を負う旨の黙示の合意があるものと認めるべきであるとしている。ただし、本件発明を実施する義務を負うこと自体はYも争っていないことから、傍論ではある。

本判決は、あくまで「本件契約においては」Yが黙示の合意により実施義務を負うとしたものであり、専用実施権者に一般的な実施義務があると判断したものではないし、また実施義務を負う場合の法的根拠は専用実施権設定契約における明示または黙示の合意であって、専用実施権者の法的地位そのものではない。

専用実施権者が特許発明の実施義務を負うか否かは設定契約の内容次第であるという本判決の判断枠組みは妥当である。

2　専用実施権者が実施義務を負うのはどのような場合か

専用実施権設定契約において専用実施権者の実施義務が明示的に規定されていれば、実施義務が存することに問題は生じない。それでは、設定契約にそ

のような明示的な規定がない場合において、専用実施権者はどのような場合に実施義務を負うのであろうか。言い換えれば、専用実施権者が実施義務を負うとされる方向の考慮要素、また実施義務を負わないとされる方向の考慮要素として、どのようなものが考えられるだろうか。

本件では、専用実施権設定の対価として、イニシャルペイメントが「0円」と明記される一方、Yが販売した実施品の販売価格に所定の割合を乗じた額のランニング実施料の定めがあったことが、Yが実施義務を負うとされた重要な考慮要素となっている。たしかに、専用実施権設定の対価が一時金のみであってランニング実施料の定めがないのであれば、専用実施権者が実施するか否かにかかわらず特許権者の収入は変わらないのであるから、専用実施権者の実施義務を認める必要性はない。

上記に関連して、専用実施権設定契約の期間が本件契約のように特許権の消滅までではなく数年間に限られている場合や、特許権者が専用実施権設定契約を容易に解約できる契約内容となっている場合には、十分なランニング実施料の支払がない場合における特許権者の救済手段として、契約の更新を拒絶することや中途解約によって対応可能であるから、専用実施権者の実施義務を否定する方向の考慮要素になり得るのではなかろうか。

このほか、判決文では考慮要素として触れられていないが、本件ではXが不動産関連の賃貸業等を目的とする株式会社であること、すなわち特許権者が自らは実施能力を有しないという事情がある。かかる事情をどのように評価するかは難しいが、実施義務を肯定する方向の考慮要素となる可能性はあるかもしれない。

また、特許権者と専用実施権者との間に、例えば法人の代表者個人とその法人などの密接な関連性が存する場合がある。このように、両者に経済的な一体性が見られるような場合には、当事者間の意思として専用実施権者に実施義務を負わせることまでは想定していないと考えられ、少なくとも実施義務を否定する方向の考慮要素にはなるであろう。

3 被告製品が本件特許の実施品であるか否かを認定することの要否

本件では、原審・控訴審を通じて、当事者は被告製品が本件発明の実施品であるか否かを前提問題として争い、裁判所は実施品であると認定している。

しかし、専用実施権者が自ら実施品であると認めてランニング実施料を支払うのであれば特許権者において何の不利益も存在しない。本件においては、被告製品の製造・販売の開始が不当に遅れたとしてXが早々に解除の意思表示をし、Yによるランニング実施料の支払を受領拒絶したためにYはこれを供託したという事情があるため、問題が複雑になっているが、本質的なことは、Y自ら被告製品は本件発明の実施品であると認めているということである。

本件において、Yが被告製品は本件発明の実施品であると主張してランニング実施料を支払っている以上、Yの実施義務違反を検討する目的においては、特段の事情のない限り実施品であるとみなすべきである。したがって、被告製品が本件発明の技術的範囲に属するか否かを裁判所が審理したことは蛇足であったように思われる。上記特段の事情としては、例えば専用実施権者が「実施品」と称する製品が、詳細に検討するまでもなく特許発明とまったく異なるものであって、かつ実施品と称することによって特許権者ないし当該特許発明の社会的評価を低下させるおそれがあるといった事情が考えられる。

（きむら・こうたろう）

今期の裁判例索引

凡例
- 索引は第1部「最新民事裁判例の動向」と第2部「最新専門領域裁判例の動向」の中で番号を付して紹介した裁判例と、第3部「注目裁判例研究」で取り上げた裁判例を対象とする。
- 「担10」とは、第1部、第2部中の「担保裁判例の動向」の [10] 判決をさす。
- 「取研究1」とは、第3部中の「注目裁判例研究—取引1」の判決をさす。
- 取・担・動・法・家・環・医・労・知はそれぞれ、取引・担保・不動産・不法行為・家族・環境・医事・労働・知財の略である。

最高裁判所

最二判平 30・12・7 判時 2421-17, 判タ 1463-81,
　　金判 1575-81, 金法 2125-75……………………担 3
最二判平 30・12・21 民集 72-6-1368, 判時 2410-28,
　　判タ 1460-51, 金判 1567-8, 金法 2118-80,
　　裁時 1715-29………………………法 9、法研究 1
最二決平 31・1・23 家判 22 号 104 頁…………家 32
最三決平 31・2・12 民集 73-2-107, 判時 2416-17,
　　判タ 1460-43…………………………………家 4
最一判平 31・2・14 民集 73-2-123, 判時 2415-7
　　　　　………………………………………法 7
最三判平 31・2・19 民集 73-2-187, 判時 2420-62,
　　判タ 1461-28, 家判 22-87………………法 3、家 9
最三判平 31・3・5 判タ 1462-20, 金法 2126-52
　　　　　………………………………………法 2
最三判平 31・3・5 判時 2421-21, 金判 1569-15,
　　金法 2123-58, 家判 21-51……………………家 11
最一判平 31・3・7 判タ 1462-13, 金判 1570-8,
　　金法 2123-70…………………………………法 8

最三判平 31・3・12 判タ 1465-65………………医 1
最一判平 31・3・18 判タ 1462-5…………………法 43
最一判平 31・3・18 判時 2422-31, 判タ 1462-10,
　　金判 1569-8, 金法 2123-62…………………家 23
最一判平 31・4・25 集民 261-233, 裁時 1723-1,
　　判タ 1461-17, 労判 1208-5, 労経速 2385-3……労研究
最三決平 31・4・26 判タ 1461 号 23 頁, 家判 22-67
　　　　　………………………………………家 13
最一判令元・7・18 判タ 1465-52
　　　　　…………………………動 10、動研究、環 21
最三判令元・8・27 （平 30(行ヒ)69）…………知 5
最三判令元・8・27 民集 73-3-374, 判タ 1465-49
　　　　　………………………………………家 25
最二判令元・9・13 判タ 1466-58…………………環 22

高等裁判所

大阪高決平 29・2・24 判時 2415-45, 判タ 1461-132
　　　　　………………………………………家 34
名古屋高決平 29・3・17 家判 23-95……………家 15
福岡高決平 29・9・20 家判 23-87………………家 18
東京高決平 29・9・22 家判 21-97………………家 28
東京高決平 29・11・9 家判 23-79………………家 19
東京高決平 29・11・24 家判 23-68………………家 16
札幌高決平 30・1・30 家判 23-60………………家 17
東京高判平 30・3・19 金判 1569-3………………法 17
名古屋高判平 30・4・18 金判 1570-47……………法 26
東京高判平 30・5・17 判タ 1463-99……………取 13
東京高判平 30・5・23 判時 2409-42…動 8、取研究 2
名古屋高判平 30・5・30 判時 2409-54

　　　…………………………取 8、動 3、環 17
仙台高判平 30・6・7 判時 2421-26…………法 28
東京高決平 30・6・18 判時 2416-19…………法 12
大阪高決平 30・6・21 判時 2417-62, 判タ 1463-108
　　　…………………………………………家 2
東京高判平 30・6・28 判時 2405-23…………取 9
札幌高判平 30・6・29 判時 2420-78…………法 55
名古屋高金沢支判平 30・7・4 判時 2413・2414
　　　合併 -71…………………………………法 37
大阪高決平 30・7・12 判時 2407-27…………家 3
東京高判平 30・7・19 判時 2417-54…………法 16
広島高松江支平 30・7・24 判時 2411-21………法 51
大阪高判平 30・8・31 判時 2404-4……………動 1
東京高決平 30・8・31 判タ 1465-91…………家 8
大阪高判平 30・9・20 判時 2404-240…………動 2
福岡高判平 30・9・21 金法 2117-62
　　　…………………………………担 7、担研究
東京高判平 30・9・26 判時 2410-37…………法 11
大阪高判平 30・9・28 判時 2419-5……………医 7
東京高判平 30・10・3 判例自治 451-56
　　　…………………………………環 20、環研究
大阪高決平 30・10・11 判時 2412-23, 判判 21-70,
　　　家判 21-87………………………………家 1
東京高判平 30・10・24 判タ 1464-40…………動 5
東京高判平 30・10・24 判時 2407-9…………法 50
仙台高判平 30・11・22 判時 2412-29…………法 4
東京高判平 30・12・5 判タ 1461-115…………法 13
東京高判平 30・12・5 判タ 1461-126…………家 5
大阪高判平 30・12・21 家判 23 号 53 頁………家 14
東京高判平 31・1・16 金法 2122-66…………担 9
東京高判平 31・1・16 判タ 1461-105…………医 5
東京高判平 31・1・16 判タ 1463-94…………法 57
名古屋高決平 31・1・31 判時 2413・2414 合併 -41
　　　…………………………………………家 21
大阪高決平 31・2・8 判タ 1464-47……………家 12
仙台高秋田支判平 31・2・13 判タ 1461-33………法 42
東京高判平 31・4・10 金判 1570-32…………取 11
東京高判平 31・4・24 金判 1577-18…………法 53
東京高判令元・5・16(D1-Law.com 判例体系)…医研究

大阪高判令元・5・24 判タ 1465-62…………法 14
東京高判令元・7・3 金判 1576-8……………取 10
福岡高決令元・7・10 裁判所 HP………………環 12
広島高判令元・7・18 裁判所 HP………………環 14
広島高判令元・7・25 裁判所 HP………………環 15
知財高判令元・8・7（平 31(行ケ)10037）……知 11
知財高判令元・8・21（平 30(ネ)10092）……知 16
名古屋高判令元・8・22 金判 1578-8…………法 22
知財高判令元・8・29（平 31 年 (ネ)10002）…知 14
福岡高那覇支判令元・9・11 裁判所 HP…………環 1
知財高判令元・9・18 裁判所 HP………………知研究
福岡高判令元・9・27 裁判所 HP………………環 6
知財高判令元・10・23（令元 (行ケ)10073）……知 12
福岡高那覇支判令元・10・23 裁判所 HP………環 23
福岡高判令元・11・11 裁判所 HP………………環 7
知財高判令元・11・28（平 30(行ケ)10115・10116）
　　　…………………………………………知 4
福岡高判令元・11・29 裁判所 HP………………環 24
知財高判令元・12・19（平 31(行ケ)10053）……知 7
知財高判令元・12・19（令元 (行ケ)10101）……知 10
知財高判令元・12・26（平 30(行ケ)10174）……知 6

地方裁判所

東京地判平 28・12・21 判時 2410-58…………家 36
東京地判平 29・4・26 判タ 1463-229…………法 23
京都地判平 29・5・29 判タ 1464-162…………法 1
東京地判平 29・6・14 判タ 1462-190…………法 46
東京地判平 29・6・22 判タ 1463-221……動 6、法 24
東京地判平 29・6・27 判タ 1462-74…………家 10
東京地判平 29・6・30 判タ 1463-216…………取 2
東京地判平 29・8・10 判タ 1464-122…………法 44
東京地判平 29・9・27 判タ 1464-213…………法 25
東京地判平 29・12・6 判タ 1464-208
　　　…………………………動 9、家 6、家研究 1
東京地判平 29・12・14 判タ 1463-211…………取 1
東京地判平 30・1・18 判タ 1463-201…………家 31
東京地判平 30・1・24 判タ 1464-205
　　　…………………………………家 27、家研究 2

東京地判平 30・1・26 判タ 1463-190‥‥‥‥‥‥取 14

東京地判平 30・1・31 判タ 1463-184‥‥‥動 11、環 16

東京地判平 30・2・28 判タ 1464-186‥‥‥‥‥法 15

東京地判平 30・3・9 判タ 1464-179‥‥‥‥‥‥取 5

東京地判平 30・3・20 金法 2120-81‥‥‥‥‥‥法 18

東京地判平 30・5・25 判時 2406-33‥‥‥‥‥‥家 22

大阪地判平 30・6・5 家判 22-127‥‥‥‥‥‥家 29

東京地判平 30・6・21 判タ 1464-100‥‥‥‥‥環 18

東京地判平 30・6・21 判時 2406-3‥‥‥‥‥‥医 2

さいたま地判平 30・6・27 判時 2419-56

　‥‥‥‥‥‥‥‥‥‥‥‥‥‥‥‥‥‥‥‥‥法 32、医 6

徳島地判平 30・7・9 判時 2416-92‥‥‥‥‥‥法 35

那覇地判平 30・7・13 判時 2409-76, 判タ 1462-226

　‥‥‥‥‥‥‥‥‥‥‥‥‥‥‥‥‥‥‥‥‥‥‥法 19

福岡地判平 30・7・18 判時 2418-38‥‥‥‥‥‥法 6

東京地判平 30・7・20 金法 2117-81‥‥‥‥‥‥取 15

札幌地判平 30・7・26 判時 2423-106‥‥‥‥‥家 7

さいたま地越谷支判平 30・7・31 判時 2410-70

　‥‥‥‥‥‥‥‥‥‥‥‥‥‥‥‥‥‥‥‥‥‥‥動 13

福島地判平 30・9・11 判時 2405-87‥‥‥‥‥‥法 52

京都地判平 30・9・14 判時 2417-65

　‥‥‥‥‥‥‥‥‥‥‥‥‥‥‥‥‥法 10、法研究 2

福岡地判平 30・9・14 判時 2413・2414-195,

　判タ 1461-195‥‥‥‥‥‥‥‥‥‥‥‥‥‥‥法 29

東京地判平 30・9・19 判時 2418-20‥‥‥‥‥‥法 30

広島地判平 30・9・19 裁判所 HP‥‥‥‥‥‥‥‥環 19

東京地判平 30・9・20 金法 2119-76‥‥‥‥‥‥担 1

東京地判平 30・9・20 判時 2418-9‥‥‥‥‥‥‥医 3

さいたま地判平 30・9・28 判時 2410-63‥‥‥‥法 48

東京地判平 30・10・11 判時 2419-‥‥‥‥‥‥‥医 4

山口地判平 30・10・17 判時 2415-13‥‥‥‥‥‥家 24

徳島地判平 30・10・18 判時 2412-36‥‥‥‥‥‥家 26

東京地裁平 30・10・23 金法 2122-85‥‥‥取 12、家 33

岡山地倉敷支判平 30・10・31 判時 2419-65‥‥‥‥法 36

大阪地判平 30・11・15 金法 2118-85‥‥‥‥‥‥担 8

福島地判平 30・11・20 判時 2409-65‥‥‥‥法 38、環 8

旭川地判平 30・11・29 判時 2418-108‥‥‥‥‥法 33

旭川地判平 30・11・29 判時 2407-46‥‥‥‥‥‥法 56

神戸地判平 30・11・30 判時 2416-24‥‥‥‥‥‥法 47

福島地判平 30・12・4 判時 2411-78‥‥‥‥‥‥法 31

静岡地判平 30・12・14（D1-Law.com 判例体系）

　‥‥‥‥‥‥‥‥‥‥‥‥‥‥‥‥‥‥‥‥‥‥‥医研究

松山地西条支判平 30・12・19 判時 2421-94‥‥‥法 34

東京地判平 31・1・3 金法 2126-62‥‥‥‥‥‥法 20

大阪地判平 31・1・8 判時 2407-31, 判タ 1462-55

　‥‥‥‥‥‥‥‥‥‥‥‥‥‥‥‥‥‥‥‥‥‥‥法 41

東京地判平 31・1・9 金法 2120-76‥‥‥‥‥‥‥動 4

大阪地判平 31・1・17 金法 2119-69‥‥‥‥‥‥担 2

横浜地相模原支判平 31・1・30 判時 2420-96‥‥‥担 6

大阪地判平 31・1・30 金判 1569-46, 金法 2125-80

　‥‥‥‥‥‥‥‥‥‥‥‥‥‥‥‥‥‥‥‥‥‥‥法 21

東京地判平 31・2・4 金法 2128-88‥‥‥‥‥‥‥取 6

福島地いわき支判平 31・2・19 判時 2423-97,

　判タ 1463-167‥‥‥‥‥‥‥‥‥‥‥‥法 39、環 9

福岡地判平 31・2・22 判時 2418-104‥‥‥‥‥‥法 5

東京地判平 31・3・1 判タ 1465-231‥‥‥‥‥‥医 8

福島地いわき支判平 31・3・6 金法 2127-70‥‥‥法 40

大阪地判平 31・3・14 判時 2411-5, 判タ 1463-132

　‥‥‥‥‥‥‥‥‥‥‥‥‥‥‥‥‥‥‥‥‥‥‥法 49

大阪地判平 31・3・27 判タ 1464-60‥‥‥‥‥‥法 45

大阪地決平 31・3・28 判タ 1465-192‥‥‥‥‥‥環 11

和歌山地田辺支判平 31・4・24 金判 1573-43‥‥‥法 27

名古屋地判令元・5・8 裁判所 HP‥‥‥‥‥‥‥‥環 2

大阪地判令元・5・10 判タ 1466-169‥‥‥‥‥‥動 12

和歌山地判令元・5・15 金判 1577-33‥‥‥‥‥‥担 4

大阪地判令元・5・22 金判 1569-22‥‥‥‥‥‥‥取 3

東京地判令 1・5・31 金法 1571-28‥‥‥‥‥‥‥法 54

東京地判令元・6・6 金判 1571-14‥‥‥‥‥‥‥取 7

東京地判令元・6・13 金判 1573-34‥‥‥‥‥‥‥取 4

福岡地判令元・6・17 裁判所 HP‥‥‥‥‥‥‥‥環 13

大阪地判令元・6・21 金判 1573-8, 金法 2124-48

　‥‥‥‥‥‥‥‥‥‥‥‥‥‥‥‥‥担 5、動 7、取研究 1

福島地いわき支判令元・6・26 裁判所 HP‥‥‥‥環 10

大阪地判令元・7・4（平 29（ワ）3973）‥‥‥‥知 17

大阪地判令元・7・18（平 29（ワ）4311）‥‥‥‥知 8

東京地判令元・9・5（平 29（ワ）9335）‥‥‥‥知 15

札幌地判令元・9・17 裁判所 HP（平 30（ワ）1352）

　‥‥‥‥‥‥‥‥‥‥‥‥‥‥‥‥‥‥‥‥‥‥‥医 9

広島地判令元・9・17 裁判所 HP……………………環 3
神戸地判令元・9・17 裁判所 HP……………………環 4
東京地判令元・9・18（平 30(ワ)14843）………知 1
大阪地判令元・10・4 裁判所 HP……………………環 5
東京地判令元・10・9（平 30(ワ)28211）………知 18
東京地判令元・10・30（令元(ワ)15601）………知 2
東京地判令元・11・6（平 31(ワ)7788）………知 3
東京地判令元・11・13（平 28(ワ)39687 等）……知 13
大阪地判令元・11・14（平 30(ワ)2439）………知 9
東京地判令元・12・16 裁判所 H P
　（平 28（行ウ）316）……………………………医 10

家庭裁判所

東京家審平 30・1・19 家判 23-115………………家 30
水戸家審平 30・5・28 判時 2411-82……………家 20
東京家判平 31・1・17 家判 22-121………………家 35

＿＿みん じ はんれい＿＿
民事判例 20───2019年後期

2020 年 4 月 30 日　第 1 版第 1 刷発行

編　者──＿げんだいみんじはんれいけんきゅうかい＿現代民事判例研究会（代表・加藤雅信）
発行所──株式会社日本評論社
　　　　〒 170-8474　東京都豊島区南大塚 3-12-4
　　　　電話 03-3987-8621　FAX 03-3987-8590　振替 00100-3-16
印　刷──精文堂印刷
製　本──難波製本

Printed in Japan ⓒ 現代民事判例研究会（代表・加藤雅信）2020　本文組版／中田　聡　装幀／林　健造
ISBN 978-4-535-00248-7

JCOPY ＜ (社) 出版者著作権管理機構委託出版物＞
本書の無断複写は著作権法上での例外を除き禁じられています。複写される場合は、そのつど事前に、（社）出版者著作権管理機構
（電話 03-5244-5088、FAX 03-5244-5089、e-mail: info@jcopy.or.jp）の許諾を得てください。また、本書を代行業者等の第三者に依頼
してスキャニング等の行為によりデジタル化することは、個人の家庭内の利用であっても、一切認められておりません。

民事判例 19 2019年前期

民事判例 19 2019年前期

現代民事判例研究会編

日本評論社

好評発売中　定価 2,800円＋税

第1部　最新民事判例の動向

取引裁判例の動向　熊谷士郎　／　担保裁判例の動向　松岡久和　／　不動産裁判例の動向　伊藤栄寿

不法行為裁判例の動向　前田太朗　／　家族裁判例の動向　山口亮子

第2部　最新専門領域裁判例の動向

環境裁判例の動向　桑原勇進　／　医事裁判例の動向　手嶋　豊

労働裁判例の動向　山畑茂之　／　知財裁判例の動向　城山康文

第3部　注目裁判例研究

取引1——第三者のためにする契約において、第三者の受益の意思表示をする権利の消滅時効の起算点は、要約
　　　者・諾約者間の（土地を第三者に譲渡する旨の）本件誓約書作成時ではなく、その発見時だとされた事
　　　例（大阪高判平 30・10・25）　岡　　孝

取引2——継続的契約（生命保険募集代理店委託契約）の解除とコンプライアンス違反
　　　（東京高判平 30・6・14）　平林美紀

担　保——動産所有権留保と集合動産譲渡担保の優劣（最二判平 30・12・7）　堀　龍兒

不動産——道路として使用されている国有地を管理している市が、その土地に関する境界確定訴訟、所有権確認訴
　　　訟において被告としての当事者適格を有するかを判断した事例、および明治初年の公図を根拠に境界
　　　確定をした事例（京都地判平 30・3・14）　野村豊弘

不法行為——名義貸与の依頼を承諾して自動車の名義上の所有者兼使用者となった者が、自賠法3条にいう運行
　　　　供用者に当たるとされた事例（最一判平 30・12・17）　山口斉昭

家族1——婚姻費用分担額の算定における考慮要素（大阪高決平 30・10・11）　神野礼斉

家族2——危急時遺言における遺言者の真意の確認（東京高判平 30・7・18）　渡邉泰彦

環　境——協定に基づく協議義務が否定された事例（名古屋高判平 30・10・23）　越智敏裕

医　事——統合失調症患者の自殺と医師の責任（最三判平 31・3・12）　手嶋　豊

労　働——自賠法に基づく被害者の直接請求権と国が代位した労災保険給付との関係
　　　　——自賠責保険金請求事件（最一判平 30・9・27）　浅井　隆

知　財——種苗法におけるカスケイド原則（知財高判平 31・3・6）　長谷川遼

今期の裁判例索引